U0461736

新时代国有企业职工文化建设理论探索与实践

■ 秦明亮 / 著

WUHAN UNIVERSITY PRESS
武汉大学出版社

图书在版编目(CIP)数据

新时代国有企业职工文化建设理论探索与实践/秦明亮著.
武汉:武汉大学出版社,2024.9(2025.2 重印)
ISBN 978-7-307-23325-6

Ⅰ.新⋯　Ⅱ.秦⋯　Ⅲ.国有企业—企业文化—研究—中国
Ⅳ.F279.241

中国版本图书馆 CIP 数据核字(2022)第 179604 号

责任编辑:唐　伟　　　责任校对:鄢春梅　　　版式设计:马　佳

出版发行:**武汉大学出版社**　　(430072　武昌　珞珈山)
　　　　(电子邮箱:cbs22@whu.edu.cn 网址:www.wdp.com.cn)
印刷:湖北云景数字印刷有限公司
开本:720×1000　　1/16　　印张:16.75　　字数:272 千字　　插页:1
版次:2024 年 9 月第 1 版　　2025 年 2 月第 2 次印刷
ISBN 978-7-307-23325-6　　定价:88.00 元

前　言

习近平总书记在党的十九大报告中指出，经过长期努力，中国特色社会主义进入新时代，这是我国发展新的历史方位。进入新时代的中国，文化自信不断彰显。习近平总书记在 2015 年首次提出要创新思想政治工作方式方法，加强人文关怀和心理疏导，打造健康文明、昂扬向上的职工文化；在 2018 年同中华全国总工会新一届领导班子成员集体谈话时再次强调要坚持以社会主义核心价值观引领职工，深化"中国梦·劳动美"主题教育，打造健康文明、昂扬向上、全员参与的职工文化。国家电网公司工会 2016 年下发《国家电网公司关于深入推进职工文化建设的指导意见》，2021 年又印发《职工文化建设"十四五"指导手册》，对新时代背景下国网公司职工文化建设的主要任务做出了详细规划和安排。面对新时代背景下职工文化建设的新形势和新任务，国网湖北省电力有限公司工会组织开展了"新时代国网湖北省电力有限公司职工文化建设研究"课题(以下简称"课题")，37 家单位共同参与，历时近两年，依照"强化顶层设计，坚持统一部署，凝聚各方力量"的工作思路，采取质性研究和实证分析的研究方法，系统研究了职工文化基本概念、国网职工文化内涵以及国网湖北省电力有限公司职工文化建设体系、管理体系和保障体系，以全面落实与推进国网职工文化建设工作，为支持推进国网"一体四翼"的发展布局、全面建成具有中国特色国际领先的能源互联网企业提供强有力的文化支撑。

本书积极贯彻习近平总书记关于新时代中国特色社会主义文化和职工文化建设的最新论述，重注学习和吸收中华全国总工会关于职工文化建设的文件报告主旨和会议精神，深入领悟中共中央和国务院关于新时代中国产业工人队伍改革建设的方案内容，加强学习国网工会印发的关于公司职工文化建设的文件和手册，坚持以职工群众为中心的发展思想开展研究，以满足职工日益增长的美好精神文化生活需求、促进企业与职工共同发展为方针，深入思考企业职工文化建设在互联网时代的新思想、新内容、新模式，系统提出了一套具有中国特色的电力央企职工文化建设和管理体系，结合公司"一体四翼"和"建设具有中国特色国际领先的能源互联网企业"新战略的部署，从思想价值引领、职工素质赋能、文化阵地E+、职工心理关爱、品牌精品提升以及文化价值转化六个方面进行了重点研究，力求实现文化参与主体由职工被动接受向主动参与、主动创造转变，文化建设方式由工会主导自上而下建设向基层班组推动由下而上建设转变，文化活动内容由聚焦文体活动类向综合素质提升类转变，为解决新时期企业发展与职工成长贡献央企智慧和国网方案，对于未来持续推进职工文化建设具有决策支撑作用。本书主要包括八个章节：

第一章为绪论。本章以新时代职工文化建设的重要背景和重大意义，职工文化相关的研究成果，课题研究的思路、方法和技术路线，以及课题研究内容和创新点为主要内容。深入阐述了新时代背景下职工文化建设对于国家高质量发展、国有企业战略实现、职工文化创新和广大职工群众内在需求满足的必要性和价值所在，点明了本课题研究内容的创新点、理论价值和实践贡献。

第二章为国有企业职工文化建设的理论分析。本章系统介绍了党中央、中华全国总工会、国务院、国网等关于职工文化建设的系列论述和最新指导意见，梳理归纳了职工文化建设的相关理论，整理分析了国有企业职工文化建设的历史演变、发展和创新。从理论和实践两个角度系统梳理职工文化建设的理论依据和文献，能够为公司职工文化建设提供更为科学和正确的方向。

第三章为国有企业职工文化的调查分析。本章全面分析了国网湖北省电力有限公司职工文化建设现状，通过发放问卷、实地考察、群体座谈、深度访谈的形式对公司职工关于目前职工文化建设的认知、职工需求、职工文化管理现状以及职工文化建设的影响因素进行了调研并展开深入分析，能够成为公司继续推进和优化完善职工文化建设的依据。

第四章为国有企业职工文化建设的案例分析。本章以国网湖北省电力有限公司的职工文化建设为案例，对公司职工文化建设工作体系作了总体概括，并从提升职工政治素养、紧密结合公司战略、树立职工模范榜样、打造线上线下阵地、开展职工技能比武和组织多样文化活动六个方面具体展现了公司的建设现状。在此基础上凝练出公司在互联网+职工文化平台、构建文艺创作生态圈、创新技能比武活动、建设先进典型培育选树体系、深化国网印吧品牌活动和完善基层班组"五小"建设六大亮点，并总结出职工文化建设在丰富职工精神文化生活、促进职工成长、增强组织创新和提升企业形象这四个方面取得的显著成效，最后总结公司职工文化建设的成功经验。

第五章为新时代国有企业职工文化建设环境与趋势分析。本章在系统梳理分析新时代国有企业职工文化建设的外部环境和内部环境后，明确指出了新时代职工文化建设的发展趋势，主要表现为职工文化建设边界从封闭向开放发展，职工文化生产手段由人工式向智能化发展，职工文化传播途径由单向式向交互式发展，职工文化活动目标由展现职工才艺向提升职工综合素质发展。这是基于职工需求变化、职工文化建设面临的新形势所提出的，具有鲜明的针对性、前瞻性和适应性。

第六章为新时代国有企业先进职工文化的科学认识。本章系统阐述了新时代国有企业先进职工文化的内涵与外延、特征与功能，将新时代国有企业先进职工文化的内容提炼总结为引航文化、赋能文化、融入文化和暖心文化，指明了新时代国有企业先进职工文化建设的重点。

第七章为新时代国有企业先进职工文化的突破与创新。本章提出了新时代国有企业职工文化生态圈的建设方案，明确了生态圈建设的总体框架和目标体系内容，总结了五项职工文化生态圈建设措施。在此基础上提出了新时代国有企业职工文化的六大创新实践，即通过思想价值引领工程、职工素质赋能工程、文化阵地 E+工程、职工心理关爱工程、品牌精品提升工程和文化价值转化工程六个方面加快职工文化建设。

第八章为新时代国有企业职工文化建设的保障体系。本章提出要确立新时代职工文化建设工作理念，打造职工文化建设的有效实施组织，实施推动全员参与的基层文化管理办法，构建科学有效的职工文化建设评价与激励体系。通过确立工作理念、建设组织实施、明确基层管理办法、构建评价激励体系四个方面来落实职工文化建设的保障措施，确保职工文化建设能够遵循正确方向，由高效组织机构领导，基层能够落实推进建设工作，评价激励体系持续激发职工文化参与文化创作的热情，从而保证新时代国有企业先进职工文化建设工作的有序开展和稳步推进。

目　　录

第一章　绪论 …………………………………………………………… 1

一、研究背景与研究意义 …………………………………………… 1

（一）研究背景 ……………………………………………………… 1

（二）研究意义 ……………………………………………………… 6

二、相关文献综述 …………………………………………………… 9

（一）职工文化的相关概念 ………………………………………… 9

（二）工会在职工文化建设中的责任 ……………………………… 15

（三）职工文化与企业文化的关系研究 …………………………… 18

（四）文化建设的相关研究 ………………………………………… 22

三、研究思路、方法与技术路径 …………………………………… 33

（一）研究方法 ……………………………………………………… 33

（二）研究思路与技术路径 ………………………………………… 33

四、研究内容与创新 ………………………………………………… 35

（一）研究内容 ……………………………………………………… 35

（二）研究创新点 …………………………………………………… 36

第二章　国有企业职工文化建设的理论分析 …………………… 38

一、职工文化建设的相关论述 ……………………………………… 38

（一）习近平总书记关于职工文化建设的相关论述 ……………… 38

（二）全国总工会方面关于职工文化建设的重要意见 …………… 46

（三）中央政府关于职工队伍、产业工人队伍建设的明确指导 ………… 48

（四）国家电网公司关于推进职工文化建设的指导意见 ………… 50

（五）国网湖北省电力公司关于加强职工文化建设的相关文件 ………… 51

二、职工文化建设的理论基础 ……………………………… 54

　　（一）文化生态理论 …………………………………… 54

　　（二）文化管理理论 …………………………………… 59

　　（三）文化传播理论 …………………………………… 60

　　（四）非正式组织理论 ………………………………… 64

三、国有企业职工文化建设的演变和创新 ………………… 66

　　（一）民主革命时期的职工文化建设 ………………… 66

　　（二）新中国成立到改革开放前的职工文化建设 …… 68

　　（三）改革开放至十八大前的职工文化建设 ………… 70

　　（四）十八大至今的职工文化建设 …………………… 72

第三章　国有企业职工文化的调查分析 ……………………… 78

一、样本基本情况 …………………………………………… 78

　　（一）样本来源 ………………………………………… 78

　　（二）样本的描述性统计分析 ………………………… 81

二、职工文化的认知分析 …………………………………… 91

　　（一）职工文化的定义认知 …………………………… 91

　　（二）职工文化的内容认知 …………………………… 95

　　（三）职工文化与企业文化关系的认知 ……………… 95

三、职工的需求分析 ………………………………………… 98

　　（一）职工的需求层次分析 …………………………… 98

　　（二）职工需求的具体分析 …………………………… 99

　　（三）职工文化活动的需求分析 …………………… 103

四、职工文化管理现状 …………………………………… 107

　　（一）全员职工文化管理现状 ……………………… 107

　　（二）职工文化评价与激励现状 …………………… 109

五、职工文化建设的影响因素分析 ……………………… 110

　　（一）职工个体层面 ………………………………… 112

（二）组织层面 …………………………………………………… 114

（三）班组与团队情况 …………………………………………… 119

（四）组织外部因素 ……………………………………………… 122

第四章　国有企业职工文化建设的案例分析 ……………………… 126

一、国网湖北省电力有限公司职工文化建设体系 …………………… 126

（一）国网湖北省电力有限公司概况 …………………………… 126

（二）国网湖北省电力有限公司职工文化体系构成 …………… 127

二、国网湖北省电力有限公司职工文化建设的具体做法 ………… 134

（一）党工共建，提高职工政治素养，引领职工听党话、跟党走 … 134

（二）以企业战略为引领，把职工文化建设融于企业中心工作之中 … 137

（三）打造线上线下阵地，不断推进"网实一体化" ………… 138

（四）把职工文化骨干队伍建设纳入工会日常工作 …………… 141

（五）开展多样文化活动，满足职工多元需求 ………………… 142

（六）将工会工作与职工文化有机结合起来 …………………… 144

（七）厚植劳模文化　凝聚奋进力量 …………………………… 146

（八）注重构建职工文艺创作生态圈 …………………………… 149

三、国网湖北省电力有限公司职工文化建设效果 ………………… 150

（一）丰富了职工精神文化生活，提高了职工的幸福感和获得感 … 151

（二）满足了职工自我展示需求，提高了职工的存在感和成就感 … 151

（三）增强了组织创新发展动力，提高了职工的责任感和使命感 … 152

（四）提升了组织责任央企形象，增强了公司整体社会影响力 … 152

四、国网湖北省电力有限公司职工文化建设经验 ………………… 153

（一）畅通渠道，让企业发展注入职工智慧 …………………… 153

（二）立足职工成长需求，凝聚发展共识 ……………………… 154

（三）搭建多层次平台，让职工成为舞台的主角 ……………… 154

（四）关爱职工心理健康，把维护职工权益作为工作日常 …… 155

第五章　新时代国有企业职工文化建设环境与趋势分析 ………… 156

一、新时代国有企业职工文化建设的外部环境分析 ……………… 156

（一）政治环境 …………………………………………………… 156

（二）经济环境…………………………………………………… 158

（三）社会环境…………………………………………………… 162

（四）技术环境…………………………………………………… 164

二、新时代国有企业职工文化建设的内部环境分析………………… 166

（一）新时代企业发展战略……………………………………… 166

（二）中国电力体制改革………………………………………… 167

（三）职工需求多元化…………………………………………… 167

三、新时代国有企业职工文化建设的发展趋势……………………… 168

（一）职工文化建设边界从封闭向开放发展…………………… 168

（二）职工文化生产手段由人工式向智能化发展……………… 169

（三）职工文化传播途径由单向式向交互式发展……………… 170

（四）职工文化活动目标由展示才艺向提升综合素质发展…… 171

第六章　新时代国有企业先进职工文化的科学认识……………… 172

一、新时代国有企业先进职工文化的内涵与外延………………… 172

（一）新时代国有企业先进职工文化的内涵…………………… 172

（二）新时代国有企业先进职工文化的外延…………………… 174

二、新时代国有企业先进职工文化的特征与功能………………… 175

（一）新时代国有企业先进职工文化的特征…………………… 175

（二）新时代国有企业先进职工文化的功能…………………… 178

三、新时代国有企业先进职工文化的内容………………………… 180

（一）引航文化…………………………………………………… 180

（二）赋能文化…………………………………………………… 184

（三）融入文化…………………………………………………… 186

（四）暖心文化…………………………………………………… 189

第七章　新时代国有企业先进职工文化的突破与创新…………… 192

一、新时代国有企业职工文化生态圈建设………………………… 192

（一）职工生态文化圈建设框架………………………………… 192

（二）职工文化生态圈目标体系内容…………………………… 194

（三）职工文化生态圈建设措施………………………………… 198

二、新时代国有企业职工文化创新实践 ……………………… 200
　　（一）思想引领 ………………………………………… 200
　　（二）素质赋能 ………………………………………… 204
　　（三）阵地 E+ ………………………………………… 210
　　（四）心理关爱 ………………………………………… 214
　　（五）品牌提升 ………………………………………… 218
　　（六）价值转化 ………………………………………… 221

第八章　新时代国有企业职工文化建设的保障体系 …………… 224
　一、确立新时代职工文化建设工作理念 …………………… 224
　　（一）以人为本，服务群众的理念 …………………… 224
　　（二）完善制度，机制健全的理念 …………………… 225
　　（三）促进学习，鼓励创新的理念 …………………… 225
　　（四）活动多样，内容丰富的理念 …………………… 226
　　（五）尊重人才，科学培养的理念 …………………… 227
　　（六）精益求精，塑造品牌的理念 …………………… 227
　二、打造职工文化建设的有效实施组织 …………………… 228
　　（一）建立合理的实施结构 …………………………… 228
　　（二）建立良好的沟通机会 …………………………… 229
　　（三）创建互信的环境 ………………………………… 230
　三、实施推动全员参与的基层文化管理办法 ……………… 231
　　（一）基层文化经理人负责制度 ……………………… 231
　　（二）全员参与式管理 ………………………………… 235
　　（三）领导体制 ………………………………………… 237
　四、构建科学有效的职工文化建设评价与激励体系 ……… 238
　　（一）单位层面 ………………………………………… 239
　　（二）个人层面 ………………………………………… 247

后记 …………………………………………………………… 256

第一章　绪　　论

一、研究背景与研究意义

（一）研究背景

2015 年 4 月 28 日，在庆祝"五一"国际劳动节暨表彰全国劳动模范和先进工作者大会上，习近平总书记首次明确提出职工文化的重要思想，要求打造"健康文明、昂扬向上的职工文化"。2018 年 10 月 29 日，习近平总书记在同中华全国总工会新一届领导班子成员集体谈话时强调要坚持以社会主义核心价值观引领职工，深化"中国梦·劳动美"主题教育，打造"健康文明、昂扬向上、全员参与"的职工文化。这标志着党和国家对职工文化的高度重视，同时为新时代国有企业的职工文化建设提供了根本遵循。2016 年新修订的《中华人民共和国工会法》明确要求，工会动员和组织职工积极参加经济建设，努力完成生产任务和工作任务，教育职工不断提高思想道德水平、技术业务能力和科学文化素质，建设有理想、有道德、有文化、有纪律的职工队伍。这标志着职工文化建设正式写进法律。2018 年新版《中国工会章程》中，再次强调职工文化建设是工会的主要职责之一。中共中央、国务院印发的《新时代产业工人队伍建设改革方案》（以下简称《改革方案》）也指出要大力弘扬劳模精神、劳动精神、工匠精神，引导产业工人爱岗敬业、甘于奉献，培育健康文明、昂扬向上的职工文化。2019 年，中共中央和国务院印发《关于加强和改进新时代产业工人队伍思想政治工作的意见》，为提升产业工人思想政治工作水平提供了行动指南。中共中央、国务院以及中华全国总工会持续发布的有关职工文化的新论断明确指出了新时代国有企业职工文化建设的前进方向。新时代国有企业职工文化建设的时代背景与要求,可以概括为以下四点。

1. 中国特色社会主义新阶段发展的需要

中国特色社会主义迈入新时代,站在新的历史起点上,进入了新的发展阶段,意味着党中央在经济与文化建设上有新的使命与任务。2020 年 10 月出台的《中共中央关于制定国民经济和社会发展第十四个五年规划和二〇三五年远景目标的建议》(以下简称《建议》)以及习近平总书记所作的《关于〈中共中央关于制定国民经济和社会发展第十四个五年规划和二〇三五年远景目标的建议〉的说明》(以下简称《说明》),为新时代中国各项事业的发展,包括职工思想政治以及文化工作的建设进一步指明了方向。《说明》指出,当今世界正经历百年未有之大变局,我国发展的外部环境日趋复杂,经济、社会、文化、生态等各领域都要体现高质量发展的要求。要坚持马克思主义在意识形态领域的指导地位,坚定文化自信,坚持以社会主义核心价值观引领文化建设,加强社会主义精神文明建设。当前,中国社会的主要矛盾已经转化为人民日益增长的美好生活需要和不平衡不充分的发展之间的矛盾。"十四五"时期的经济社会发展指导思想要以推动高质量发展为主题,以满足人民日益增长的美好生活需要为根本目的。如何满足职工对高生活质量的追求以及对精神文化生活的新诉求是国企在"十四五"时期必须重点关注和解决的问题。

在经济建设方面,《2021 年政府工作报告》指出,要坚持创新驱动发展,加快发展现代产业体系,以创新驱动、高质量供给引领和创造新需求,并持续增强发展动力和活力,加快国有经济布局优化和结构调整。然而,经济的发展靠企业,企业的发展靠职工,职工提升要看文化。在文化建设方面,习近平总书记在党的十九大报告中指出,文化是一个国家、一个民族的灵魂;文化兴,国运兴,文化强,民族强;没有高度的文化自信,没有文化的繁荣兴盛,就没有中华民族的伟大复兴。2018 年 10 月 29 日,习近平总书记在同中华全国总工会新一届领导班子成员集体谈话时强调,要坚持以社会主义核心价值观引领职工,深化"中国梦·劳动美"主题教育,打造健康文明、昂扬向上、全员参与的职工文化。《中华人民共和国国民经济和社会发展第十四个五年规划和 2035 年远景目标纲要》

(以下简称《纲要》)中也强调要坚持马克思主义在意识形态领域的指导地位，坚定文化自信，坚持以社会主义核心价值观引领文化建设，围绕举旗帜、聚民心、育新人、兴文化、展形象的使命任务，促进满足人民文化需求和增强人民精神力量相统一，推进社会主义文化强国建设。

2. 国有企业新时代战略实现的需要

在新时代，国有企业能否在实现高质量发展上迈出实质性步伐，对于建设现代化经济体系，推动我国经济实现高质量发展，促进我国经济由大向强转变具有重要影响。在《纲要》中，对加快国有经济布局优化和结构调整提出了方向与建议。《纲要》要求，国有企业要围绕服务国家战略，坚持有进有退、有所为有所不为，加快国有经济布局优化、结构调整和战略性重组，增强竞争力、创新力、控制力、影响力、抗风险能力，做强做优做大国有资本和国有企业。可见，作为中国特色社会主义的重要物质基础和政治基础，国有企业在新时代也有新的担当与使命。

国有企业是我国国民经济的支柱，其中电力企业是我国国企主力军中的一员，是国民经济重要的基础工业。《2021 年政府工作报告》指出，在"十四五"阶段，要进一步推进能源、交通、电信等基础性行业改革，提高服务效率，降低收费水平，并允许所有制造业企业参与电力市场化交易，进一步清理用电不合理加价，继续推动降低一般工商业电价。这对国有企业，尤其是电力企业的发展提出了更高的标准和要求。

以中国国家电网有限公司为例，2020 年 3 月 16 日，国网公司党组召开会议，专题研究确定引领公司长远发展的战略目标。会议强调，要以习近平新时代中国特色社会主义思想为指导，坚持战略制胜、强化战略引领，以高度的政治自觉和强烈的使命担当，为建设具有中国特色国际领先的能源互联网企业而奋斗。会议提出，2020—2025 年，国网将基本建成具有中国特色国际领先的能源互联网企业；2025—2030 年，国网将全面建成具有中国特色国际领先的能源互联网企业。同年 11 月 10 日，在中国国家电网有限公司与世界经济论坛共同举办的 2020 能源转型国际论坛上，国网副总经理刘泽洪对国网公司新战略进行完善说明，强调国网战略定位为国民经济保障者、能源革命践行者、美好生活服务者，并规划于

2025 年初步形成电网平台能源生态圈。同时，国有企业改革力度加大。《纲要》指出要深化国有企业混合所有制改革，深度转换经营机制，对混合所有制企业探索实行有别于国有独资、全资公司的治理机制和监管制度，并推行经理层成员任期制和契约化管理。

国企改革与新时期战略发展任务的实现都需要以人力资源作为支持，需要有一批高质量的、自身目标追求与企业发展战略相一致的职工人才队伍作为智力保障，这就对国有企业职工的文化素质培养提出了更高的要求。2021 年 11 月，国家电网有限公司工会印发了《职工文化建设"十四五"指导手册》，强调要积极践行社会主义核心价值观，以公司战略为统领，以改革创新为动力，以文化赋能为核心，紧紧围绕"一体四翼"发展布局，大力弘扬劳模精神、劳动精神、工匠精神，繁荣职工文艺创作、职工文化生活，着力打造健康文明、昂扬向上、全员参与的职工文化，不断增强职工文化的政治性、先进性、群众性，团结动员广大职工为加快建设具有中国特色国际领先的能源互联网企业作出积极贡献。可见，在新时代下，将职工文化建设与企业战略相结合，大力建设中国特色职工文化，弘扬企业内部文化自信，对企业战略目标的实现以及配合新时期国家发展的要求具有重要的价值和意义。

3. 新时代职工文化创新的需要

随着时代的发展，职工文化的内涵在不断完善与发展，职工文化建设工作也在推陈出新。例如，在 2019 年 12 月中共中央发布的《中国共产党国有企业基层组织工作条例（试行）》中强调，要坚持以社会主义核心价值观引领企业文化建设，传承弘扬国有企业优良传统和作风，培育家国情怀，增强应对挑战的斗志，提升产业兴国、实业报国的精气神；深化文明单位创建，组织开展岗位技能竞赛，开展群众性文化体育活动，弘扬劳模精神、工匠精神，大力宣传、表彰先进典型，发挥示范引领作用，造就有理想守信念、懂技术会创新、敢担当讲奉献的新时代国有企业职工队伍。

当前我国大型国有企业正如火如荼地开展职工文化建设，其中国网公司在这一方面已初见成效，成果颇丰。时任国网公司职工文化阵地已粗具规模，职工文化活动精品也越来越多，并且国网公司已经开始探索互联网+职工文化建设的路径，利用新技术，通过价值引领、素质赋能等方式，尝试通过多平台多角度来进行职工文化建设。尽管职工文化建设初见成效，但同时也要重视职工文化建设过程中存在的问题，例如，文化建设管理体系有待完善，职工文化建设理论研究较为薄弱，职工文化的生态圈建设、全员参与的职工文化体系还有待形成。基础研究的落后阻碍了实践工作的开展，导致职工文化建设缺乏对新动能、新科技和新媒体的纵深利用，缺少战略思维和网络思维。如何创新职工文化建设内容，让职工文化插上科技的翅膀，同时考虑职工文化建设的产出率和性价比，是当前职工文化建设工作的难点之一。面对职工文化建设工作的创新要求，作为社会主义经济的中流砥柱，国有企业有责任和义务，更有能力加强和提升职工文化建设的理论指导、工作体系、管理体系和宣传推广工作，有必要对职工文化建设理论和管理体系的构建问题进行深入的研究，建立较为完善的管理体系，以期为国有企业的职工文化建设作出贡献，树立起新时代职工文化建设的标杆。

4. 职工自我发展的内生需求

迈入新时代，政治、经济、社会和行业发展环境都在发生深刻变化，对职业文化建设提出了新要求、新任务，加大企业职工文化体系建设力度势在必行。职工文化是职工生产生活的重要组成部分，职工文化建设则是实现职工美好生活的重要路径。

一方面，我国正处于改革攻坚期、社会转型期、矛盾凸显期，另一方面新生代职工成为企业的主力，他们普遍自我意识强、重视自我价值实现，并且随着经济发展水平和收入的提高，"90后""00后"职工越来越注重自我精神需求的满足，传统的管理模式面临严峻挑战。并且，随着社会分工体系越来越精细化，职工越来越面临着日常工作"同质化"和"碎片化"，自身工作岗位的意义与价值越来越模糊。在这样一种新形势下，企业有必要通过构建适合当前职工发展的职工文化建设管理体系，教育职工积极践行社会主义核心价值观和以客户为中心、专业专注、持续改善的企业核心价值观，引导员工参与到企业职工文化建设工作当中，增强员工对于企业的认同感和归属感，激发他们的内生动力和创造力，变被动顺应企业的管理为主动自觉地参与到职工文化建设工作中，弘扬劳动光荣、技能宝贵、创造伟大的时代风尚，造就一支适应公司高质量发展需要、有理想守信念、懂技术会创新、敢担当讲奉献的高素质职工队伍，实现职工与企业的双赢。

以国家电网公司为例，2020年3月，《为建设具有中国特色国际领先的能源互联网企业而奋斗》明确指出，要坚持全心全意依靠职工办企业的方针，顺应广大干部职工的期待和希望，更好地满足广大职工群众日益增长的对美好生活需要的向往。2021年11月，国家电网有限公司工会印发的《职工文化建设"十四五"指导手册》指出，公司职工文化建设的主要任务是以重导向、育新人、抓载体、强阵地、建机制、创品牌为工作主线，不断增强职工政治素质、道德素质、文化素质和身心素质，提升职工思想政治引领力、职工文艺作品创造力、职工文化生活吸引力、职工文化服务保障力、职工文化传播影响力，着力打造和谐温馨的职工文化乐园和精神家园。当前，随着国家电网事业的迅速发展，广大职工对美好生活的需求逐渐由"硬物质需求"向参与感、公平感、获得感、幸福感、安全感等更具主观色彩的"软需求"转变，由注重"生存"向更加注重"发展"转变。面对职工需求的转变，满足职工对美好生活的需求特别是美好精神文化生活的需求，是践行国网公司企业使命和履行社会责任的具体表现，也是全心全意依靠职工办企业的具体体现。

(二) 研究意义

1. 加快实现中国特色社会主义新时代"文化自信"

党的十九届五中全会通过的《建议》指出，坚持马克思主义在意识形态领域的指导地位，坚定文化自信，坚持以社会主义核心价值观引领文化建设，加强社会主义精神文明建设，围绕举旗帜、聚民心、育新人、兴文化、展形象的使命任务，促进满足人民文化需求和增强人民精神力量相统一，推进社会主义文化强国建设。职工文化是中国传统文化在现代社会的传承和演变，更能成为中国特色社会主义文化的重要组成部分和有效体现，为了贯彻落实党的十九届五中全会精神，新时代职工思想政治工作必须按照《建议》要求，在推进社会主义文化强国建设中，充分发挥新时代职工文化的重要作用。

弘扬劳模工匠精神、建设职工文化是习近平总书记关于工人阶级和工会工作的重要论述之一。这一系列的讲话内容与精神不仅展现了党和国家领导人对工人阶级的关注与重视，更在精神内核层面为推动新时期职工文化的繁荣与发展指明了方向。中共中央、国务院印发的《新时代产业工人队伍建设改革方案》（以下简称《改革方案》）明确提出要加强新时期的产业工人队伍的思想政治建设，大力弘扬劳模精神、劳动精神、工匠精神，引导产业工人爱岗敬业、甘于奉献，培育健康文明、昂扬向上的职工文化。[①] 中共中央、国务院印发的《关于新时代加强和改进思想政治工作的意见》强调在新时代加强和改进思想政治的工作中，要坚持用习近平新时代中国特色社会主义思想武装全党、教育人民，推动理想信念教育常态化、制度化，广泛开展中国特色社会主义和中国梦宣传教育，弘扬民族精神和时代精神，加强爱国主义、集体主义、社会主义教育，加强马克思主义唯物论和无神论教育。培育和践行社会主义核心价值观，加强教育引导、实践养成、制度保障，推动社会主义核心价值观融入社会发展和百姓生活。中华全国总工会制定的《关于加强和改进新时代产业工人队伍思想政治工作的意见》，也从思想政治层面为提升产业工人思想政治工作水平提供了行动指南。

迈入新时代，中国的政治、经济、社会和行业发展环境都在发生深刻变化——中国已完成第一个百年奋斗目标，正朝着第二个百年奋斗目标前进；新一轮科技革命和产业变革深入发展，我国已转向高质量发展阶段；国际环境日趋复杂，不稳定性、不确定性明显增加。要想在深刻复杂变化着的国内外环境中稳步推进中华民族伟大复兴这一伟大目标的顺利实现，需要中国亿万劳动人民和广大职工群众听党话、跟党走，齐心协力，向世界展现中国精神、中国态度和中国担当。这对中国各行各业的职业文化建设提出了新要求、新任务，加大中国企业职工文化体系建设力度势在必行。应对职工文化建设的现状、亮点等进行分析，研究如何对新时代职工文化生态圈进行布局，使得职工文化建设更进一步，进而促进"文化自信"的实现。

2. 加快实现国有企业新时代发展战略

2020 年，国家电网公司结合企情、网情、国情，审时度势提出"具有中国特色国际领先的能源互联网企业"的战略目标，精准概括了国家电网公司的政治本

---

① 新华网. 新时期产业工人队伍建设改革方案，http：//www. xinhuanet. com//2017-06/19/c_1121171689. htm.

色、行业特色和发展角色，明确回答了"走什么道路、做到什么程度、干成什么样"等重大问题，而后又提出"一体四翼"即以电网业务为主体，以金融业务、国际业务、支撑产业、战略性新兴产业为四翼推进的发展布局。2021年是"十四五"规划和第二个百年奋斗目标开局之年。对于国家电网而言，建设具有中国特色国际领先的能源互联网企业，坚持"一体四翼"的发展布局是公司坚决践行习近平新时代中国特色社会主义思想的担当之举，是主动适应能源革命和数字革命融合发展的必由之路，也是主动适应电力改革和国企改革纵深推进的根本要求。建设具有中国特色国际领先的能源互联网企业，坚持"一体四翼"的发展布局是一项具有开创性的复杂系统工程，要高度重视当前国家电网公司中存在的突出问题，包括组织机构、管控模式、思想观念、工作作风、队伍素质等方面，这为做好职工文化建设工作提出更高目标。面对新时代背景下职工文化建设的新形势和新任务，国网公司应强化顶层设计，坚持统一部署，凝聚各方力量，全面落实与推进国网产业工人队伍建设，[①] 并根据《职工文化建设"十四五"指导手册》推进和完善本公司职工文化建设。同时，国家电网公司工会要在加强职工文化建设工作的同时，积极开展新时代公司职工文化建设研究，着力构建新时代企业职工文化建设管理体系。一方面，要通过教育引导、舆论宣传、文化熏陶、行为实践、制度保障，树立国网职工队伍的理想信念，夯实职工队伍的道路自信、理论自信、制度自信、文化自信。另一方面，用正确的世界观、人生观、价值观引领职工，大力弘扬劳模精神、工匠精神，造就一支有理想守信念、懂技术会创新、敢担当讲奉献、与"建设具有中国特色国际领先的能源互联网企业"战略相一致的优秀职工队伍。

3. 实现新时期产业工人自我发展内在要求

国家电网目前正在努力建设具有中国特色国际领先的能源互联网企业，一方面随着电力改革和国企改革正在纵深推进，能源革命和数字革命不断融合发展，电网企业面临前所未有的机遇和挑战；另一方面随着国网公司战略的实施，要求公司上下需从组织机构、管控模式、思想观念、工作作风、队伍素质等方面全面适应和支撑"中国特色国际领先的能源互联网企业"的建设。职工文化建设能让

---

① 《国家电网有限公司职工素质提升工作手册》。

国网公司在改革潮流中拥有人心稳定、凝聚力强的职工队伍，更能通过正确的价值引导让职工跨入公司的发展轨道，促进职工综合素质提升，找到企业和职工共同成长的交汇点。虽然国网职工文化建设已取得显著成效，但是阵地资源的全面覆盖尚未实现、文化活动尚未达到与年轻职工价值诉求的精准对接、人才队伍培养体系还需优化、品牌效应输出有待加强等问题仍然存在，难以实现国网职工精神文化生活的繁荣，增强其创造热情和工作激情，因此，要进一步深入推进职工文化建设，更好地建立企业阵地资源的优化整合、职工文化人才队伍培养、品牌塑造和宣传的职工文化管理机制，增强职工文化建设成果，提高职工工作活力和价值认同，它不仅是公司适应内外部环境变化的必经之路，也是公司实现战略目标、增强内驱动力的现实需要，更是将企业发展和职工成才有效结合的必由之路。

二、相关文献综述

（一）职工文化的相关概念

1. 职工文化的定义

职工文化是中国工人伟大品格和劳模精神、劳动精神、工匠精神的集中体现。《咱们工人有力量》这首歌，鼓舞了一代又一代中国工人的劳动热情和创造活力，塑造了中国工人顶天立地的英雄形象，描绘了中国工人忘我劳动的热烈场面，至今还有着深远的影响。改革开放以来我国经济社会发展所取得的举世瞩目的伟大成就，进一步显示了"咱们工人有力量"。"中国工人"曾因"对中国和世界经济的贡献不可估量"，被评选为美国《时代》周刊年度人物。在农民工成为我国当今一线工人主体的社会背景下，他们自身的受教育程度及知识水平虽然有限，但却在我国经济社会发展中发挥了巨大的作用，显示了巨大的力量，这种力量与其说是知识的力量，不如说是文化的力量。中国工人的时代价值和文化力量越来越受到党和国家的高度重视。习近平总书记在党的十九大报告中强调："我国是工人阶级领导的、以工农联盟为基础的人民民主专政的社会主义国家。"党的十八大以来，习近平总书记多次就全心全意依靠工人阶级发表重要讲话。

2013 年 4 月 28 日，习近平总书记在中华全国总工会机关同全国劳动模范代表座谈时明确指出："全心全意依靠工人阶级不能当口号喊、标签贴，而要贯彻到党和国家政策制定、工作推进全过程，落实到企业生产经营各方面。"2013 年 10 月 23 日，习近平总书记在同中华全国总工会新一届领导班子成员集体谈话时指出："坚持全心全意依靠工人阶级，充分发挥工人阶级主力军作用，把广大职工群众紧紧团结在党和政府周围，这是我们党的一个突出政治优势，也是中国特色社会主义的一个鲜明特点。""实现中华民族伟大复兴的中国梦，根本上要靠包括工人阶级在内的全体人民的劳动、创造、奉献。"2014 年 4 月 30 日，习近平总书记在乌鲁木齐接见劳动模范和先进工作者、先进人物代表时指出："包括广大知识分子在内的我国工人阶级是改革开放和社会主义现代化建设的主力军。"2015 年 4 月 28 日，习近平总书记在庆祝"五一"国际劳动节暨表彰全国劳动模范和先进工作者大会上强调："我国工人阶级是我们党最坚实最可靠的阶级基础。我国工人阶级从来都具有走在前列、勇挑重担的光荣传统。"2016 年 3 月 5 日，习近平总书记在全国两会上参加上海团审议时强调："工人阶级的地位在新形势下怎么体现？需要好好研究。"2016 年 10 月 10 日，习近平总书记在全国国有企业党的建设工作会议上强调："坚持全心全意依靠工人阶级的方针，是坚持党对国有企业领导的内在要求，要健全以职工代表大会为基本形式的民主管理制度，充分调动工人阶级的积极性、主动性、创造性。"2018 年 10 月 29 日，习近平总书记在同中华全国总工会新一届领导班子成员集体谈话时再次强调"打造健康文明、昂扬向上、全员参与的职工文化"。2020 年 11 月 24 日习近平总书记在全国劳动模范和先进工作者表彰大会上的讲话指出："社会主义是干出来的，新时代是奋斗出来的。这次受到表彰的全国劳动模范和先进工作者，是千千万万奋斗在各行各业劳动群众中的杰出代表。他们在平凡的岗位上创造了不平凡的业绩，以实际行动诠释了中国人民具有的伟大创造精神、伟大奋斗精神、伟大团结精神、伟大梦想精神。"

习近平总书记关于工人阶级的重要论述丰富了职工文化的内涵，指明了职工文化发展的方向，为我们进一步定义职工文化提供了思路。

要定义"职工文化"的概念，首先要了解"职工"这个词的内涵。"职工"既是中国特色的一个管理概念，又是一个政治概念。现代汉语词典对"职工"一词的解释是职员和工人。对"职员"的解释是机关、企业、学校、团体里担任行政或业务工作的人员。公务员、教师等都是从事不同行业的职业群体，都是职工。对"工人"的解释是个人不占有生产资料、依靠工资收入为生的劳动者（多指体力劳动者）。在中国特殊的历史时期，还出现了一个特殊的社会群体，即"农民工"，现代汉语词典对"农民工"一词的解释是进城务工的农民。在我国众多法律条例和法律文书中，"职工"一词运用极为广泛，如《宪法》《劳动法》《工会法》《公司法》《企业劳动争议处理条例》等，用的都是"职工"。职工这个概念，反映了工人阶级是我国的领导阶级的国情及其社会主义性质。

对于职工文化的定义，学术界目前尚未有统一的定论。通过对文献的收集和整理，可以归纳为如下三种观点。

第一种观点是将职工文化定义为职工在精神与行为层面的总和，这也是大多数学者专家较为认可的。乔东（2014）将职工文化解释为职工价值理念、职工行为规范、职工精神风貌三者的结合，同时又从文化涵盖对象的范围不同对企业职工文化进行划分，指出宏观职工文化是指整个工人阶级和所有职工群众的文化，也称作"工人文化"，是中国工人伟大品格和劳模精神的集中体现；微观职工文化是指一个组织内部的职工群众所秉持的具有组织特色的文化，具体可以分为企业职工文化、学校职工文化等形式，是一种与企业文化相对应的文化形态。李磊（2014）提出职工文化是职工群众在长期生产劳动过程所形成的为多数职工所共同遵守的基本信念、价值追求和行为标准，是职工群体意识和精神风貌的整体体现。同时，他认为职工文化的根本目标是满足广大职工群众日益增长的精神文化需求，维护和保障职工的文化权和发展权，促进广大职工的全面发展。李欢（2017）指出职工文化是指我国当代社会主义现代化的实践活动，在我国职工群众思想观念与行为方式上的反映与积累，包括职工群众外显的行为方式，也包括职工群众内隐的价值观、思想、心理、情感、态度，以及在此基础上得以升华的职工理论等。

第二种观点是将职工文化定义为以职工精神、职工价值观为基础的文化活动的总和。比如，霍剑英（2019）认为职工文化是由职工创作的体现职工的精神文化需求和思想价值观念、反映职工的生产生活状况的文化活动的总和，是职工的社会文明素质、健康安全素质、民主法制素质、技术技能素质、科学文化素质、思想道德素质的直接体现与精华所在。职工文化具有以下一些具体内容：文体娱乐设施、开展和组织文体娱乐活动、创作和欣赏文学艺术作品、普及和提高科学技术知识、培养和提高思想道德素质。杨虹（2013）认为职工文化是群众文化的重要组成部分，是由职工共创共享的，是职工思想价值观念、精神文化需求的文化活动总和。曹凤月（2013）认为职工文化主要指由职工创作并享受，反映职工生产生活状况，体现职工思想价值观念、精神文化需求的文化活动总和，具体表现为职工八小时之外的各种兴趣爱好小组、读书会、创新沙龙等。冯枝萍（2013）认为职工文化是指企业为满足职工精神文化需求、全面提高职工队伍的思想道德素质和科学文化素质、培养职工文明风尚而开展的各种文化活动。

第三种观点是将职工文化简单地等同于职工文化活动。比如，张倩（2018）认为，职工文化指的是企业职工以自己的兴趣和需求作为出发点，开展的一系列能够促进身心健康发展的文化生活。但目前，学术界对"职工文化等同于职工文化活动"的观点持反对态度，职工文化活动不能等同于职工文化，职工文化活动的开展不能等同于职工文化建设工作的完成，职工文化活动的休闲娱乐不等同于职工文化的价值引导，而这种简单的对等关系会使企业职工文化变得形式化、表面化。乔东（2014）认为职工文体活动内容可以划分为三个方面，一是丰富的活动形式，二是完善的文化阵地与设施，三是彰显职工群众自身的文化修养和综合素质。但职工文体活动是形式，职工文化是内容，职工文体活动要为职工文化服务，职工文化形式不能替代内容。

2. 职工文化的内涵与特征

能否正确认识职工文化的内涵与特征，不仅关系到对职工文化的理解，更重要的是，职工文化建设的实践需要正确的理论指导和切实可行的操作建议。

（1）内涵。

职工文化是在特定人文环境下，某组织内部职工在长期劳动实践中所形成、积淀并传承的一种意识形态。其内容十分丰富，包括全体职工所共同遵循的价值观念、共同意识、精神风貌、行为规范及与此相适应的各种活动，涵盖了职工文化显性与隐性两大部分内容。

职工文化的显性内容即为行为文化。所谓行为文化，是指组织内职工为满足自身精神文化需求、提高思想道德素质而开展的各种文化和娱乐活动。它反映着组织内职工的群体行为倾向，折射着组织内职工整体的精神风貌和文明程度。其外延非常丰富，包括各项教育宣传、文娱体育活动、模范人物的行为及职工个体行为等。它是一个组织精神面貌、人际关系的动态体现，是职工精神与价值观的一种折射。行为文化，包括职工文化管理和职工文化活动两方面内容。职工文化管理主要体现在：一是指围绕企业战略发展目标，对每阶段职工文化活动进行规划、组织、控制和协调，如职工科学技术知识培训活动的组织、职工文娱汇演和运动会的组织等；二是指对职工文化设施的完善和管理；三是指通过对职工文化精神进行梳理、凝练和提升，让职工文化精神经历从理念到文字、从潜在意识到日常行为的转化过程，即通过有意识地培育，在组织内部营造出健康向上的文化氛围，使职工身心能融入组织这个大系统，以实现个人价值的最大化。职工文化活动的含义指工会为达到某种目的而开展的具体行动，如某一具体的职工文娱汇演、某次职工运动会、某次职工旅游等。职工文化不属于纯理论性范畴，其源头应是社会的生产实践，它的生命力只有和实践相结合，才能焕发出勃勃生机。这就需要我们通过开展各项具体扎实的职工文化活动来充实其内涵。没有扎实具体的文化活动，再好的职工文化也难以发挥其文化影响力。

职工文化的隐性内容即为精神文化。所谓精神文化，指的是组织内成员共同遵循的价值观念、行为方式、道德规范等因素，它是一种观念意识，是一种约定俗成的行为规范，并跟随组织的成长发展而形成。应当看到，不同组织具有不同的职工文化精神，其一旦形成，便会具有很强的稳定性。因此，企业应尊重职工的世界观、人生观和价值观，尊重职工的合法权利、人格尊严与劳动成果，应在社会主义核心价值观引领下，有意识地提炼职工价值观中的优良因素，建立反映职工先进精神的职工文化，用以激发职工劳动积极性，凝聚职工的团结奋斗之心。无形生有形，无形胜有形。隐性文化所反映出来的，是一种内在张力，犹如亚当·斯密的"看不见的手"，它通过观念的力量，去影响、规范和控制职工的个体行为。这种控制是软性的和无限的。

职工精神文化，是职工文化的核心，它影响和驱动着职工行为文化。职工行为文化是职工精神文化的实际载体，二者相辅相成，相得益彰。精神文化与行为文化，反映着职工文化表和里的两个方面。职工精神文化是组织内职工共享的价值体系，这一体系在很大程度上影响甚至决定了组织内职工的行为方式，在组织发展中，会对职工起着导向、凝聚和调适的作用。而职工行为文化，则是职工精神文化的外在表现，人们可凭借平时能观察到的职工文化宣传教育内容与形式、组织内模范人物的行为与职工精神风貌等外在表现，来认识和评价一个组织的职工文化。

（2）特征。

①主体性。职工文化是职工的文化，是建立在职工的认知习得、价值引导、态度形成、行为转化等基础之上的。文化首先"人化"，要体现文化主体性的存在。对于职工文化来说，首先体现职工的主体性。文化主体性强调，每个文化群体都要自觉意识到自身文化的价值与意义，并予以发扬，同时要尊重并认可其他文化群体的主体性和存在价值。这就意味着，每个企业职工的结构不同，其文化必然也不同。

②人本性。人的自我实现是职工成长以及工作效率提高的重要动力。要以广大职工群众为本，坚持依靠职工群众办企业，树立以职工为中心的思想，充分认识到职工群众在职工文化建设、组织生存和发展中的重大作用。要尊重职工、关心职工、激励职工、培养职工，从而激发职工的创造潜力，促进职工的自我发展、自我成就以及劳动生产率的提高。

③民族性。文化的民族性一方面指文化的民族主体性，另一方面是指文化的民族独立性。作为社会的亚文化，职工文化存在于社会大文化之下，受文化的民族性影响甚深。勤劳勇敢，在五千多年的发展中，中华民族形成了以爱国主义为核心的伟大创造精神、伟大奋斗精神、伟大团结精神、伟大梦想精神。因此职工文化的建设，也要充分体现本民族自身的文化特性。

④时代性。文化的时代性是指社会群体文化的存在具有时代背景和时代特征。作为社会文化创造的重要主体，职工群众所创造的职工文化存在于特定时代，具有深刻的时代背景和时代特色。某种程度上，职工文化也是一个时代精神的反映，职工文化必然打上了时代烙印，优秀的职工文化是时代精神的具体化。可以说，每个时代的文化正是时代变迁的缩影，并且随着新技术、新媒体和互联网技术的发展，职工文化的时代性越来越明显。

⑤功能性。优秀的职工文化具有以下重要功能:一是导向功能,即规范职工行为,引导职工积极向上;二是凝聚功能,即职工文化通过共同的价值观、共同的精神文化活动,把全体职工凝聚成一个整体,进而为企业的发展积聚力量。三是规范功能,即职工文化对职工的思想、心理和行为具有约束和规范作用。四是激励功能,即指职工文化对强化职工的工作动机、激发员工的工作积极性、主动性和创造性所发生的作用。五是辐射功能,即职工文化作为一种亚文化,它的作用可以向外辐射,对企业周围的社区乃至整个社会产生积极的影响。六是教化功能,即职工文化是一种集体文化的熏陶与教化。良好的职工文化给员工提供了一个良好的心理环境和精神氛围,使员工享受到精神的满足和快乐,激发其努力工作的热情。

(二) 工会在职工文化建设中的责任

加强职工文化建设不仅是党和国家提出的一项重大政治任务,更是一项重大管理变革。工会的组织性质决定了工会是职工文化建设的组织者、领导者,这是我国《工会法》赋予工会的法定职能。工会是工人阶级的群众组织,具有群众性的特点,职工文化是职工群众的文化,研究、实践职工文化,是各级工会光荣而艰巨的使命。

1. 工会在职工文化建设中的法定责任

根据我国《工会法》《工会章程》的相关规定,工会组织是职工权益的代表者和维护者,具有维护、建设、参与、教育四项社会职能。《工会章程》规定:"中国工会是中国共产党领导的职工自愿结合的工人阶级的群众组织,是职工群众利益的代表者和维护者,是党联系职工群众的桥梁和纽带,是国家政权的重要社会支柱,是会员和职工利益的代表。"换言之,工会有自己的组织系统、组织章程,在法律和章程的范围内独立自主地开展工作。

工会通过组织职工开展劳动竞赛、技能比赛、岗位练兵、合理化建设等经济技术创新项目和活动,动员和组织职工积极参加建设和改革,为经济社会发展建功立业,履行建设职能;工会代表和组织职工以职工代表大会为基本形式的民主管理制度,行使民主管理权力,通过厂务公开落实职工知情权、参与权、表达权、监督权，体现主人翁价值和地位，以此方式积极参与国家和社会事务管理，维护履行参与职能；工会通过坚持走中国特色社会主义工会发展道路，坚定不移强化维权主责，树立主动依法科学维权的维权观，建立完善工会维权机制，形成工会法律援助、劳动法律监督、集体协商和民主管理"四位一体"维权体系，全面维护职工的经济、政治、文化和社会权利，履行维护职能。工会通过教育引导职工，提高职工素质，关心职工身心健康，提升职业道德，培养职工人文素质，提高职工法治意识，履行教育职能。职工文化代表着工人阶级的整体利益，体现着工人阶级的先进性，发挥着重要的凝聚作用。工会要成为文化铸魂的导向者，要通过有效的手段和方式，在职工群众中进行传播和引导，培育员工企业精神、敬业意识、团队风貌和文化传媒，形成全体员工共同认可和共同遵守的主体价值观念。各级工会要维护好广大职工群众接受文化教育的权利，使其享受文化创造的成果，并且避免因为各种非正当因素的干扰而损害职工的合法文化权益。

2. 工会在职工文化建设中的应然责任

工会在职工文化建设中的作用是举足轻重的。首先，工会独特的性质和地位决定了它必须参与职工文化建设。我国工会的本质属性和特征是群众性，保持和增强群众性是工会开展一切工作的出发点和落脚点。基层职工群众在实践中形成自己独特的职工文化，职工文化建设理应由工会推动和运作。在职工文化建设中，工会组织应当最大限度地团结动员广大职工，充分发挥职工群众在职工文化建设中的主力军作用。其次，工会参与职工文化建设是履行工会职能的具体要求。职工文化的创造者是以劳模为代表的基层先进职工群体，工会不仅要把以劳模为代表的基层先进职工和典型人物及其价值理念梳理、总结、提炼和发挥出来，更重要的是要借助于工会系统职工文化宣传平台，让这种先进的职工文化影响并感染基层职工，培育出更好的基层先进职工。提高职工素质是职工文化建设的重要目标之一，这就要求工会推进企业发展，为实现个人梦与中国梦注入更多新鲜血液。工会要认真履行维护职工合法权益的职能，维护和谐劳动关系，维护改革发展大局，同时要建设职工文化活动场所、开展形式多样的职工文体活动、营造良好的氛围，满足职工文化需求，保障职工文化权益落到实处，以此激发职工积极性，传递正能量，增添工会活力。工会在职工文化建设中的应然责任体现为以下四个方面：

（1）塑造职工的职业精神风貌。

工会在基层职工群众中选树和推广先进典型的最大意义在于总结提炼先进的职工文化。以劳模为代表的基层先进职工群体的文化理念和价值追求及其表现出的精神风貌，是工会在推动和运作职工文化建设中需要重点关注的内容。劳模精神对职工文化的形成和发展起着重要作用，不同时代的劳模精神，其理想信念和追求都有其广泛的群众基础，易于被职工群众所认同和接受，他们通过自身的榜样作用，以先进的职工文化感化、教化组织内的其他职工，凝聚全体职工同心同德、同向同行。工会要充当这种先进职工文化的引领者、宣导者。

（2）培育职工健康的职业心理。

在我国全面建成小康社会和全面深化改革时期，职工面临着巨大的生活压力、工作压力、经济压力，对职工群众的心理健康和精神状态造成不良影响，各种负面心理问题频发，也在一定程度上损害了企业的健康发展，不利于社会的和谐稳定。工会应当关注职工的价值取向和行为方式，把职工的文化需求、情感需求等方面作为工作切入点，把关心职工心理健康作为工会维权的一个新的重点，加强对职工的人文关怀、心理疏导和情绪引导，积极发展昂扬向上、百花齐放的职工文化，缓解职工心理压力，帮助职工树立正确的职业心理。

（3）培养职工的职业道德。

恪守职业道德是职工从业最基本的要求，也是个人成长的重要条件。工会在职工文化建设过程中，应当引导职工坚守社会主义核心价值观，同时要善于挖掘和汲取传统文化中道德观念的精华，与新时代企业、组织的新要求、新内容相融合，不断对职工进行理想信念教育、科学技术教育和职工文化教育等，通过长期培养、宣传、示范、灌输，使职工能够自觉地意识到自己是职工文化建设的主体，不断提高自身的道德境界和道德层次，促使职工爱岗敬业、诚实守信、文明有礼、遵章守纪、团结奉献，并以此不断规范职工的行为，形成一种内在的、非强制性的约束机制。

（4）引导职工整体素质提升。

在职工中倡导终身学习的理念，提升职工的整体素质，不仅是工会的职能所在，也是职工适应企业和社会发展的必然要求。工会一方面要采取个人自学、组织培养、岗位培训相结合的科学实用的方式，搭建灵活多样的学习载体，不断充实职工的文化、技术、技能教育与培训内容，特别是增强技能培训的实用性和针对性，提高职工素质，促进职工在企业发展中体现自身的价值和地位。另一方面要通过组织职工开展技术革新、发明创造、合理化建议等活动，动员职工立足本职，比学赶超，进一步增强职工创新创造的动力。

(三) 职工文化与企业文化的关系研究

"职工"一词的概念是依附于企业(组织)而存在的，职工与企业有天然的联系。职工文化与企业文化相比，其内涵更为深刻，其外延更为宽泛。职工文化以职工为主体，是在企业特定的环境里，经过一段时间沉积的企业职工共享的理念、价值观和行为准则，以及有利于职工参与企业管理的组织结构、制度机制和方法措施。职工文化不能简单地理解为文体娱乐活动，它应该包括丰富的内涵，植根于职工的工作、学习、生活各个方面。职工文化建设的好坏直接影响公司的发展和职工自身的成长，是推进企业持续发展的软实力和促进职工全面发展的内动力。加强职工文化建设必须坚持以人为本，从提升职工能力素质入手、从关心关爱职工群众入手，把满足职工日益增长的精神文化需求、提高职工队伍整体素质和促进公司发展作为职工文化的落脚点。具体来说职工文化和企业文化之间有如下三种关系。

1. 包含关系

对于包含关系，学术界存在两种观点。第一种观点认为职工文化是企业文化中的一个部分。曹凤月(2013)认为企业文化包括精神文化、制度文化、物质文化、行为文化四个方面，而职工文化则属于企业文化中的行为文化。但是一些学者专家认为这种观点是错误的，是对企业文化认识模糊而造成的。另一种观点认为，包含关系是指企业文化与职工文化相互包含、融合。童爱农(2011)认为职工文化是企业文化不可分割的重要组成部分，并将优秀的职工文化融入企业文化的精神层面、制度层面和物质层面，职工文化只有融入企业文化之中，才有形成和发展的现实意义。

2. 对立关系

对立关系主要是来自于文化的主体性。张小宏等(2013)指出企业文化反映的是管理者的管理理念,反映是老板文化或者经营管理者文化,而职工文化反映的是普通职工的价值追求,它必然与老板或经营管理者之间的价值追求有相当的差异。也有学者认为,企业文化是为获得企业盈利,而职工文化是促进职工群体的和谐发展。虽然职工文化一定程度上受到企业文化的影响,但它最终的形成与每个职工本身所具有的素质和修养有关。有学者指出这种将职工文化与企业文化对立的观点,容易造成职工文化与企业文化的隔离,不利于工会与行政部门之间的沟通,阻碍了二者的发展。

3. 统一对立关系

统一对立关系辩证地将职工文化与企业文化的关系进行了解释,这一观点的代表人物是乔东,他形象地将二者比喻为"车之两轮""鸟之两翼",企业的"发动机"与"方向盘"。乔东(2014)从阴阳之道来形容二者的关系,认为职工文化与企业文化的关系也符合阴阳之道。他还结合新时代的特点,对二者关系做出了新的诠释。对职工来说,企业文化是"要我做"的文化,体现了企业对职工群众提出的外在要求,职工文化是"我要做"的文化,展现了职工自我教育和自我提升的内在要求;从企业角度来说,他认为企业文化是一种管理文化,反映的是企业家和管理者群体的智慧,职工文化是一种素质文化,展现了工人阶级和广大职工群众的智慧(乔东,2017)。全国总工会研究室(2012)对二者关系作出了更加具体的描述,他们认为二者是一种立体式的互容共存关系,具体表现为职工文化是根基,企业文化是企业发展战略的内在要求;二者的着眼点和落脚点都应当在职工身上,以职工为本是企业文化、职工文化建设的精髓和核心;同一企业内部,企业文化在职工文化之上,而放大到全社会,则职工文化更大。

除这三种类型的关系外,有的专家学者认为应该从不同的角度来看待二者的关系。其中,秦明亮(2016)认为二者的关系取决于企业的性质和企业所处的历史发展阶段以及所面对的发展环境,企业性质不同、企业所处的发展阶段和发展环境不同,企业文化与职工文化的关系不同。

以上观点各有千秋，但争论的根源还是在于在企业里：老板和经营管理者是不是职工？而企业文化就是老板文化或经营者文化，与普通职工无关吗？罗长海（2003）在《企业文化要义》一书中指出，现在国内存在对企业文化认识上的误区，其中"企业文化与普通员工无关论"是一个重要误区，并将这些误区总结为以下两种观点，即领导论和政工论。"领导论"从两方面来看，一是普通员工及一般管理者认为企业文化是领导关心的事，与自己无关，"事不关己，高高挂起"；二是领导者包办统揽，把自己的喜好、观念强加于企业，无视企业员工的权利、义务和利益。"政工论"认为企业文化是思想政治工作者的事，也表现在两个方面：一是普通员工及业务管理人员不关心、不参与企业文化建设；二是企业领导人安排政工干部负责有关事宜，自己不投入、不干预。

4. 研究评述

现有关于职工文化与企业文化关系的观点虽然存在争论，并未形成统一的观点，但极大地丰富了职工文化的相关理论，为进一步研究奠定了基础。从以上研究成果可知，一方面，职工文化建设是职工提高职业技能素质、丰富精神文化生活、激发劳动热情和创造活力的重要载体，企业文化建设是体现企业形象特点、增强凝聚力、提高竞争力的必要手段；另一方面，企业文化与职工文化虽然在侧重点上不同，但二者之间是有交汇点的，是难以割裂、区分开来的。正如乔东（2022）所言，职工文化包含企业文化的内容，企业文化也包含职工文化的内容，这是因为企业是由职工群众组成的，职工是企业中最有活力和能动的因素，即使一些观点认为企业文化是企业管理者价值观的体现，它也无法消除管理者也是职工的天然属性，在国有企业更是如此。

总之，我们不能脱离企业谈职工文化，否则职工文化将失去发展基础。我们也不能脱离职工谈企业文化，否则企业文化将失去核心价值。结合已有研究成果，本研究认为国有企业文化和职工文化的关系是动态发展的互融共存关系。

首先，二者在历史使命上的统一。在中华人民共和国成立以前，国家政权还不稳定，职工文化还未真正形成，全国人民的历史任务是救亡图存，振兴中华；在中华人民共和国成立之初，国家举全国之力集中发展社会主义经济，完成社会主义改造，国有企业的职工群体更是在党和国家的号召下，树立集体意识，舍小家为大家，积极支持社会主义改造与建设，这时的企业文化与职工文化的最终目标也是一致的；直到改革开放，职工接触到西方的企业管理思想，对工作自主权和自身利益等要求觉醒，开始注重自身利益的诉求，但我国的职工群众，尤其是国企的职工群众，仍然积极响应中国梦的号召，发挥劳模精神、工匠精神，在岗位上艰苦奋斗，加速推进社会主义现代化建设，这既是国有企业文化的要求，也是职工文化的集中体现。

其次，二者在内容上的统一。企业文化是企业在社会主义市场经济的实践中，逐步形成的为全体员工所认同、遵守，带有本企业特色的价值观念、经营准则、经营作风等。企业文化以企业为主体，但从其定义可以看出，企业文化最终落脚于企业全体职工，需要得到全体员工的认可并付诸实践才得以形成。而职工群众在实践的过程中也会形成自身的价值观、行为规范与精神风貌，形成职工文化。因此，职工群体的行为规范与企业的规章制度紧密相关，职工群体的精神面貌也反映了企业的状态。二者在内容上的统一使得企业文化能够引导职工文化的发展，职工文化也可以为企业文化注入鲜活血液。

最后，二者在建设主体上的统一。企业文化与职工文化真正的建设者都应该是企业的职工群众。企业文化的建设者、领导者虽然是企业管理者，但管理者也是职工群体中的一员，并且沙因在对企业文化下定义时曾指出真正的文化是隐含在组织成员中的潜意识，而且文化和领导者是同一硬币的两面，一个领导者创造了一个组织或群体的同时就创造了文化（埃德加·H. 沙因，2004）。没有广大职工群众的认同与参与，企业文化将缺少发展动力而产生形成"空心化"现象。职工不仅是职工文化的服务对象，也是职工文化的创造者，职工群众的实践是职工文化形成与发展的源泉。如果说建设主体有差异，这种差异也主要表现在具有不同时代烙印的职工价值观和需求上。

对于国有企业而言，其企业文化和职工文化之间更应该达成动态发展的互融共存关系。国有企业具有全民所有制企业性质，企业生产资料归全体人民共同所有。国有企业的性质决定其兼具公共性和营利性的双重特征。公共性是指国有企业资产属于全民所有，国有企业以促进公众利益为目标，提供公共产品和服务，以便满足整个国民经济和社会发展的宏观战略需要。因此，国有企业与其他类型的企业不同。在国有企业中，企业文化不是某一个管理者的价值观，也不只是一种经营文化。将国有企业的企业文化当作管理者文化，用管理者与职工群众来区分国有企业的企业文化与其职工文化的做法欠妥。国有企业文化必须得到职工群众认可，符合国家经济发展与社会发展需要，体现公共性、时代性与人文性。因此，国有企业的职工文化与企业文化在历史使命、内容与建设主体上是完全一致、相互统一的。国有企业的职工文化应该是企业文化的重要组成部分，应该全面融入企业中心工作，以技术提升为中心，以企业文化与社会主义核心价值观为引领，将职工需求和企业需求相结合，为职工职业生涯发展和企业竞争力提升提供动力。

(四) 文化建设的相关研究

在当前新时期现代化产业体系建设加快，经济发展水平进一步提高的背景下，企业内部也在各方面寻求加速发展的途径，除技术、设备等"硬实力"外，文化建设等提高企业"软实力"的做法也越来越得到重视。目前，在文化建设研究的范畴中，职工文化建设与企业文化建设是当下研究的主要对象。因此，我们以职工文化建设和企业文化建设为对象进行文献回顾，通过分析二者的现状与方向，为职工文化的研究进一步提供理论基础。

1. 职工文化建设

职工文化是社会主义文化在国有企业中的客观存在。近年来，职工文化建设作为整个文化建设体系中的重要组成部分引起各方面领导和工会组织的高度重视。基于国有企业本身的特殊历史地位和重要性，国有企业的职工文化建设具有重要的研究意义与价值。当前，职工文化建设仍处于开拓期，针对国有企业内部职工文化的建设通常采用质性方法进行研究。针对职工文化建设的现状和方向，不同学者根据自身研究提出了各种见解与建议，为职工文化的建设提供了相关理论基础。

（1）职工文化建设的内涵。

职工文化的本质是"文化"，具有文化的"人化"和"化人"功能。"人化"是指职工文化来自于职工群众，是职工群众创造的文化；"化人"是指职工文化最终要用之于职工群众，实现教化、感化和同化职工群众的目标。职工文化建设通过在职工群众中推广、践行和展示职工价值理念、职工行为规范和职工精神风貌，推动职工群众自我教育、自我管理和自我提升。乔东(2014)总结过往职工文化建设的相关研究与经验，将职工文化建设的内涵概括为以下三点：

第一，塑造职工价值理念。职工价值理念是指职工群众的人生目标、价值信念、伦理观念、精神追求、理想人格、个人信仰、审美情趣等价值观念的总和。职工价值理念是职工文化的核心，劳模精神是职工价值理念的灵魂。挖掘、推广、学习和宣传以劳模为代表的先进职工群体的先进事迹及其劳模精神，不仅是塑造职工价值理念的基本依据，也是职工文化建设的核心工作。

职工价值理念的内容主要包括职工群众对三个基本问题的追问：为什么、是什么和怎么做，即职工责任、职工理想和职工信念。职工责任是关于"为什么"的问题，即使命问题，也就是职工群众存在的价值和意义是什么？以劳模为代表的先进职工群体取得了巨大的工作业绩，他们到底是为了什么？职工理想是关于"是什么"的问题，即方向问题，也就是职工群众的人生追求和目标定位是什么？他们在工作生活中追求的最高目标是什么？以劳模为代表的先进职工群体是怀着怎样的人生追求做出了一个又一个卓越业绩？职工信念是关于"怎么做"的问题，即动力问题，也就是职工群众履行职工责任和实现职工理想的最基本价值准则和信条。

第二，制定职工行为规范。职工行为规范是将职工价值理念转化为职工群众日常行为的制度、规范、规定和相关文件等。与"要我做"的外在行为管理规范不同，职工行为规范是职工群众自我教育和自我管理的产物，是"我要做"的内在行为规范。职工行为规范凸显了职工群众的主人翁地位，重视"外在管理"向"内在管理"转变、"他人管理"向"自我管理"转变，最终实现职工群众整体素质的提升。

职工行为规范的内容主要包括职工岗位准则、职工行为准则和职工道德准则。职工岗位准则是指职工群众应该自觉遵守的岗位规范和要求，明确所在岗位的中心任务、工作规范及与其他岗位的协作关系，鼓励他们把岗位看作实现人生价值的舞台，活出生命的意义。职工行为准则是指职工群众体现的共同行为特点和自觉遵守的日常行为守则，培养职工群众的行为自觉意识，规范行为举止和行为习惯，具有明确的导向性和约束性。职工道德准则是指职工群众应该遵守和履行的道德原则和道德的基本要求，是职工群众是非行为的善恶标准，凡是符合职工道德准则的行为，就被判断为善的行为，否则，就被判断为恶的行为。

第三，展示职工精神风貌。职工精神风貌是指职工群众的行为风格、精神气质、人文修养、心理状态、生活志趣、业余爱好、身心素质等的总和。展示职工精神风貌的常见形式是职工文体活动。孔子在《论语·八佾》中说："人而不仁，如礼何？人而不仁，如乐何？"其意思是讲，人的礼和乐必须以仁为核心。职工价值理念、职工行为规范和展示职工精神风貌的职工文体活动的关系，类似于仁、礼、乐的关系。职工行为规范和展示职工精神风貌的职工文体活动，也要以职工价值理念为核心。展示职工精神风貌的职工文体活动，要坚持"文化"主题，做到以文立身和以魂化人。

职工精神风貌主要包括职工行为习惯、职工道德品质和职工文体特长。职工行为习惯是指职工群众在日常工作和生活中自觉、经常、反复表现出来的，相对稳定的、定型化的、共同的学习方式、工作方式、生活方式和交流方式等行为方式和行为倾向。职工道德品质是指职工群众依据职工道德准则采取行动时，对社会、他人、事件等所表现出来的相对稳定的、一贯的心理特征或价值倾向，是职工道德准则在职工群众思想和行为中的具体表现。职工文体特长是指职工群众在绘画、书法、舞蹈、音乐、棋艺、摄影、文学、体育等文体爱好方面表现出来的特殊才能和个人才艺，反映了职工群众的人文修养、精神状态和身心素质。

（2）职工文化建设的现状研究。

当前，随着职工文化建设研究和实践的逐步深入，职工文化建设的一些基本观点和做法已为越来越多的人所认同。譬如，职工文化与企业文化是并列关系而不是隶属关系，职工文化建设不等于职工文体活动，职工文化建设是创新工会工作、构建和谐劳动关系的有力抓手等（乔东，2014）。随着认识的逐步加深，多位学者总结了国有企业在职工文化建设中的成果，同时也对此过程中发现的问题进行了总结，形成了目前职工文化建设的现状汇总。

就取得的成果而言，可概括为以下几点：第一，紧扣时代旋律，提升了职工的理想信念。当今，在企业职工文化的建设中，国有企业努力将文化建设与党的重要指导思想以及企业自身的传统精神相结合，通过宏观层面的指导为职工文化发展指明方向，并将文化理念的宣贯提升至凝心聚力促发展、提升企业核心竞争力的高度，引导职工将自己的愿景转化为具体岗位实践，进而促进企业和谐发展。例如，中原油田在打造本企业职工文化的过程中，将"铁人文化""金蚁文化"等油田传统精神融入其中，鼓励职工培养艰苦奋斗、吃苦耐劳的文化（王纪宏，2013）；上海航天局在职工文化建设中，将文化与航天"三大精神"有机结合，进一步打牢了航天传统文化的根基，稳定了航天职工队伍（郑锦光，2013）。新时期，大力弘扬劳模精神对于职工文化建设可以起到有力的促进和导向作用。以上海铁路局为例，近年来，上海铁路局工会积极向铁路总公司和省市总推荐先进典型，坚持每年开展"最美上铁人"评选，隆重举办"榜样的力量"颁奖晚会，对劳模先进进行表彰奖励，打造了向"劳模"学习的文化（孙曙光，2015）。除塑造职工奋斗、奉献的价值观外，部分企业还对建设员工的基本价值观进行了思考和实践。中原油田除传统精神建设外，还通过工会了解职工的诉求和想法，打造了企业—职工—职工之间的三维感恩文化模式。企业感谢职工对企业的劳动与奉献，职工感受企业的关爱与回报，员工之间相互关爱、相互感谢，形成了和谐友善的工作和生活环境（张小宏等，2015）。新时代国企文化建设的新任务之一是宣传中国特色社会主义文化，着力建设社会主义文化自信（乔东，2019）。目前，当代国企已能将职工文化与时代文化相结合，这为打造新时代"文化自信"奠定了基础。

第二，加强了各类培训，提升了职工整体素质。职工素质的主要表现，一是职工行为规范的遵守，二是职工专业素质的体现。职工行为规范是将职工价值理念转化为职工群众日常行为需要遵守的制度、规范、规定和相关文件等（乔东，2014）。与规章制度等简单的"要我做"不同，职工文化建设的目标之一就是要帮助职工群众实现自我教育和自我管理，实现"我要做"的内在行为规范转变。中原油田积极运用文化搭桥、设计活动载体、召开研讨会等鲜活的形式，注重多种形式的教育实效，将职工文化建设作为职工思想政治工作的载体，促进了职工对行为规范的认识和遵守（王纪宏等，2013）。专业素质是职工在企业中的立身之本，也是目前职工文化建设的主要抓手之一。在现有经验中，国网河南省电力公司建立了7个职工文化工作室，并在工作室的辐射带动下积极开展文化工作室建设，以工作室为引领，推动职工技能培训、读书活动的蓬勃开展，提升了职工的整体素质（朱寅等，2020）。中原油田采油四厂工会创立了以高级技师、创新能手为带头人的创新工作室，并通过名师带徒、现场培训、技术讲授等多种实训形式，培养对技术技能、革新改造等方面有兴趣的职工，使其成为企业内的"后备技术骨干"（张小宏，2013）。目前，多数企业已能将职工的整体素质的培养融入职工文化建设，为企业竞争力的提升打下了良好基础。

第三，完善了阵地建设，打造了多元化宣传渠道。在现有的工会实践中，南京工人文化宫大胆尝试职工文化建设社会化，将职工文化概念扩展至全市企业范围，通过建设城市职工文化的品牌，打造品牌团队、品牌活动、品牌节目与人才，使职工文化品牌走出国门，展现了中国职工的风采（张小宏等，2015）。国网河南省电力公司在进行职工文化建设时，以 1 个公司职工文化交流基地为核心，在省公司层面建设 7 家示范性职工文化工作室，辐射带动 X 个市县公司职工文化工作室，形成了独具特色的职工文化工作室"1+7+X"建设模式，并通过开通公众号，优化数字阅读平台等方式，打造线上职工文化传播平台，探索"互联网+文化传播"模式（朱寅等，2020）。中原油田加强以人为本的理念，创建了都亚军学习创新工作室等 7 个工作室，搭建了"专家论坛""博士后论坛""科技园地"等学习平台，通过多种方式加强了职工文化的建设与宣传工作（王纪宏等，2013）。多元化的宣传渠道扩展了职工深入了解职工文化的途径，为职工文化的持续发展提供了便利。

同时，现阶段职工文化的建设仍存在一些问题与挑战。第一，对职工文化建设的认识存在偏差，重视程度不足。从 2008 年工会十五大提出职工文化建设的概念之后，部分媒体开始对职工文化建设进行宣传。从目前情况看，在企业管理的工作中，部分领导对职工文化的认识存在误区，甚至在企业工会工作中出现了偏差，把职工文化简单化、概念化，简单地认为职工文化是企业文化的组成部分（张小宏，2013）。在职工群众文化建设过程中，有相当一部分企业认识模糊，对职工群众文化建设理解狭隘。有的企业单纯追求金钱和物资利益，对于生产经营之外的额外成本不愿意投入；有的企业不能正确认识改革开放的共性问题，不注重学习政策理论和改造世界观，导致群体意识不强，职工主人翁作用不明显，凝聚力、向心力减退（杨梅娟，2015）。有的职工认识不到职工文化建设的重要性，认为职工文化建设仅仅是"吹拉弹唱，打球照相"，可有可无，甚至认为加强职工文化建设，开展文体活动会牵扯精力，影响正常生产秩序，导致一些企业从上到下对职工文化建设不积极，甚至持反对态度（高宝廷，2016）。张建宏（2019）以滨海快速公司为例，发现企业职工的文化观念仍较为传统，建设形式仍采用组织棋牌、球类运动等老套方式，迫切需要公司职能部门尤其是工会加强对职工精神文化需求的研究。目前，认知不足已成为职工文化建设的重要思想阻力，急需企业从根源上打破传统，解放思想，加强文化建设的认识。

第二，职工对精神文化的需求日益多元化。新时代职工由于成长的生活环境、接触的信息来源均与父辈有较大差异，其在精神上的需求逐渐与物质需求并重。在对文化需求上，他们不再局限于被动地接受，而是更加关注自身的实际需要。这对职工文化的建设带来了巨大挑战（孙晋，2020）。

第三，未能充分发挥工会组织在职工文化建设上的作用。对于当前的企业职工文化建设而言，一方面是职工对精神文化的需要日益增多，另一方面却是企业开展职工文化建设的积极性不够。作为职工的代表者和维护者，工会应当肩负起协助企业构建良好职工文化氛围的重要职责。但是，由于现在很多基层工会组织不健全、不完善，人员兼职化严重，工会经费不足，上级工会布置的工作任务又十分繁重，难以腾出时间、精力、金钱去进行职工文化建设（孙晋，2020）。当前，普通职工，尤其是一线职工话语权的缺失存在普遍性，不但职工群众的愿望和诉求得不到及时反映，其经济政治权益往往被忽视。部分工会的设置虚大于实，未能真正履行全总制定的"组织起来、切实维权"的工作方针，导致职工文化建设难以落到实处（马耀东，2011）。要履行好工会职能，尊重每个职工心中的梦想，全心全意依靠职工，实现集体利益与个人利益的统一。工会组织只有持续提升职工能力素质，主动适应时代发展要求，才能使企业充满活力，职工文化建设真正落在实处（王纪宏等，2013）。另外，张辉（2021）指出在当前全国疫情防控形势持续向好时期，积极探索"互联网+职工文化"服务新模式，加强后疫情时代职工文化建设，弘扬主旋律、凝聚正能量，可以充分调动广大职工群众在疫情防控常态化、复工复产和社会主义现代化建设中的积极性、主动性和创造性。但是目前各级工会在推动互联网技术和职工文化建设的融合意识和重视程度上还有待加强。

2. 企业文化建设

目前，针对企业文化建设的文献以采用质性研究的方法为主，通过对企业内各级领导、职工进行访谈，采用扎根理论对企业文化建设的情况进行总结归纳，进而提炼出企业文化建设的一般规律。在研究内容方面，主要以不同企业内文化建设的现状问题，以及对企业文化建设方向的探讨为主。通过对现状和建设方向的探讨与分析，为企业内的文化建设提供理论与实践贡献。

（1）企业文化建设的现状研究。

当前，虽然企业经营者对企业文化建设给予了相当的重视，但在真正落实方面还有较大差距。建设问题的现状大致可分为三类：

一是文化建设表面化。我国企业文化建设过程中最突出的问题就是盲目追求企业文化的形式，而忽略了企业文化的内涵（胡占军，2013）。企业文化作为舶来品，企业在进行建设的过程中往往会借鉴欧美的范式。但受到两种文化的差异的影响，企业一味照搬照做只会使得文化建设流于形式，缺乏实效（颜节礼，2013）。受到基本国情影响，很多企业长期以来秉持着现有的经营管理理念，认为企业文化仅仅"虚浮"于经营之上，缺乏对文化建设的正确认识，只做一些简单的宣传和推广工作（李嫦，2020）。这些企业往往只关注技术革新与管理方案优化等提升生产效率的措施，而对企业文化这种需要长时间积淀且不会直接产生经济效益的工作不够重视（刘红，2021）。

二是缺乏文化建设的合理规划。Schein 文化理论认为，企业文化是外部适应和内部融合问题交互发展的结果。受到"过分追求利益"这一风气的影响，企业在文化建设的过程中，缺乏调研与市场分析，盲目追求多元化，缺少对文化的战略考量（颜节礼，2013）。当前，不少企业只有企业文化主管人员在学习相关知识，其他管理人员特别是高层管理人员对企业文化的理解仍较为肤浅。认识差异导致的分歧使得企业内部文化建设难以成为系统工程，建设方案难免顾此失彼（曲庆，2013）。目前，我国国有企业基本沿用厂长、企业党组织和职工代表大会"三位一体"的领导体制，企业文化建设隶属于思想政治工作范畴，突出思想政治功能，官本位特征明显，因此行政性行为主导下的企业文化难免僵化（葛万生，

2015)。同时，在国有企业内部往往存在着"机关病"，在面对问题和规划发展时，会有责任划分不明确、决策效率有限的问题，在企业文化建设上尤为明显（武雉，2020）。在企业文化建设的规划上，国有企业大多将其作为企业管理的一部分，但却未将企业文化融入企业战略规划以及日常的行为规范当中（吕宏斌，2014）。这导致企业文化的建设往往难以形成体系，在执行上缺乏系统性与稳定性，导致其难以发挥应有的作用。

三是文化建设方式单一，缺乏新意。曲庆（2013）通过对217篇中国企业文化建设案例进行分析，发现在活动载体方面，虽然案例中平均每个企业采用了五六种活动方式，但大多局限于会议、征文、大讨论等。其中，学者强调的典礼和仪式仅有8.3%的样本企业提到，而且形式主要是升旗，和企业文化密切关联的其他仪式则特别少。在部分国有企业，企业文化的建设仍停留在理论教育中，实践活动较少，导致员工参与积极性不强（来雅娜，2020）。综观许多企业的企业文化，其企业精神常用团结、求实、开拓、进取、拼搏、创新、奉献等词语加以排列组合，缺乏企业的鲜明个性和独特风格，使得这些精神变成了企业文化的标准组合，千篇一律（张艳卿，2004）。

（2）企业文化建设的模式研究。

不同的企业根据自身情况与需要展开了不同模式的企业文化建设，现有研究以企业文化建设模式为研究对象，进行了深入分析。

模式一，强调员工的主体性地位。企业文化建设是一种以员工为中心的现代管理理念（苏艳丽，2021）。文化在企业发展的过程中发挥着导向、凝聚和激励的作用，对个人的观念、行为和绩效有着重要的影响。企业文化的建设是让员工变被动为主动的过程，员工感悟到企业所倡导的价值观和目标的可行性时，其自觉性和主动性会得到进一步提升（陶建英，2020）。企业文化建设要把握职工的日常生活，以此为突破口，逐步上升至教育和思想政治层面（魏丽娜，2017）。在企业文化建设过程中，应以精益文化的建立为导向，强化质量与品牌意识，培养员工的劳模精神、工匠精神，注重"90后""00后"等新时代员工的思想动态与文化需求（刘刚等，2019），重视环境对员工潜移默化的影响，按企业文化理念设计企业内部环境（曲庆，2013）。这就要求在文化建设的过程中重视员工的个体感受，着重把握员工的主体性地位。同时，企业文化建设的绩效最终要通过员工的行为来体现，如劳资关系、组织氛围等(王少杰，2013)。把握员工主体地位，还需要在建设过程中时刻把握员工心理动向，确保文化建设切实作用于职工群体。

模式二，以提升市场竞争力为建设目标。企业文化是一个企业的管理经营理论与管理思想逻辑发展的必然结果，是企业对自身经营的总结与创新。正确合理的企业文化代表着企业的经营理念、服务宗旨等，是企业在市场中的一张名片，更是促使企业在市场中占有一席之地的无形资产(丁武东，2017)。在严峻的市场竞争中，企业的竞争归根到底是人才的竞争，而企业文化的建设已成为提升企业竞争力的重要举措，它反映着一个企业特有的，为社会所公认的品格、素质、精神、作风以及公众形象。有效的企业文化建设能够增强企业的社会知名度以及品牌的美誉度，进而不断增强企业在市场竞争中的优势(江波，2019)。企业的文化观念决定了其职工在工作中的态度。现阶段员工受到各种信息的干扰，如拜金主义、形式主义、享乐主义等，严重影响了员工工作积极性。只有通过文化建设，引导员工树立正确价值观，注重实践和修养，才能有效提升企业的发展效率(来雅娜，2020)。

(3)企业文化建设的评价研究。

企业文化建设是文化建设研究关注的焦点，形成了丰富的研究成果。通过文献分析，现有企业文化建设评价研究的逻辑构成大致可以分为三类(见表1-2)。一是基于企业文化三层次或四层次结构，对企业文化建设的内容进行剖析，针对每个层次的重点内容设计评价指标。该方法相对全面细致，运用最为广泛，但容易忽略重点，导致评价结果均一化。二是基于企业文化建设过程，从企业文化设计、实施、反馈等环节开展企业文化建设工作的评价，重在考察建设过程中各个环节是否有效到位，以此检测企业文化建设工作的完成情况。三是基于企业文化建设成效进行指标设计，以企业文化建设的目标是否达成为考核重点。后两种方法虽然有重点但是容易考虑不全面，导致评价结果失之偏颇。可见，企业文化建设评价方法与指标结构各有优劣。以此为参考，职工文化建设是否需要评价、如何评价还有待进一步研究。

表1-2 企业文化评价指标汇总

作者及年份	具体指标	指标特点
刘徐方（2006）	质量意识及管理体系、核心产品的品牌知名度、新产品的市场认知度、技术装备现代化程度、核心技术的独特性和难模仿性、企业整体形象、生活文化设施、组织结构合理度、管理标准与操作规程、信息化管理及沟通、对待冲突的宽容度、员工对企业决策的参与意识、激励创新机制、技术创新能力、企业凝聚力、企业伦理道德、企业目标、企业经营哲学	基于企业文化三层次或四层次构建指标体系
王世法（2006）	公司愿景、公司价值观、公司精神、领导行为、管理行为、员工行为、企业科研、形象传播途径、企业管理制度、企业的标识、企业组织结构、信息沟通	
蔡瑞雷、陈建武（2008）	企业产品、企业科技、企业环境、企业素质、企业哲学、企业形象、企业民主、企业组织结构、企业精神、企业道德	
陈华溢（2008）	质量意识及管理体系、核心产品的品牌知名度、新产品的市场认知度、技术装备现代化程度、管理核心技术独特性和操作规程、信息化管理及沟通、文化设施、组织结构合理度、员工对企业决策的参与意识、激励机制、技术创新、企业凝聚力、企业风格、企业目标、企业经营哲学	
熊义杰、谢白雪等（2008）	环境文化、产品文化、技术文化、网络文化、领导体制与企业决策、企业管理制度、企业组织制度、领导作风、榜样楷模文化、传播网络和礼仪文化、企业价值观、企业精神、企业道德	
徐汉文（2009）	价值观、认同感、制度导向、忠诚度、工作氛围	
赵希男、欧新煜、奚婷燕（2012）	企业精神、经营理念、道德及法规遵循、公司治理、管理体制、其他管理、核心业务、制度、领导行为、员工行为、组织学习、社会责任、经营目标、产品及服务、企业环境	
张富强（2013）	企业精神、经营哲学、价值观、企业哲学、管理制度、公益行为、产品及服务、企业环境、企业面貌	
王爱晶（2014）	企业管理体制、岗位责任制度、协作关系制度、临时性制度、企业形象目标、核心价值观、企业经营理念、企业行为规范、企业的环境、企业的服务、企业人行为、企业风格	

续表

作者及年份	具体指标	指标特点
刘宇（2006）	科学性、完整性、特色性、可操作性、领导重视、组织结构、经费支持、实施方法、导向作用、约束作用、凝聚作用、激励作用、辐射作用、方案效益	基于过程的企业文化建设评价（目标体系）
马千里、付光、付明（2009）	企业战略安全文化、安全反馈系统、安全投入、安全管理、安全价值观、员工安全素质、系统的开放性、系统的动态性	
李晓利、杨育等（2009）	文化盘点、定格设计、对内传播、文化转化、对外推广、文化评估、完善系统	
邵春燕、刘学生（2007）	重视客户需求、重视股东利益、重视员工利益、重视领导才能和领导艺术、重视领导管理、企业冒险精神、企业革新意识、企业创造力、企业产品和服务、企业精神、企业环境、企业品牌、企业信誉、企业历史传统、员工素质、组织机构、管理机制、领导机制、规章制度、道德规范、企业宗旨、企业目标、企业理念、企业工作重点	基于结构的企业文化建设评价（目标体系）
刘军（2014）	做强做大出版文化产业的责任、强化文化创新创造的责任、传承先进文化、推动和谐文化建设的责任、提升文化创新中的责任、华文化国际影响力影响的责任、强化国家文化安全的责任、强化道德规范的责任、文化公益责任	
王亦虹、沙方毅、陈伟珂（2015）	战略导向及意图、社会责任、协调与整合、愿景、核心价值观、文化认同、能力发展、团队意识、创造变革、客户至上、安全文化	
程艳利赵国浩（2021）	团队意识、发展意识、变革意识、供应商价值、顾客价值、员工价值、社会价值	

三、研究思路、方法与技术路径

(一)研究方法

本研究采用定性研究和定量研究相结合的研究方法,通过文献检索、半结构化访谈、问卷调查等多种方法来获取研究数据和资料,利用扎根理论分析、个案分析和统计分析来处理资料和数据,结合专家咨询法、现场反馈、政策评估等方法来优化对策和措施。

(1)文献检索与研究。文献来源包括:政府部门已颁布的有关政策、法规;国内外相关研究报告;国内外同行业的经验总结报告;国内外的相关领域研究文献。

(2)问卷调查法。针对公司各部门各层级员工,开发《职工文化建设管理体系现状认知及评价》调查问卷,用于对公司职工文化建设管理体系现存问题及实施效果的诊断和评价。通过实地、问卷星等多种方式开展调研,范围包括国网公司总部及东南西北中等各片区。

(3)统计分析。收集整理国网公司和国网湖北省电力有限公司现有的相关政策文件、工作报告和工作总结等资料,职工文化建设管理成效数据等原始数据和执行情况资料。

(4)深度访谈法。开发一系列面向部门负责人、各层级核心员工的访谈提纲,就一些重要和需要深入了解的问题进行进一步的了解。

(5)理论分析法。在职工文化建设理论指导下,借助逻辑思维方法,运用定量化分析如模型法,与实践检验相结合,使理论分析结果及时得到验证。

(6)系统分析法。将职工文化建设作为一个完整的系统,对其进行模型化设计,并进行系统目标分析、系统要素分析、系统环境分析、系统资源分析和系统管理分析,准确地研究分析职工文化建设管理中的问题,提出加强职工文化建设的管理方案。

(二)研究思路与技术路径

职工文化差异是不同企业的职工群体间的本质差别,然而当前学术界对职工文化的界定并未达成共识。因此，要系统分析国家电网职工文化建设的现状，首先应当界定清楚职工文化的内涵和外延。在回顾已有文献研究、专家指导、政策研读的基础上，编制《国网公司职工文化建设管理体系现状认知及评价》调查问卷，结合个别访谈、团体访谈、实地调研等方法获得一手数据。在此基础上，运用 SPSS24.0 和 Amos18.0 对问卷调查所得数据进行统计分析，了解当前公司职工文化建设现状，并结合个案分析、比较分析等方法对公司职工文化建设管理体系现存问题及实施效果进行诊断和评价。最后，通过专家咨询、现场反馈、政策评估等方法来优化对策和措施。

根据以上研究思路绘制了本研究的技术路线图(见图 1-1)。

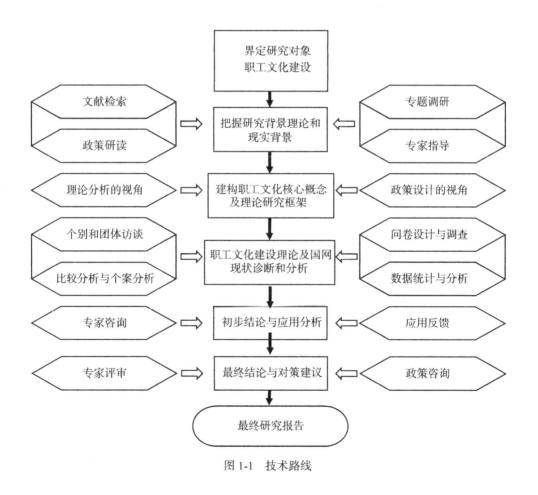

图 1-1 技术路线

四、研究内容与创新

(一) 研究内容

在文献回顾和理论梳理的基础上，结合职工文化建设的工作体系，从公司新时代发展战略和公司发展阶段实际出发，主要以职工文化建设的目标机制、过程管控指标设计与评价反馈机制、保障机制为研究和建设的落脚点，从典型企业职工文化建设管理体系案例研究中借鉴经验，结合深入企业内部的实际调研结果，最终构建出新时代企业职工文化建设管理体系。具体研究内容如下：

1. 研究背景与理论基础

在绪论与理论分析部分，主要对新时代职工文化的研究背景、研究意义以及研究的相关思路、方法、内容等进行详细介绍。研究背景从时代要求、政策背景来对职工文化建设的必要性、重要性以及职工文化面临的机遇与挑战进行探讨，确定了职工文化研究背景和意义，确立了研究的目标与原则，并在此基础上形成研究思路和基本架构，介绍了本研究的主要方法及创新之处。理论分析部分主要以习近平总书记重要思想、制度创新以及职工文化相关理论为主，为本研究奠定基础。通过文献回顾和理论梳理，了解新时代职工文化建设的已有研究和关注重心，并借助多种文化理论为职工文化的建设提供理论基础。

2. 职工文化建设现状与环境分析

在现状分析部分，主要以国网湖北省电力有限公司为例，通过对访谈材料以及问卷调研进行分析和问题诊断，了解国网湖北省电力有限公司职工对职工文化的认知、需求，以及对职工文化管理的现状与影响因素进行总结，对问题进行分析并剖析成因。之后，对国网湖北电力公司职工文化建设的做法、亮点、效果以及经验进行分析归纳，为国网湖北省电力有限公司职工文化建设提供实践基础和经验总结。

基于职工文化理论研究成果与国网湖北省电力有限公司职工文化建设现状、

成效与问题，对国网湖北省电力有限公司职工文化建设的内外部环境进行分析，正确认识国网湖北省电力有限公司在职工文化建设中所面临的挑战与机遇，为新时代国有企业职工文化的认识与突破打好基础。

3. 新时代国有企业先进职工文化的认识、创新与保障

本部分主要包括三章。首先，通过对理论的进一步认识以及对职工文化建设现状进行分析后，提炼概括出新时代国有企业先进职工文化的内涵与外延、特征与功能以及具体内容。通过对引航文化、赋能文化、融入文化以及暖心文化进行详细的解释与分析，形成对新时代职工文化的科学认识。其次，提出了职工文化生态圈的概念，结合思想引领、素质赋能、阵地 e+、心理关爱、品牌提升以及价值转化六大创新实践，形成新时代国有企业先进职工文化的突破与创新。最后，结合实际情况，从思想、组织、评价等层面提出五大保障体系，确保职工文化建设的顺利进行。

(二) 研究创新点

本书在以往的研究基础上对研究内容、研究方法或研究思路等进行创新。

(1) 提出了职工文化生态圈的概念，把职工文化与职工活动区分开来，明确职工文化与企业文化之间的动态发展的互融共存关系，提出职工文化是企业文化在职工身上的投射，它们在使命、内容和主体上都有统一性。

(2) 对新时代国网职工文化的内涵和外延进行了界定。提出新时代企业职工文化是基于职工自身特色与精神诉求而产生的，由社会主义核心价值观和企业文化引导，以工匠精神、劳模精神为核心，职工群体共创共享的职工价值观、职工行为规范、职工精神风貌的总和。

(3) 创新地构建了职工文化建设过程模型、全员参与的职工文化管理模式，揭示了职工文化建设向企业核心竞争力的转化机制，提出可以在基层实施职工文化经理人制度，探索建设了职工文化评价体制。

(4) 通过大规模的调研，科学地揭示了国网湖北省电力有限公司职工文化的建设图谱和演化规律，提炼了国网湖北电力公司在职工文化建设上的五大做法、六大亮点工程和取得的四大成效，以及形成的五大经验。

（5）构建了新时代职工文化生态圈建设框架，提出重点实施六大工程，即思想价值引领工程、职工素质赋能工程、互联网+载体工程、职工心理关爱工程、品牌精品提升工程、文化价值转化工程，进而实现职工文化建设的三大转变，从文化参与主体由职工被动接受向主动参与、主动创造转变，文化建设方式由自上而下建设向融入生产由下而上建设转变，文化活动内容由主要聚焦文体活动类向综合素质提升类转变，为 2025 年基本建成具有中国特色国际领先的能源互联网企业和 2035 年全面建成具有中国特色国际领先的能源互联网企业提供坚强文化支撑。

第二章　国有企业职工文化建设的理论分析

一、职工文化建设的相关论述

(一) 习近平总书记关于职工文化建设的相关论述

1. 职工主体与中国特色社会主义文化建设论述

在 2015 年 4 月 28 日举行的庆祝"五一"国际劳动节暨表彰全国劳动模范和先进工作者大会上，习近平总书记特别强调要创新思想政治工作方式方法，加强人文关怀和心理疏导，打造健康文明、昂扬向上的职工文化，丰富职工精神文化生活，不断满足广大职工群众精神文化需求。① 2018 年 10 月 29 日，习近平总书记在同中华全国总工会新一届领导班子成员集体谈话时强调要坚持以社会主义核心价值观引领职工，深化"中国梦·劳动美"主题教育，打造健康文明、昂扬向上、全员参与的职工文化。②

2017 年 10 月 18 日习近平总书记在党的十九大报告中提出，要坚定文化自信，推动社会主义文化繁荣兴盛。习近平总书记指出，中国特色社会主义文化，源自于中华民族五千多年文明历史所孕育的中华优秀传统文化，熔铸于党领导人民在革命、建设、改革中创造的革命文化和社会主义先进文化，植根于中国特色社会主义伟大实践。发展中国特色社会主义文化，就是以马克思主义为指导，坚

---

① 在庆祝"五一"国际劳动节暨表彰全国劳动模范和先进工作者大会上的讲话，http：//www. xinhuanet. com/politics/2015-04/28/c_1115119860. htm.

② 习近平同中华全国总工会新一届领导班子成员集体谈话并发表重要讲话，http：//www. gov. cn/xinwen/2018-10/29/content_5335515. htm.

守中华文化立场，立足当代中国现实，结合当今时代条件，发展面向现代化、面向世界、面向未来的，民族科学的大众的社会主义文化，推动社会主义精神文明和物质文明协调发展。① 具体建设工作需从掌握意识形态工作领导权，培育和践行社会主义核心价值观，加强思想道德建设，繁荣发展社会主义文艺和推动文化事业和文化产业发展这五个方面展开。

2019 年 10 月 28 日党的十九届四中全会明确指出发展社会主义先进文化、广泛凝聚人民精神力量，是国家治理体系和治理能力现代化的深厚支撑。必须坚定文化自信，牢牢把握社会主义先进文化前进方向，围绕举旗帜、聚民心、育新人、兴文化、展形象的使命任务，坚持为人民服务、为社会主义服务，坚持百花齐放、百家争鸣，坚持创造性转化、创新性发展，激发全民族文化创造活力，更好构筑中国精神、中国价值、中国力量。一是要坚持马克思主义在意识形态领域指导地位的根本制度。二是要坚持以社会主义核心价值观引领文化建设制度。三是要健全人民文化权益保障制度。四是要完善坚持正确导向的舆论引导工作机制。五是要建立健全把社会效益放在首位、社会效益和经济效益相统一的文化创作生产体制机制。②

2021 年 3 月 11 日，全国人大通过了《中华人民共和国国民经济和社会发展第十四个五年规划和 2035 年远景目标纲要》(以下称《纲要》)。《纲要》强调，要坚持马克思主义在意识形态领域的指导地位，坚定文化自信，坚持以社会主义核心价值观引领文化建设，围绕举旗帜、聚民心、育新人、兴文化、展形象的使命任务，促进满足人民文化需求和增强人民精神力量相统一，推进社会主义文化强国建设。在《2021 年政府工作报告》中，提出 2021 年的工作要更好满足人民群众精神文化需求。培育和践行社会主义核心价值观，弘扬伟大抗疫精神和脱贫攻坚精神，推进公民道德建设。繁荣新闻出版、广播影视、文学艺术、哲学社会科学和档案等事业。加强互联网内容建设和管理，发展积极健康的网络文化。传承弘扬中华优秀传统文化。

---

① 决胜全面建成小康社会 夺取新时代中国特色社会主义伟大胜利——在中国共产党第十九次全国代表大会上的报告，http: //politics. gmw. cn/2017-10/27/content_26628091. htm.

② 中共中央关于坚持和完善中国特色社会主义制度 推进国家治理体系和治理能力现代化若干重大问题的决定，http: //cpc. people. com. cn/n1/2019/1106/c64094-31439558. html.

2. 关于工会职能的相关论述

2018 年 10 月 29 日，习近平总书记在中南海同中华全国总工会新一届领导班子成员集体谈话并发表重要讲话。习近平强调，我国工运事业是党的事业的重要组成部分，工会工作是党治国理政的一项经常性、基础性工作。要坚持党对工会工作的领导，团结动员亿万职工积极建功新时代，加强对职工的思想政治引领，加大对职工群众的维权服务力度，深入推进工会改革创新，勇于担当、锐意进取，积极作为、真抓实干，开创新时代我国工运事业和工会工作新局面。一是工会要忠诚党的事业，通过扎实有效的工作把坚持党的领导和我国社会主义制度落实到广大职工群众中去。二是完成党的十九大提出的目标任务，必须充分发挥工人阶级主力军作用。通过加强产业工人队伍建设，加快建设一支宏大的知识型、技能型、创新型产业工人大军，同时要协同各个方面为劳动模范、大国工匠发挥作用搭建平台、提供舞台，培养造就更多劳动模范、大国工匠。三是引导职工群众听党话、跟党走，巩固党执政的阶级基础和群众基础，是工会组织的政治责任。要坚持以社会主义核心价值观引领职工，深化"中国梦·劳动美"主题教育，打造健康文明、昂扬向上、全员参与的职工文化。四是工会要坚持以职工为中心的工作导向，抓住职工群众最关心最直接最现实的利益问题，认真履行维护职工合法权益、竭诚服务职工群众的基本职责。五是党的十九届三中全会对群团组织改革提出了新的要求，工会要认真贯彻落实，构建联系广泛、服务职工的工会工作体系。[①]

2021 年 4 月 8 日，推进产业工人队伍建设改革协调小组会议在京召开。会议强调，产业工人队伍建设改革是习近平总书记亲自谋划和部署的重大改革，是全面深化改革的重要内容。世界正经历百年未有之大变局，高质量发展成为我国"十四五"乃至更长时期经济社会发展的主题。产业工人是创新驱动发展的骨干力量，是实施制造强国战略的有生力量。要增强推进产业工人队伍建设改革的思想自觉、政治自觉和行动自觉，扎实推进产业工人队伍建设改革，为高质量发展提供强大人力支撑。同月召开的中国海员工会成立 100 周年纪念大会强调，要始

---

① 习近平同中华全国总工会新一届领导班子成员集体谈话并发表重要讲话，http：//www.gov.cn/xinwen/2018-10/29/content_5335515.htm.

终保持工会工作正确政治方向，牢牢把握我国工人运动时代主题，旗帜鲜明履行工会维权服务基本职责，不断增强产业工会的生机活力，汇聚建功"十四五"、奋进新征程的磅礴力量，不断开创中国海员工会工作新局面。

作为职工文化建设的重要主体之一，工会目前已将职工文化的建设作为工作实务重心。工会为国网职工文化建设进行规划和战略部署，提供高素质的人才队伍，设立专门的职工文化建设小组，为职工文化建设提供保障。工会对职工文化建设的重视，有利于推动职工文化建设体系化，推动职工文化建设取得更大成效。

3."劳模精神"和"工匠精神"的论述

习近平总书记始终关心劳模、关爱劳动者，他对于弘扬劳模精神、劳动精神、工匠精神的倡导和要求一以贯之。2013 年 4 月 28 日，习近平总书记亲临全总机关同全国劳动模范代表座谈时指出："榜样的力量是无穷的。劳动模范是民族的精英、人民的楷模。长期以来，广大劳模以平凡的劳动创造了不平凡的业绩，铸就了'爱岗敬业、争创一流，艰苦奋斗、勇于创新，淡泊名利、甘于奉献'的劳模精神，丰富了民族精神和时代精神的内涵，是我们极为宝贵的精神财富。"

2015 年 1 月 8 日，中共中央印发《关于加强和改进党的群团工作的意见》，明确指出："引导广大职工弘扬劳模精神、劳动精神、工人阶级伟大品格，增强主人翁意识，打造健康文明、昂扬向上的职工文化。"这是在中央文件中，首次将弘扬劳模精神、劳动精神、工人阶级伟大品格并列在一起，显示了强烈的价值导向。同年 4 月 28 日，习近平总书记在庆祝"五一"国际劳动节暨表彰全国劳动模范和先进工作者大会上的讲话中强调："我们在这里隆重集会，纪念全世界工人阶级和劳动群众的盛大节日——'五一'国际劳动节，表彰全国劳动模范和先进工作者，目的是弘扬劳模精神，弘扬劳动精神，弘扬我国工人阶级和广大劳动群众的伟大品格。""在前进道路上，我们要始终弘扬劳模精神、劳动精神，为中国经济社会发展汇聚强大正能量。""'爱岗敬业、争创一流，艰苦奋斗、勇于创新，淡泊名利、甘于奉献'的劳模精神，生动诠释了社会主义核心价值观，是我们的宝贵精神财富和强大精神力量。"这些重要论述再次重申了劳模精神的内涵，并将

"劳动精神"与"劳模精神"并列，从"劳模精神"到"劳动精神"，从提倡向劳模先进群体看齐到倡导全社会都要热爱劳动、投身劳动，体现了习近平总书记对劳动的高度尊崇、对劳动者的高度尊重。

2016 年 4 月 26 日，习近平总书记在安徽主持召开知识分子、劳动模范、青年代表座谈会，他强调："劳动模范是劳动群众的杰出代表，是最美的劳动者。劳动模范身上体现的'爱岗敬业、争创一流、艰苦奋斗、勇于创新、淡泊名利、甘于奉献'的劳模精神，是伟大时代精神的生动体现。""无论从事什么劳动，都要干一行、爱一行、钻一行。在工厂车间，就要弘扬'工匠精神'，精心打磨每一个零部件，生产优质的产品。"习近平总书记再次诠释了劳模精神的内涵，并明确提出"工匠精神"，这是习近平总书记根据我国经济社会发展的客观实际，对工人阶级和广大劳动群众提出的新的更高要求，是对"当代工人不仅要有力量，还要有智慧、有技术，能发明、会创新"要求的具体化，具有鲜明的时代特征。

2017 年 2 月 6 日，习近平总书记主持召开中央全面深化改革领导小组第三十二次会议，审议通过了《新时期产业工人队伍建设改革方案》，其中指出"强化职业精神和职业素养教育，大力弘扬劳模精神、劳动精神、工匠精神，引导产业工人爱岗敬业、甘于奉献，培育健康文明、昂扬向上的职工文化，在精神文明建设中发挥示范导向作用"，劳模精神、劳动精神、工匠精神在中央文件中首次并列在一起。同年 10 月 18 日，习近平总书记在党的十九大报告中明确指出，"建设知识型、技能型、创新型劳动者大军，弘扬劳模精神和工匠精神，营造劳动光荣的社会风尚和精益求精的敬业风气"，把劳模精神、工匠精神写入党的全国代表大会报告，充分体现了党和国家对弘扬劳模精神、劳动精神、工匠精神的高度重视。

2018 年 4 月 30 日，习近平总书记给中国劳动关系学院劳模本科班学员回信，指出"劳动最光荣、劳动最崇高、劳动最伟大、劳动最美丽。全社会都应该尊敬劳动模范、弘扬劳模精神，让诚实劳动、勤勉工作蔚然成风"。同年 10 月 29 日，习近平总书记同全国总工会新一届领导班子成员集体谈话，指出，"劳动模范是民族的精英、人民的楷模。大国工匠是职工队伍中的高技能人才。体现在他们身上的劳模精神、劳动精神、工匠精神，是伟大民族精神的重要内容"，这是习近平总书记在讲话中首次将三个精神并列在一起进行阐述，是我们党重要的理论创新成果。

2020年4月30日，习近平总书记给郑州圆方集团全体职工回信，指出："希望广大劳动群众坚定信心、保持干劲，弘扬劳动精神，克服艰难险阻，在平凡岗位上续写不平凡的故事，用自己的辛勤劳动为疫情防控和经济社会发展贡献更多力量。"在全国新冠疫情防控取得重大战略成果之际，习近平总书记再次强调弘扬劳动精神，更加凸显了弘扬劳动精神是我们不断克服困难，有效应对新冠疫情冲击、夺取疫情防控和经济社会发展双胜利的重要法宝。同年11月24日，习近平总书记在表彰全国劳动模范和先进工作者大会上的重要讲话，再次对弘扬劳模精神、劳动精神、工匠精神进行了系统深入阐释。总书记强调，要大力弘扬劳模精神、劳动精神、工匠精神。劳模精神、劳动精神、工匠精神是以爱国主义为核心的民族精神和以改革创新为核心的时代精神的生动体现，是鼓舞全党全国各族人民风雨无阻、勇敢前进的强大精神动力。

2022年4月27日，习近平总书记致首届大国工匠创新交流大会贺信强调，技术工人队伍是支撑中国制造、中国创造的重要力量。我国工人阶级和广大劳动群众要大力弘扬劳模精神、劳动精神、工匠精神，适应当今世界科技革命和产业变革的需要，勤学苦练、深入钻研，勇于创新、敢为人先，不断提高技术技能水平，为推动高质量发展、实施制造强国战略、全面建设社会主义现代化国家贡献智慧和力量。

4. 新时代中国特色社会主义文化建设方面的论述

2014年10月15日，习近平总书记在京主持召开文艺工作座谈会并发表重要讲话。他强调，文艺是时代前进的号角，最能代表一个时代的风貌，最能引领一个时代的风气。实现"两个一百年"奋斗目标、实现中华民族伟大复兴的中国梦，文艺的作用不可替代，文艺工作者大有可为。习近平指出，推动文艺繁荣发展，最根本的是要创作生产出无愧于我们这个伟大民族、伟大时代的优秀作品。必须把创作生产优秀作品作为文艺工作的中心环节，努力创作生产更多传播当代中国价值观念、体现中华文化精神、反映中国人审美追求，思想性、艺术性、观赏性有机统一的优秀作品，并把社会效益放在首位，成为社会效益和经济效益相统一的作品。文艺工作者要自觉坚守艺术理想，不断提高学养、涵养、修养，加强思想积累、知识储备、文化修养、艺术训练，认真严肃地考虑作品的社会效果，讲品位，重艺德，为历史存正气，为世人弘美德，努力以高尚的职业操守、良好的社会形象、文质兼美的优秀作品赢得人民喜爱和欢迎。①

2019年3月4日全国两会上，习近平总书记参加文化艺术界、社会科学界联组会并提出"四个坚持"的要求——"坚持与时代同步伐""坚持以人民为中心""坚持以精品奉献人民"和"坚持用明德引领风尚"。"坚持与时代同步伐"要求文艺创作要以扎根本土、深植时代为基础，哲学社会科学研究要立足中国特色社会主义伟大实践，才能把握时代脉搏，聆听时代声音，回答时代课题。"坚持以人民为中心""坚持以精品奉献人民"要求为人民抒写、为人民抒情、为人民抒怀，顺应人民意愿、反映人民关切。"坚持用明德引领风尚"要求通过文艺作品传递真善美，传递向上向善的价值观，引导人们增强道德判断力和道德荣誉感，向往和追求讲道德、尊道德、守道德的生活。对于文艺工作者、哲学社会科学工作者，更需要有"士以弘道"的价值追求，把社会责任放在首位，做真善美的追求者和传播者，勇担"以文化人、以文育人、以文培元"的使命。要明大德、立大德，树立高远的理想追求和深沉的家国情怀，方能成为对国家、对民族、对人民有贡献的艺术家和学问家；要坚守高尚职业道德，多下苦功、多练真功，方能做到勤业精业；要自觉践行社会主义核心价值观，讲品位、讲格调、讲责任，方能抵制庸俗媚俗低俗。②

2021年12月14日，习近平总书记出席中国文学艺术界联合会第十一次全国代表大会、中国作家协会第十次全国代表大会开幕式时向广大文艺工作者发出了向第二个百年奋斗目标进军的伟大号召。在大会上，总书记对文艺工作者寄予了更殷切的期许，希望他们做到：第一，心系民族复兴伟业，热忱描绘新时代新征程的恢宏气象；第二，坚守人民立场，书写生生不息的人民史诗；第三，坚持守正创新，用跟上时代的精品力作开拓文艺新境界；第四，用情用力讲好中国故事，向世界展现可信、可爱、可敬的中国形象；第五，坚持弘扬正道，在追求德艺双馨中成就人生价值。同时，总书记对文艺工作者的品德修养提出了具体的要

---

① 习近平在文艺工作座谈会上讲话（全文），http：//culture. people. com. cn/n/2014/1015/c22219-25842812. html.

② "四个坚持"，习近平对文艺创作、学术研究提出新要求，http：//www. china. com. cn/lianghui/news/2019-03/05/content_74533788. shtml.

求，要求他们珍惜自己的社会影响，认真严肃地考虑作品的社会效果；要讲品位、讲格调、讲责任，自觉遵守法律、遵循公序良俗，自觉抵制拜金主义、享乐主义、极端个人主义，堂堂正正做人、清清白白做事；要有"横眉冷对千夫指，俯首甘为孺子牛"的精神，歌颂真善美、针砭假恶丑；对正能量要敢写敢歌，理直气壮，正大光明；对丑恶事要敢怒敢批，大义凛然，威武不屈；要弘扬行风艺德，树立文艺界良好社会形象，营造自尊自爱、互学互鉴、天朗气清的行业风气。

表 2-1 　　　　　　　　习近平总书记关于中国文化建设的相关论述

时间	会议	具体内容
2014 年 10 月 15 日	全国文艺工作座谈会	明确指出新时代中国文艺创作、文艺作品、文艺工作者的建设发展问题
2015 年 4 月 28 日	庆祝"五一"国际劳动节暨表彰全国劳动模范和先进工作者大会	要创新思想政治工作方式方法，加强人文关怀和心理疏导，打造健康文明、昂扬向上的职工文化，丰富职工精神文化生活，不断满足广大职工群众精神文化需求
2017 年 10 月 18 日	中国共产党第十九次全国代表大会	要坚定文化自信，推动社会主义文化繁荣兴盛。从掌握意识形态工作领导权，培育和践行社会主义核心价值观，加强思想道德建设，繁荣发展社会主义文艺和推动文化事业和文化产业发展这五个方面建设中国特色社会主义文化
2018 年 10 月 29 日	同中华全国总工会新一届领导班子成员的集体谈话	要坚持以社会主义核心价值观引领职工，深化"中国梦·劳动美"主题教育，打造健康文明、昂扬向上、全员参与的职工文化； 要坚持党对工会工作的领导，团结动员亿万职工积极建功新时代，加强对职工的思想政治引领，加大对职工群众的维权服务力度，深入推进工会改革创新，勇于担当、锐意进取，积极作为，真抓实干，开创新时代我国工运事业和工会工作新局面
2019 年 3 月 4 日	全国政协十三届二次会议的文化艺术界、社会科学界联组会	明确提出文艺创作要遵循"四个坚持"； 要求文艺工作者、哲学社会科学工作者"以文化人、以文育人、以文培元"的使命

时间	会　　议	具 体 内 容
2019 年 10 月 28 日	中国共产党十九届四中全会	明确指出发展社会主义先进文化、广泛凝聚人民精神力量，是国家治理体系和治理能力现代化的深厚支撑
2021 年 12 月 14 日	中国文学艺术界联合会第十一次全国代表大会、中国作家协会第十次全国代表大会开幕式	站在新的历史起点上，明确提出对文艺工作者的五个期望和品德修养的六项要求

(二) 全国总工会方面关于职工文化建设的重要意见

2008 年中国工会十五大报告中明确指出实现全面建设小康社会奋斗目标的新要求、建设创新型国家，提高职工队伍素质、促进职工全面发展，维护职工权益、促进社会和谐，应对更加开放的外部环境、扩大中国工会的国际影响，要求工会肩负起光荣使命、承担起繁重任务。用社会主义核心价值体系教育引领职工，大力推进职工文化、企业文化建设。不断提高职工队伍的思想道德素质和科学文化素质，培养和造就数以亿计的高素质劳动者队伍，关系到职工全面发展，关系到企业竞争力和综合国力提升，是保持和发展工人阶级先进性的关键所在，也是中国工会的一项长期战略任务。[①]

2013 年中国工会十六大报告指出要大力推动全心全意依靠工人阶级根本方针贯彻落实，使广大职工的主人翁地位得到充分保障；有效调动职工群众的积极性主动性创造性，使广大职工的主力军作用进一步发挥；切实加强维权和服务工作，使广大职工的各项权益得到更好维护；努力建设学习型服务型创新型工会，使工会组织的凝聚力影响力显著增强。要激发广大职工创造活力，为全面深化改革、推动科学发展、加快转变经济发展方式再立新功。要引导广大职工积极践行社会主义核心价值观，汇聚起为实现中国梦奋斗的正能量。要切实维护和发展职

---

① 中国工会十五大报告，http：//www.lygportgh.com/15/k-9.htm.

工权益，构建服务职工工作体系。①

2018 年中国工会十七大报告指出把统一思想、凝聚力量作为工会思想政治工作的重要任务。坚持以社会主义核心价值观引领职工，深化"中国梦·劳动美"主题宣传教育，大力弘扬伟大民族精神和中华优秀传统文化，加强以职业道德为重点的"四德"建设，培育担当民族复兴大任的时代新人。加强宪法学习宣传教育，弘扬宪法精神，维护宪法法律权威。创新思想政治工作方式方法，充分运用职工喜欢和熟悉的时尚元素、话语体系，加快工会传统媒体与新媒体融合发展，提高思想引领水平，掌握工会意识形态工作领导权。加强职工文化建设，深化群众性精神文明创建活动，发挥工会报刊、出版社、职工书屋、职工文艺舞台等文化阵地作用，多提供思想精深、制作精良的文化产品，形成健康文明、昂扬向上的职工文化。②

2019 年 11 月 28 日，中华全国总工会在河北邯郸市召开全国模范职工之家现场经验交流会。会议强调，要深刻认识新时代深化职工之家建设的重要意义，切实增强责任感使命感，直面突出问题，采取有力措施，敢于攻坚克难，真正把职工之家打造成为凝聚人心、汇集力量、服务群众的坚强阵地。加强规范建设，强化思想引领，促进改革发展，落实维权制度，拓展服务载体，开展会员评家，全面提升新时代职工之家建设水平的着力方向。落实领导责任，加强分类指导，强化监督管理，发挥典型引领，全面提升新时代职工之家建设水平，奋力开创基层工会工作新局面。

2020 年 7 月，中华全国总工会印发《关于在全面加强新时代劳动教育中充分发挥工会组织作用的指导意见》，提出各级工会要发挥工会组织宣传引导优势，推动形成重视和支持劳动教育的浓厚社会氛围，包括深化"中国梦·劳动美"主题宣传教育；加强对劳动教育理念的宣传普及；引导广大职工在家庭劳动教育中发挥作用，树立崇尚劳动的良好家风；加大劳模和工匠人才等先进群体的宣传力度；推出更多以歌颂普通劳动者为主题的优秀文艺作品等内容。同时还指出应发挥工会组织资源阵地优势，发挥劳模和工匠人才创新工作室、工人文化宫等阵地

---

① 中国工会十六大报告，http：//www. workercn. cn/16da/28207/201310/24/13102420424
9283_5. shtml.

② 中国工会十七大报告全文，http：//www. sohu. com/a/276128003_769346.

作用。同年 11 月 11 日，中华全国总工会办公厅印发了《中华全国总工会关于加强新时代职工文化建设的指导意见》的通知。《通知》提出，职工文化是中国特色社会主义文化的重要组成部分，是强化思想政治引领、凝聚职工奋斗力量的重要内容。要以培育和践行社会主义核心价值观为主线，以"中国梦·劳动美"为主题，以满足职工群众精神文化需求为中心，着力增强职工文化的政治性、先进性、群众性，着力创新职工文化建设的理念、机制和手段，着力构建职工文化繁荣发展的工作体系，着力增强广大职工的文化自信，为实现中华民族伟大复兴的中国梦提供强大价值引导力、文化凝聚力和精神推动力。《通知》要求，职工文化建设要聚焦政治性先进性群众性，着力打造职工文化品牌；完善平台和阵地，构建圈层式职工文化服务网络；推广互联网+，创新职工文化服务内容、工作方式和活动载体；强化统筹指导，完善职工文化建设的制度体系和工作机制；加强人才培养，建设一支高素质的职工文化队伍；加强组织领导，提供支持保障。

2022 年 4 月 28 日，中华全国总工会发表了关于表彰 2022 年全国五一劳动奖和全国工人先锋号的决定。中华全国总工会表示 2021 年全国广大职工紧密团结在以习近平同志为核心的党中央周围，充分发挥工人阶级主力军作用，积极投身疫情防控和经济社会发展各项工作，推动"十四五"实现良好开局，为我国发展取得新的重大成就作出了突出贡献，涌现出一大批先进集体和先进个人。为进一步增强新时代工人阶级的自豪感和使命感，营造劳动光荣的社会风尚和精益求精的敬业风气，中华全国总工会决定，授予北京奥林匹克公园管理委员会等 200 个单位全国五一劳动奖状，授予邹平等 966 名职工全国五一劳动奖章，授予北京市西城区疾病预防控制中心疫情防控应急队等 956 个集体全国工人先锋号。希望受表彰的先进集体和先进个人珍惜荣誉、再接再厉、顽强拼搏、再创佳绩，用干劲、闯劲、钻劲鼓舞更多的人，激励广大劳动群众提高技术技能水平，焕发创新创造活力，奋进新征程，建功新时代，书写劳动创造幸福、技能成就梦想的新篇章。

(三) 中央政府关于职工队伍、产业工人队伍建设的明确指导

2010 年国资委党委印发《关于中央企业建设"四个一流"职工队伍的实施意见》。①

---

① 《关于中央企业建设"四个一流"职工队伍的实施意见，http：//www.sasac.gov.cn/n2588035/n2588320/n2588335/c4260658/content.html.

意见围绕中央企业职工，以尊重职工、激发活力、促进企业与职工共同发展为宗旨，阐明了建设的指导思想、工作目标、基本要求与主要任务。其中，主要任务是加强职工队伍思想道德建设，激发广大职工奋发向上的精神动力；加强职工队伍业务技能建设，不断提高职工的岗位竞争能力；加强职工队伍工作作风建设，培育爱岗敬业、严谨诚实的主流企业文化；加强职工队伍绩效体系建设，引导职工为实现企业发展目标创造一流工作业绩。中央企业建设"四个一流"职工队伍的工作内容具体从以下十个方面展开，一是继续抓好班组建设；二是深入开展职工技能竞赛活动；三是广泛开展经济技术创新活动；四是拓宽拔尖技能人才培养使用渠道；五是加强职工队伍培训；六是完善职工自主管理制度；七是推行职业资格证书制度；八是完善职工队伍激励机制；九是做好关爱职工工作；十是积极选树表彰先进模范人物。

2017 年 4 月 14 日，中共中央、国务院印发了《新时代产业工人队伍建设改革方案》①为推进新时代产业工人队伍建设改革提供了基本遵循和行动指南。《改革方案》强调，要加强和改进产业工人队伍思想政治建设，一是强化和创新产业工人队伍党建工作，加大在产业工人队伍中发展党员力度，把技术能手、青年专家、优秀工人吸收到党组织中来，适应新技术、新业态、新模式发展，探索不同类型企业党建工作方式方法。二是突出产业工人思想政治引领，加强理想信念教育、职业精神和职业素养教育，大力弘扬劳模精神、劳动精神、工匠精神。三是健全保证产业工人主人翁地位的制度安排，适当增加产业工人在党的代表大会代表和委员会委员、人民代表大会代表、政协委员、群团组织代表大会代表和委员会委员中的比例，探索实行产业工人在群团组织挂职和兼职等。四是创新面向产业工人的工会工作，进一步改进工会组织体制、运行机制、活动方式、工作方法，保持和增强工会组织的政治性、先进性、群众性。这些意见为新时代下国有企业职工队伍建设、工会工作改革和完善具有重要的指导意义。

2018 年 3 月，中共中央办公厅、国务院办公厅印发《关于提高技术工人待遇的意见》，提出"加强领导，形成合力""重点突破，多措并举"和"立足当前，着眼长远"三项基本原则，指出要突出"高精尖缺"导向，大力提高高技能领军人才待遇水平。构建技能形成与提升体系，通过加强终身职业技能培训、深入实施高

① 中共中央、国务院印发《新时期产业工人队伍建设改革方案》，http：//www.gov.cn/zhengce/2017-06/19/content_5203750.htm.

技能人才振兴计划、加大校企合作培养技术工人力度等措施来支持技术工人凭技能提高待遇。2019 年，中共中央办公厅、国务院办公厅印发《关于加强和改进新时代产业工人队伍思想政治工作的意见》，为提升产业工人思想政治工作水平提供了基本遵循。

在推进和落实《新时代产业工人队伍建设改革方案》的过程中，全国总工会牵头抓总，中央组织部、国家发展和改革委员会、教育部、工业和信息化部、人力资源和社会保障部、财政部和国务院国资委一起参与，成立推进产业工人队伍建设改革协调小组，30 个部委参与其中，加强宏观指导、政策协调和组织推进。全国总工会明确要求，将推进产业工人队伍建设改革工作作为各级工会党组主要负责同志的"一把手"工程；各成员单位和参与单位则明确了责任部门，各项目牵头部委还成立了专项工作小组。2019 年 11 月 8 日，全国推进产业工人队伍建设改革工作电视电话会议在北京召开。会议回顾推进产业工人队伍建设改革进展情况，对深化改革进行再动员再部署。随后 2020 年被确定为"产业工人队伍建设改革深化年"，启动第一批试点。2021 年 4 月 21 日，全国推进产业工人队伍建设改革工作经验交流会议在江苏无锡召开，旨在聚焦重点难点，推进这项改革走深走实。会议明确了 2021 年为"产业工人队伍建设改革提升年"，启动第二批试点。2022 年出台的《中华人民共和国职业教育法》，为财政部、人社部加强职业教育、提高技术工人培养水平提供法律支持和依据。

(四) 国家电网公司关于推进职工文化建设的指导意见

为全面落实公司党组关于"加强企业文化和职工队伍建设、不断提升职工素质和企业素质"的精神，进一步繁荣职工文艺创作和职工文化生活，团结动员广大职工在建设"一强三优"现代公司中建功立业，国家电网公司工会下发《国家电网公司关于深入推进职工文化建设的指导意见》，指出国网职工文化建设需坚持价值引领、创新驱动和效果导向。一是要大力繁荣职工文艺创作，坚持"为电网放歌、为职工抒写"的文艺创作导向，创建一批职工文艺创作阵地，培育一支职工文艺创作队伍，打造一批电网题材文艺精品。二是要大力繁荣职工文化生活，构建"国网家园"等职工文化网络平台，不断提升传播力，打造"国网好声音"品牌，不断提升影响力，打造"书香国网"品牌，不断提升吸引力，打造"增强素质、争创佳绩"职工健身品牌，不断提升引导力。同时为有效推进职工文化建设工作，工会必须做好保障措施。要加强和改进职工文化建设的组织领导，健全和完善职工文化建设的长效工作机制，大力营造"两个繁荣"的良好氛围。

2021年11月，国家电网有限公司工会印发了《职工文化建设"十四五"指导手册》，指出要以习近平新时代中国特色社会主义思想为指导，深入贯彻《中华全国总工会关于加强新时代职工文化建设的指导意见》和《中共国家电网有限公司党组关于进一步加强和改进工会工作的意见》精神，积极践行社会主义核心价值观，以公司战略为统领，以改革创新为动力，以文化赋能为核心，紧紧围绕"一体四翼"发展布局，大力弘扬劳模精神、劳动精神、工匠精神，繁荣职工文艺创作、繁荣职工文化生活，着力打造健康文明、昂扬向上、全员参与的职工文化，不断增强职工文化的政治性、先进性、群众性，团结动员广大职工为加快建设具有中国特色国际领先的能源互联网企业作出积极贡献。公司职工文化建设的主要任务是：以重导向、育新人、抓载体、强阵地、建机制、创品牌为工作主线，不断增强职工政治素质、道德素质、文化素质和身心素质，提升职工思想政治引领力、职工文艺作品创造力、职工文化生活吸引力、职工文化服务保障力、职工文化传播影响力，着力打造和谐温馨的职工文化乐园和精神家园。

(五) 国网湖北省电力公司关于加强职工文化建设的相关文件

职工素质提升方面。为深入落实国家电网公司关于全面提升企业素质和职工队伍素质的总体要求，国网湖北省电力公司(以下简称公司)下发《国网湖北省电力公司职工技能运动会组织管理办法》，推动国网湖北省电力公司职工技能运动会在运行实践中不断得到完善、创新、提升，进一步缓解公司结构性缺员矛盾，努力培养造就一支知识型、技能型、创新型的职工队伍。为大力弘扬劳动精神、劳模精神及工匠精神，鼓励广大职工在全面建成"一强三优"现代公司实践中建功立业，公司下发《国网湖北省电力公司劳动竞赛组织管理实施细则》，要求完善领导机制、管理机制、激励机制和保障机制。为扎实推进湖北电网"大运行"体系建设，进一步提高调控系统队伍素质和调控管理水平，公司下发《湖北电网调控系统劳动竞赛组织管理办法》，不断完善劳动竞赛管理体系，提升国网湖北电力公司"县调"队伍的综合素质。

职工文化阵地建设方面。为深入贯彻《国家电网公司关于深入推进职工文化建设的指导意见》《职工文化建设"十四五"指导手册》和相关文件精神，扎实推进职工文化阵地建设，国网湖北省电力公司相继下发《国网湖北省电力公司关于推进职工服务中心建设的指导意见》《国网湖北省电力公司关于职工(劳模)创新工作室建设的指导意见》《国网湖北省电力公司工会关于进一步加强职工书屋建设的通知》《国网湖北省电力公司关于进一步规范职工文化工作室建设的指导意见》和《国网湖北省电力有限公司职工文体俱乐部管理办法》，并对相应阵地建设提出具体要求。要求湖北省公司、其所属支撑机构和各级供电所整合现有各类职工文化阵地全面升级为职工服务中心；要求各单位要切实加强对职工（劳模）创新工作室建设的组织领导，统一规划、统一标准、统一部署，推动职工（劳模）创新工作室建设不断取得新的成效；要求各单位将职工书屋建设与班组建设、建功建家活动相结合，与职工业务培训和考试、技术创新工作相结合，要充分利用"书香国网——国家电网公司职工数字阅读平台"，实现职工书屋内容、功能和服务的延伸；要求职工文化工作室按艺术水平划分为省公司、地市公司（直属单位）和县公司三个层级，同时各层级工作室应满足"两库两区两制一群"的软件标准；要求俱乐部管理遵循价值引领、服务职工、安全第一和依法依规四个原则，在职责分工、组建与命名、运营与管理、经费管理和考核评价这五个内容模块上严格按照上级要求开展工作。

表 2-2　　　　　　　　　　　新时代职工文化建设的相关制度

制定主体	核心内容	时　间	具体报告或文件
中华全国总工会	工会在职工队伍、职工文化、职工文化阵地建设过程中的主要任务	2008 年 10 月 17 日	中国工会十五大报告
		2013 年 10 月 24 日	中国工会十六大报告
		2018 年 10 月 22 日	中国工会十七大报告
		2019 年 11 月 28 日	全国模范职工之家现场经验交流会
		2020年7月	《关于在全面加强新时代劳动教育中充分发挥工会组织作用的指导意见》
		2020 年 11 月 11 日	《中华全国总工会关于加强新时代职工文化建设的指导意见》
		2022 年 4 月 28 日	关于表彰 2022 年全国五一劳动奖和全国工人先锋号的决定

续表

制定主体	核心内容	时 间	具体报告或文件
国资委党委	中央企业"四个一流"职工队伍建设	2010 年 5 月 18 日	《关于中央企业建设"四个一流"职工队伍的实施意见》
中共中央、国务院	新时代产业工人队伍建设	2017 年 6 月 19 日	《新时代产业工人队伍建设改革方案》
中共中央、国务院	突出"高精尖缺"导向,大力提高高技能领军人才待遇水平	2018年3月	《关于提高技术工人待遇的意见》
中共中央、国务院	提升产业工人思想政治工作水平	2019 年	《关于加强和改进新时代产业工人队伍思想政治工作的意见》
国家电网有限公司工会	国网职工文化建设方向、内容以及工会应承担的主要工作	2016 年 3 月 4 日	《国家电网公司关于深入推进职工文化建设的指导意见》
	"十四五"时期公司职工文化建设主要内容	2021年11月	《职工文化建设"十四五"指导手册》
国网湖北省电力公司	职工队伍素质建设	2014 年 4 月 14 日	《国网湖北省电力公司职工技能运动会组织管理办法》
		2015 年 4 月 9 日	《湖北电网调控系统劳动竞赛组织管理办法》
		2017 年 6 月 28 日	《国网湖北省电力公司劳动竞赛组织管理实施细则》
	职工文化阵地建设	2014 年 3 月 6 日	《国网湖北省电力公司关于推进职工服务中心建设的指导意见》
		2014 年 9 月 1 日	《国网湖北省电力公司关于职工(劳模)创新工作室建设的指导意见》
		2016 年 3 月 16 日	《国网湖北省电力公司工会关于进一步加强职工书屋建设的通知》
		2016 年 10 月 20 日	《国网湖北省电力公司关于进一步规范职工文化工作室建设的指导意见》
		2018 年 7 月 16 日	《国网湖北省电力有限公司职工文体俱乐部管理办法》

二、职工文化建设的理论基础

职工文化建设是一个相对复杂的问题，它的研究离不开理论的支撑。唯其如此，所得出的研究结论才能具有科学性，才能令人信服。习近平总书记关于职工文化建设的观点、立场，全国总工会、中央政府关于职工文化建设的意见与方法，是当代社会对职工文化建设的阐释和理解。除此之外，文化生态学、文化管理理论、文化传播理论等等，都是当前职工文化建设研究的最根本的理论基础。

(一) 文化生态理论

1. 文化生态学内涵

1955 年，美国学者 J. H. 斯图尔德最早提出了文化生态学的概念。文化生态学是从人类生存的整个自然环境和社会环境中的各种因素交互作用研究文化产生、发展、变异规律的一种学说。文化生态学认为，人类是一定环境中总生命网的一部分，与物种群的生成体构成一个生物层的亚社会层，它通常被称作群落。在这个总生命网中引进文化的因素，在生物层上建立起一个文化层。两个层次之间交互作用、交互影响，它们之间存在一种共生关系。这种共生关系不仅影响人类一般的生存和发展，而且也影响文化的产生和形成，并发展为不同的文化类型和文化模式。文化生态学研究影响文化发展的各种复杂变量间的关系，特别是科学技术、经济体制、社会组织及社会价值观念对人的影响。从文化生态系统的结构模式图看：与自然环境最近、最直接的是科学技术，它与自然环境强相关；其次是经济体制和社会组织；最远的是价值观念，与自然环境的关系显示出弱相关，它是通过经济体制、社会组织等中间变量来实现的。反过来看，对人的社会化影响最直接的是价值观念，即风俗、道德、宗教、哲学、艺术等观念形态的文化，二者表现出强相关；其次是社会组织、经济体制及科学技术；最远的是自然环境，它对人类的影响主要通过科学技术、经济体制、社会组织一类中间变量来实现。

斯图尔德对文化生态学的影响主要可总结为以下四个方面：(1) 强调过程。

斯图尔特在文化生态中强调"适应"这一概念，描述文化与环境之间的联系；(2)强调与自然科学研究方法融合。在概念与方法论上，文化生态学致力于促进社会科学与自然科学相结合，保留文化——环境链的选择性思想；(3)文化生态学往往集中研究具体的文化，而且经常集中研究某一具体环境中文化的某一具体方面；(4)文化生态学研究往往集中于农村环境，城市环境还有待于得到文化生态学家们更多的注意。在此基础上，哈里斯借鉴了马克思的唯物主义观，将文化生态学进一步演化发展为"文化唯物主义"。[1] 哈里斯将人类社会文化系统划分为三个部分：基础结构、结构与上层建筑，并提出了文化唯物主义的"基础结构决定论"；即基础结构决定结构，结构决定上层建筑，并认为"基础结构、结构和上层建筑构成社会文化体系。这一体系中任何一个组成部分的变化通常都会导致其他组成部分的变化"

2. 文化生态理论的发展

(1)开拓适应原理。

所有企业、单位、个人的发展都处于文化生态资源的某个特定位置上，称之为文化资源生态位。一定的文化资源生态位享用着特定的文化资源配给。对文化资源生态位可以有两种态度，即开拓和适应。资源的稀缺性孕育了生物改造环境、对外开拓、提高环境容量的能力和适应环境、调整需求、改变自身生态位的能力。成功的发展必须善于拓展资源生态位和调整需求生态位，以改造和适应环境。

(2)竞争共生原理。

竞争共生原理最初应用于生态学，具体是指系统的资源承载力、环境容纳总量在一定时空范围内是恒定的，但其分布是不均匀的。差异导致生态元之间的竞争，竞争促进资源的高效利用。持续竞争的结果形成生态位的分异，分异导致共生，共生促进系统的稳定发展。生态系统这种相生相克作用是提高资源利用效率、增强系统自生活力、实现持续发展的必要条件，缺乏其中任何一种机制的系统都是没有生命力的系统。约瑟夫·斯蒂格利茨(1998)最早利用共生理论研究经济学问题。他认为，企业共生不排除竞争，企业共生关系中既包括竞争关系，也

---

① [美]马文·哈里斯著. 张海洋，王曼萍译. 文化唯物主义[M]. 北京：华夏出版社，1989.

包括合作关系；稳定共生条件下的竞争，不是你死我活的过度恶性竞争，而是通过共同适应和共同发展来获得共同进化的一种"共赢"的适度竞争。李玉琼等（2011）在此基础上，将竞争共生理论引申至企业研究。她认为，在企业生态系统与环境的相互适应、相互协调过程中，节点企业之间的关系沿着竞争、合作、竞合、共生的方向演进。与自然生态系统一样，企业生态系统是一个相互影响、相互制约的统一综合体，系统内各节点企业凭借自身的优势都具有特定的生态位。在企业生态系统中，生态位重叠导致企业竞争，企业竞争的最终目标是获得生态位优势，即获得较多的资源。有竞争必定有因竞争带来的负面效应，有合作必定有因合作带来的正面效应。只有当这两种正负效应在相互作用中达到平衡，生态系统内的各个企业才能找到最适合自身的生态位，才能避免不利竞争，协同进化，互惠共生，真正实现企业生态系统内的节点企业的竞争共生平衡。

（3）"文化链"理论。

文化链是一个有别于传统意义的文化变革推进系统，他以组织学习为基石，通过文化创新对组织创新同步跟进，系统提升组织的发展能力，推动组织持续进步的文化变革推进模型。其模型如图 2-1 所示：

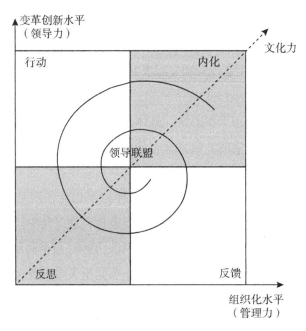

图 2-1 "文化链"模型

如果用公式表示文化链的内涵，可以得出：文化创新＝(反馈＋反思＋行动＋内化)×领导联盟。公式中"＋"代表要素的衔接；"×"代表驱动和协同。

在这个系统中，"反馈""反思""行动""内化"四个文化成长基因，遵循人们思维和行为变化的规律，前后依存，步步跟进，建立了一个循环往复的文化成长和创新过程，形成了一条螺旋上升的"链"，这个文化创新系统既是组织共同的思考链、行为链、价值链，同时也是一条文化链。

"文化链"理论有以下基本特征：(1)学习与文化共融。文化链理论以学习型组织理论为工具，以"组织学习"为基石，但文化链理论中的"组织学习"不再仅仅位于技能层面和管理层面，而是提升到了文化层面；(2)文化创新与组织创新共生。文化是组织成长和发展过程中最根本、最有力、最持久的影响因素。文化链把文化创新作为主线贯穿于组织变革过程始终，通过建立反馈、反思、行动、内化四个子系统，对文化创新基因进行了重组；通过激活因子(领导联盟)驱动文化创新，对文化建设流程进行了再造。通过基因重组和流程再造，改变了直线式的文化成长方式，在流程上实现了文化创新对组织创新的同步跟进，改良了组织创新的"土壤"，优化了组织创新的环境，确保组织创新深入持久和富有成效。

3. 职工文化建设在文化生态理论基础上的解读

文化生态学包含两个重要观点，即"文化生态适应"与"文化核心"。斯图尔德将文化生态适应定义为"文化在特殊环境中得到改造的适应过程"，"文化核心"则顾名思义，指文化中最核心的部分，与生计活动密切相关。在此基础上，冯天瑜(1990)指出文化的发展并非单线发展，而是通过组成生态共同体，共同提供文化发展的基础，决定文化的大略格局和走向。文化生态圈的发展需要文化与环境之间互相推进、共同促进。

国有企业在历史演变与发展的过程中，形成了诸多具有本企业鲜明特色的文化与精神，如石油产业的"铁人精神"、铁路行业的"火车头精神"、电网行业的"人民电业为人民"等。这些精神是企业之魂，也是职工文化建设中的"文化核心"，是文化建设内容的基础与要点。在职工文化建设的过程中，企业要对自身的文化核心高度重视，深度挖掘核心文化的内涵，将其作为引导职工文化建设的方向，同时，在新时代深化国有企业改革的背景下，国有企业内在文化核心的发展不能一成不变，要以开放包容的态度，充分了解现阶段趋势、环境以及公司战略对文化建设提出的新思想、新要求，将职工文化建设的内容与之相结合，使职工文化融入整个企业建设的文化生态之中，实现职工文化的"文化生态适应"。同时，职工文化的建设并非单独发展某一文化，而是要打造文化内部相互影响、共同促进的生态圈，使职工文化的不同维度都能在整体建设之中获得相应的重视，达到和谐统一、相互适应的过程，进而实现职工文化的健康发展。

在此基础上，从开拓适应的角度出发，职工文化要得到成功的发展还需要拓展职工和企业自身的文化资源生态位，以改造和适应外在环境。不顺应外在环境的发展规律会造成职工文化发展失去稳定和柔性，而只强调适应和跟随又会使职工文化发展缺乏速度和力度。职工文化发展初期处于外在环境适应阶段，发展速度较慢，当适应了环境后，职工文化发展应该具有前瞻性，不仅发展开始出现井喷，还能对外在环境有所贡献，甚至引领环境变革，最后当环境容量达到饱和则开始遭遇发展瓶颈。这时，文化再次开始适应新环境，直到出现新的开拓井喷阶段。如此文化生态系统呈波浪形前进，实现持续发展。

同时，基于竞争共生原理，整个职工文化生态圈的资源总量一定，但分布是不均匀的，由此导致了不同职工文化之间差异的产生。差异导致竞争，竞争中的优胜劣汰产生了职工文化总体发展和进步。文化生态系统内部的利导因子主导其发展方向和发展强度，限制因子则阻碍这些发展的进行；资源的不均匀使系统内呈现竞争和共生的机制。这种相生相克能够促进职工文化生态系统内资源的优化配置，提高了文化生态系统自我净化的能力，是实现职工文化持续发展的必要动力。

最后，职工文化的建设离不开创新。创新是文化建设的重要过程，是职工文化时刻保持活力的重要因素。在职工文化建设实践的过程中，要经常通过组织学习的方式，发现并解决文化建设中存在的问题与不足。基于"文化链"模型，职工文化要将创新贯穿于整个建设过程之中，听取职工反馈，加强实践反思，保持行动落实，推进精神内化，在流程上实现文化建设的不断进步，通过职工文化建设将文化变成职工群体心中共同的思考链、行为链、价值链，实现职工文化建设的螺旋式上升。

(二) 文化管理理论

文化的发展具有阶段性。由于文化的发展受到天然因素以及后天发展的差异化影响，不可避免会出现良莠不齐的情况。随着时代的发展，文化在社会经济中所起到的作用日益增强，文化管理在此背景下应运而生。职工文化的建设与应用离不开有效的管理，文化管理理论的应用对职工文化持续有效的发展具有重要意义。

1. 文化管理的内涵

刘吉发等在《文化管理学导论》[①]中对文化管理的内涵进行了明确的区分和说明。文化管理具有双重内涵，一是从管理科学的角度出发，文化管理是一种以文化为手段的管理方式。区别于经验管理和科学管理，文化管理是一种强调以人为中心，关注理念和精神，倡导自律和自觉的新型管理方式，将管理过程进行了从刚性到柔性、从被动到主动、从外化到内化的转变；二是从文化客体的角度出发，文化管理是一种文化作为对象进行管理的过程。管理主体依据管理学的基本原理和文化发展的基本规律，对文化及其事务实施计划、组织、领导和控制行为。该内涵强调组织和个人的主体性，注重其对文化范畴内的实体与事务进行规范化指导这一过程。

从管理科学的角度，文化管理被视作一种管理理念或管理模式，注重管理者通过组织文化对内部成员进行指导和控制的过程。这种定义主要强调三点：第一，以人为本位，以执行力为驱动，强调以价值观核心作用 (Terrence & Deal, 1989)；第二，注重研究如何建设和运用有特色的文化，探究如何将文化应用于管理实践；第三，强调将组织文化视为治理手段，通过组织文化推动组织管理的进步 (Jeffrey & Jack, 2001)。在该视角下，文化被视作工具，用以履行"手段式使命"来实现组织目标。而在另一角度，文化管理是管理的一项具体活动，其过程是"对"文化进行计划和控制。二者虽存在一定边界，但同时相互关联，共同构成了文化管理的统一概念。

---

① 刘吉发，金动昌，陈怀平. 文化管理学导论[M]. 北京：中国人民大学出版社，2013：5.

2. 职工文化建设在文化管理基础上的解读

根据文化管理的内涵，职工文化建设具有双重含义，一是从管理科学的角度出发，当前职工文化的建设应当对劳模精神、工匠精神的应用进行深化，将劳模与工匠精神内化为职工管理模式。这其中，职工文化作为国有企业的管理手段之一，作用于广大职工群体。新时代背景下，国家提倡要培育健康文明、昂扬向上的职工文化，在精神文明建设中发挥示范导向作用。习近平总书记多次强调劳模精神与工匠精神的重要性，指出劳动模范是民族的精英、人民的楷模，大国工匠是职工队伍中的高技能人才，劳模精神与工匠精神是民族精神的重要内容。职工文化的建设要以劳模、工匠等高素质职工为模范，注重凝练劳模精神与工匠精神的内涵，将其与职工文化建设相结合，从而发挥文化作为管理手段的作用。

二是从文化客体的角度出发，职工文化建设的过程中要强调职工文化活动的重要地位，强化职工文化活动开展的丰富性与多样性。文化活动是职工文化建设的载体，是职工文化建设的具体形式。职工文化在建设的过程中，其文化内涵与建设形式是职工文化能否真正深入职工群体的心中，保证文化建设有效性的重要内容。职工文化一方面要开拓文化活动形式，将其作为建设重点，采用职工关怀、技能比武、文艺创作等形式，在形式上打造多方面相互促进的生态模式；一方面在文化活动具体实施的过程中，除了把握宏观的建设方向，更要从活动的前期准备、可行性、实践效果等微观层面进行计划与控制。

根据以上观点，职工文化建设是以劳模精神与工匠精神为建设核心，重视职工文化活动的开展形式，形成具有自身特色的职工文化的一种管理过程。即要将职工文化作为职工管理的手段，同时要将其作为管理对象进行研究与把握，确保职工文化的建设起到应有的效果。

(三) 文化传播理论

文化的增殖(主体间的创造)是在文化传播的过程中产生的，因此，以文化传播理论为基础，职工文化建设可以获得一定的启示，为构建优秀的职工文化提供方向。

1. 文化传播的过程与类型

（1）文化传播的过程。

文化传播的模式多种多样，传播学家们提出了几百个传播模式。按照传播过程中所用的符号可分为文字模式、图表模式、数字模式；按照模式的作用分为结构式模式与功能式模式。随着研究的深入，人们对传播过程经历了从单向、孤立、封闭的认识到双向、多元、联系与开放的认识过程。其中，美国传播学家德弗勒较全面地从控制论角度对传播过程的结构和性质做出解释，并提出了互动过程模式。

互动过程模式被认为是描绘传播过程的一个比较完整的模式，是香农-韦弗模式、大众传播模式、循环模式、5W 模式以外的主要的传播过程模式之一。根据互动过程模式，文化传播是传播者的编码和解读者的译码互动阐释的过程，并且涉及文化要素、资源和信息、文化传播者、文化受众者、媒介、反馈等要素。具体地，传播媒介是文化资源、文化信息的载体或平台，例如印刷制品、平面广告、电视、网络等；文化传播的受众只有通过传播媒介，才能获取相应的文化资源与信息；受众接收到文化资源与信息后，对传播者及其文化信息、资源有所了解，产生各种心理反应，然后作出某种行为。在传播者和受众者之间，存在一个信息解码的过程，即受众通过自己已有的知识、体验、价值、理念、文化等对传播者的文化资源与信息进行解读。噪音指的是影响传播者将文化资源与信息有效传递给受众的因素，例如传播时间不合时宜、传播媒介不太适合、传播技术有误等。反馈则是指将输出送回到原系统，以便对传播效果进行检验。

（2）文化传播的类型。

根据传播的主体，传播类型可分为人类传播与非人类传播。其中，人类传播可划分为非社会传播（自我传播），社会传播。社会传播包括人际传播、组织传播与大众传播。自我传播也称内向传播，指个人不以交际为目的的内部信息处理活动，它是外部环境信息刺激主体大脑而产生的心理和生理上的一种反应。人际传播，是个体间的传播，个体通过交流互动传递信息。组织传播是基于特定目的并通过一定形式组织起来的集群结构或网络进行的一定规模的信息交流互动，其中，企业传播①是一种典型的组织传播。大众传播是通过现代化的大众传播媒介，例如报纸、电视、书籍等，对其受众产生广泛的影响。

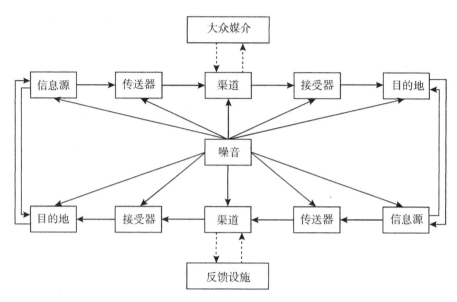

图 2-2 传播过程模式-互动过程模式

2. 文化传播的媒介

文化传播是人类特有的各种文化要素的场地扩散、迁移和继传现象，是各种文化资源和文化信息在时间和空间中的流变、共享、活动和重组，是人类生存符号化和社会化的过程。传播媒介经历了口语传播时代、文字传播时代、印刷传播时代、电子传播时代、信息时代五个阶段。20 世纪 90 年代，电子传播技术的发展使人类进入一个前所未有的信息时代。在中国，自 1994 年起，传播媒介的环境就一直在发生变化。从最初门户网站的兴起，到博客的出现，再到微博的发展，互联网无所不在的分布于人们的生存环境中。之后，数字技术的发展，使网络传输系统兼容了文字、图片、声音、影像等传统媒体传播手段，极大丰富了人们的表达方式，重塑了人们的交往环境。

---

① 企业传播是指企业为实现其计划目标而实行了一切传播活动。

在文化传播过程中，传播者和受众者是文化传播质量的关键，传播路径和媒介则影响着文化传播质量，传播媒介的特征或身份往往决定传播文化的特征。因此，不管人们将"文化"看作是高雅文化的产物、人们的生活方式、人类行为的情境，还是把它当作任何别的什么，文化总是与传播媒介密切相关。[①] 一方面，媒介形态对于文学形态具有决定性作用，媒介形态的发展变化往往能够彻底改变文化的存在形态，甚或催生新的文化内容。另一方面，媒介构成文化生存的环境，能够在整体上改造文化的传播方式与主体的参与程度。

3. 职工文化建设在文化传播理论基础上的解读

根据文化传播理论，职工文化建设需要关注职工文化的传播者、受众者与传播媒介三个关键要素。

在传播者层面，职工文化的传播主体包括个人和社会两个方面。个人层面包括职工及其利益相关者。职工是明确的传播主体，职工利益相关者包括与职工紧密相连的家人、组织以外的技能或艺术培训者等个体。组织层面的传播主体包括政府和企业。其中，政府是宏观组织者，它按照职工文化的发展规律与现实需要对职工文化进行宣传，为职工文化建设提出宏观的要求；企业遵从国家政策方针，结合职工现实需求与企业状况开展职工文化建设。此外，在企业的内部，还存在班组、工会、娱乐文化兴趣小组等小型组织。这些组织在政府与企业的支持下，从职工利益出发来组织和指导职工文化建设，对职工的成长和发展产生直接的影响。

在受众者层面，职工群众是职工文化最直接相关的受众者。除此之外，随着职工文化传播媒介的发展，职工家属、社会人士也会受到职工文化的熏陶。

在传播媒介层面，职工文化建设中必然会涉及媒介的开发与应用。随着互联网技术应用常态化的出现，职工文化的传播媒介逐渐从报纸、书籍等传播媒介过渡到社交媒体，并通过多样化的社交媒体进行线上线下交叉传播，形成"互联网+职工文化"模式。因此，职工文化建设一方面要充分利用数字化应用技术手段——多媒体，大力突破传统的物化媒介性质，提升职工文化的吸引力；另一方

---

① 道格拉斯·凯尔纳，《媒体文化——介于现代与后现代之间的文化研究、认同性与政治北京》，商务印书馆，2004.

面，实现多媒体的交叉融合与整合互动，促进职工文化在职工群众中的渗透。

(四) 非正式组织理论

1. 非正式组织的起源

非正式组织理论是管理学中的重要理论。在现实生活中，非正式组织与正式组织总是相伴而生、相互依存，它是一种客观的组织现象。相对于技术理性与效率逻辑的管理原则而言，组织中的人具有非理性的社会情感，其行为受群体情感的约束，同时又遵循着共同的情感逻辑。① 因此，追求社会情感需求的满足是非正式组织形成的基本动因，成员间的各种非正式互动活动和行为准则便是社会情感释放或表达的方式。

非正式组织在正式组织中形成有其必然性。一方面，正式组织自身的局限性。正式组织本质上是一种科层制结构，追求效益，而人在其中大多被看作实现效益的工具，人的情感容易被忽略。另一方面，组织成员的多层次需求是非正式组织发展的内驱动力。根据马斯洛需求层次理论，人的需要是一个多层次的复杂的体系，每个成员有不同层次的需要，同一成员在不同阶段的需求也存在差异。虽然，正式组织在生存、成就与权力等多方面可以满足成员需求。但组织成员多样化的心理与情感需求往往难以得到充分满足。

2. 非正式组织的影响

自 80 年代以来，我国管理工作者和心理学工作者对工厂、企业、学校等正式群体中的非正式群体进行了大量的研究。研究表明，企业中非正式群体是客观存在的，对企业生产和企业管理具有重大影响；非正式群体的领导者对调动生产者的积极性和满足生产者的心理需要(如自尊、交往、情感、安全、解决困难、发挥个人才能等)等方面起到重要作用；企业中非正式群体的领导者往往是能力较强、文化技术水平较高、品德较优的人；企业中的非正式群体一经形成，有较大的稳定性。同时，如果监管不当，非正式组织也会存在一些消极影响，例如，小团体拉帮结派，最终妨碍正式组织的发展。因此，组织要对非正式组织加以引

---

① 组织工作场所中不同的员工群体所表达一种共同价值观。

导，消除非正式组织的消极影响，充分发挥非正式组织在组织管理中的积极作用。

3. 职工文化建设在非正式组织理论基础上的解读

从工会本身的属性看，工会是我国工人阶级最基本的群众组织，它可以通过组织、教育和代表会员，依照宪法和法律的规定行使民主权利，采取各种途径和形式，参与管理国家事务，管理经济和文化事业，管理社会事务。但同时，工会的群众性同时也决定了工会不等同于政党和政权组织。相对于工会这一正式组织，工人群体中还存在非正式组织。"工人非正式组织"是指未经法定程序认可、不受《工会法》保障的，以工资收入为主要生活来源的劳动者，为谋求或维护自身劳动权利或经济利益而自愿结合的工人群众组织，① 例如同乡会、联谊会、兴趣团体等。

根据非正式组织理论与工会属性，工会组织是典型的正式组织，应当对工人群体中的非正式组织加以引导与干预。同时，工会也是职工文化建设的主体之一。因此，引导与干预工人非正式组织可理解为职工文化建设的重要内容之一。在思想上，工会应加强对非正式组织的思想引领，抢占思想高地，推动党的理论创新成果进企业、进班组、进团体，培育和践行社会主义核心价值观，为在广大职工群体中塑造积极健康的职工文化奠定思想基础。在日常工作中，工会组织要主动作为，将管理非正式组织纳入工会工作议程，召开研讨会研究、制定管理工作计划，提高管理水平。例如，国网湖北省电力有限公司工会对兴趣小组与团体建立有专门的管理制度。同时，工会组织要大力开展积极健康的职工文化活动，引导工人非正式组织进入良性发展道路，充分发挥工人非正式组织在工人自尊、交往、情感、安全、解决困难、发挥个人才能等方面的重要作用。此外，非正式组织领导人的重要影响给工会工作的开展提供了思路。工会要重视工人非正式组织领导者的培养，利用工人非正式组织领导者在工人群体中的影响与地位，发挥其模范带头作用，推进职工文化建设工作。

---

① 詹庆和，柏宁湘. 应当对当前工人非正式组织进行研究[J]. 学术界，1999(3)：78-83.

三、国有企业职工文化建设的演变和创新

我们结合历史发展阶段与相关管理制度的变革对职工文化的发展历史进行回顾，在总结各阶段职工文化建设成果和不足的基础上，深刻理解现代职工文化建设的初衷与意义。

(一)民主革命时期的职工文化建设

其实，我国工人的诞生可以追溯到我国历史上手工业与农业分离时，但那时还没有"工人"一词。直到鸦片战争以后，我国才产生了第一批产业工人。随着资本主义在中国的深入发展，中国工人阶级逐渐形成了一定的规模，并成为一支新兴的社会政治力量，活跃在历史的舞台上。

1. 民主革命时期的职工文化主题——救亡图存、振兴中华

民主革命时期，就工人阶级而言，其主要历史任务是开展工人运动，反对帝国主义、资本主义、封建主义，救亡图存，振兴中华。早期，工人阶级主要依靠自身与社会政党力量开展工人运动，其中，以反帝爱国运动为标志，工人阶级开始登上历史舞台。中国共产党诞生后，在中国共产党的领导下，中国工人阶级开始有组织地投身到中国反帝反封建的革命浪潮当中。抗日战争时期，工人们发扬爱国主义精神，发起工人运动，积极参加生产，甚至加入武装战斗，支援抗日前线，涌现出一批批劳动模范与工人抗日武装队伍。例如，抗战时期的劳动模范——赵占魁，朱德同志称赞其为"用革命者态度对待工作的新式劳动者"；在华北地区，工人群众建立的山西工人自卫旅、山东枣庄铁道游击队、淄博矿工武装队、河北磁县工人自卫队、唐山工人特务大队等工人抗日武装队伍；在上海、武汉、青岛等中心城市，那些原在日本工厂、日本轮船上工作的几十万中国工人则纷纷举行反日大罢工。抗日战争时期是以爱国主义为核心的职工文化精神表现最为突出的阶段。解放战争时期，工人积极参加生产，巩固后方，支援解放战争。

2. 民主革命时期的职工文化建设的主要内容

民主革命时期围绕救亡图存、振兴中华的历史任务，在不同时期开展了不同内容的职工文化建设。以下是根据民主革命时期不同阶段的工人主要事迹与政府相关政策，对职工文化建设的主要内容进行归纳。

(1)五四运动前后宣传"劳工神圣"。

1918年11月16日，在庆祝第一次世界大战胜利的民众大会上，蔡元培发表关于"劳工神圣"的演讲。他说："此后的世界，全是劳工的世界……我说的劳工，不但是金工、木工等等，凡是用自己的劳力作为有益他人的事业，不管他用的是体力、是脑力，都是劳工。所以，农是种植的工，商是转运的工，学校职员、著述家、发明家是教育的工，我们都是劳工……此后的世界，全是劳工的世界。"俄国十月革命的胜利、世界工人运动与国内工人运动展现了劳工的巨大力量。国内一些政党组织开始关注劳动工人，宣传劳工力量。以上海为中心的工人同盟罢工最终促成了五四反帝爱国运动的胜利，彰显了工人阶级的力量，也标志着中国工人阶级开始登上历史舞台。

(2)土地革命战争时期的"职工民主管理"建设。

中国共产党诞生以后，开始领导工人运动，颁布了一系列与工人阶级相关的政策与制度，确立了工人在政治上的地位，并在根据地开展职工民主管理，保护工人利益。为加强对苏区工会工作的领导，1930年中华全国总工会开始筹建全总苏区执行局；1931年十一月，颁布了《中华苏维埃共和国的宪法大纲》，明确要求所有工人农民红色战士及一切劳苦民众都有权选派代表掌握政权的管理，确立了广大苏区工人的主人翁的地位；1931年，在苏维埃地区颁布了《中华苏维埃共和国劳动法》，宣布八小时工作制，规定最低限度的工资标准，创立社会保险制度与国家的失业津贴，并且在一些城市各乡村专门成立了劳动检查所，设立劳动法庭，杜绝童工现象，以保障工人利益；1932后创办了全总苏区执行局机关报《苏区工人》。

(3)抗战时期的工作竞赛、工会建设与赵占魁运动。

1939年国民政府颁布《国民精神总动员纲领及实施办法》，工作竞赛是其中的重要内容之一。1941年，拟定了《工作竞赛实施办法纲要》，1942年正式成立了全国工作竞赛推行委员会，提出工作竞赛的真正意义在于促进人力物力，加速建设事业之进步，培养服务道德之健全，以加强国民精神力量。在企业举办竞赛活动的同时，也举办一些其他职工文化活动，如开展读书与演讲比赛，丰富了国统区的职工生活，促进了经济建设。

同时，中国共产党在抗日根据地积极组建工会，鼓励工人参与生产与军事工作，开展工会建设工作。1939 年 12 月，中共中央职工运动委员会主任邓发发表《论抗日根据地职工会的基本任务》一文。文中指出根据地工会的主要任务是动员工人参加武装斗争，参加有利于抗战的生产；为巩固抗日政权，参加根据地的民主建设工作，推行政府法令，维护革命秩序；巩固和扩大职工组织；以马列主义教育工人群众与工会干部。在抗日根据地，工人们为了迎接抗战最后胜利还开展了赵占魁运动，学习模范工人赵占魁。

(二)新中国成立到改革开放前的职工文化建设

1. 以主人翁意识为核心的职工文化

改革前的职工文化是当时的我国工人阶层独有的群体文化，强调工人的主人翁意识与地位。从 1949 年新中国成立初期到社会主义改造之前，中国进入社会主义社会过渡时期。长达 20 多年的计划经济时期，我国工人阶级内部依据行政性分层原则而分为"工人和干部"两个基本阶层，而职工文化就是存在于当时的工人阶层当中。同时，工人阶级是我国的领导阶级，强调工人的主人翁意识与地位，对巩固新中国政权有极大的推动作用。因此，新中国成立以后，职工文化体现的是工人阶级对社会、国家具有的高度认同感，强调工人阶级的主人翁意识与地位，是工人阶级倍感自豪的精神家园。职工在中国共产党的领导下，以国家主人翁的姿态积极参与生产，支援国家建设。同时，国家也在大力提高工人阶级队伍的素质，开展劳动竞赛。在主人翁意识的引导下涌现出了孟泰、王进喜、时传祥等劳动模范。但当时一些职工抱有吃大锅饭的平均主义思想，职工群体中的一些先进精神、行为规范被抛弃。

2. 职工文化建设的状况与局限性分析

新中国成立到改革开放前的职工文化建设工作围绕职工主人翁意识，多次进行企业领导体制改革，建立职工代表会议，鼓励职工参与企业管理活动。此阶段的职工文化建设与国有企业管理制度改革密切相关。

通过表 2-4 可看出，改革开放前职工文化建设工作取得了一定的成就，但也存在一些不足。一方面，为引导员工参与企业管理，改革国有企业管理制度，企业不断强化职工主人公意识，体现职工的主人翁地位，发挥工人阶级力量，集中精力进行经济建设，带动了职工文化建设工作，也推动了我国经济、社会的发展。另一方面，由于时局与认识的制约，这一时期的职工文化建设还未取得根本上的突破。例如，由于当时职工的工作环境、劳动场所的条件并不优越，职工的精神与物质文化需求还不能得到充分满足，职工物质与精神文化建设还有待完善。

表 2-4 　　　　　1949 年—改革开放前国有企业管理制度改革

时　间　点	政策、文件	企业管理制度改革内容
1949 年新中国成立—1950 年前	—	建立职工代表会议
1950 年 2 月 28 日	中央财经委员会发出《关于国营、公营工厂建立工厂管理委员会的指示》	建立有工人参加的工厂管理委员会。工厂管理委员会是在企业主管机关领导下的企业行政组织；管委会由厂长、副厂长、总工程师和其他生产负责人以及职工代表组成；参加管委会的职工代表，由工会召集全体职工大会或职工代表会议选举产生；定期召开的职工代表会议制度有权听取并讨论管理委员会的报告，检查管理委员会对工厂的经营管理情况及其领导作风，对管理委员会提出批评和建议
1956 年中共八大	—	决定在国营厂矿企业中重新实行党委领导下的厂长负责制和职工代表大会制
1957 年	《关于研究工人阶级几个重要问题的通知》	将职工代表会议改为职工代表大会，赋予职工代表大会更大的企业管理权限。同时也对职工代表大会的运作进行了规定，如职工代表采取常任制，代表向全体职工负责，职工有权撤换不合格、不称职的代表

时 间 点	政策、文件	企业管理制度改革内容
1960年 3月22日	《关于工业战线上大搞技术革新和技术革命的报告》	实行"两参一改三结合":"两参"就是干部参加集体生产劳动,工人群众参加企业管理;"一改"就是改革企业中不合理的规章制度,建立健全合理的规章制度;"三结合"是指企业领导干部,技术人员与工人群众相结合
1961年9月	党的八届九中全会《国营工业企业工作条例》(即《工业七条》)	规定职工代表大会是吸收职工群众参与企业管理和监督的重要制度
1965年7月	《条例》修订	明确规定企业职工代表大会,是职工参加管理、监察干部、行使政治民主、技术民主与经济民主的权力机关

(三)改革开放至十八大前的职工文化建设

这一时期市场经济体制的改革,国企的改革,现代企业制度的推行,企业用工制度的变化推进了我国经济、社会发展的同时,也在不同阶段加速了工人阶级的分层,并逐步破除了平均主义。尤其是在国有企业改制的时期,企业职工的管理进入合同制阶段,企业职工的主体地位受到威胁,职工的主人翁意识呈现淡化趋势。为强化职工主体地位,职工文化与职工文化建设的重点相应地做出了调整。

表2-5 与职工相关的政策

时 间 点	相关文件	文件内容
1980年	全国总工会发布《劳动模范工作暂行条例》	规定劳模评选、使用、管理和福利待遇
1982年	宪法	将"奖励劳模"写入宪法

时 间 点	相 关 文 件	文 件 内 容
1986 年	《国营企业实行劳动合同制暂行规定》	国有企业开始推行劳动合同制，开始建立退休养老保险和失业保险制度
1991 年与 1996 年	年末"减员增效""下岗分流"政策；"抓大放小"策略	直接导致那些在年龄、体质和能力方面处于弱势的产业工人以待岗、内退或买断工龄等形式从企业中分离出来
1995 年		国家全面推行全员劳动合同制
1999 年	《失业保险条例》	进一步完善了失业保险制度
2006 年	中共中央十六届六中全会的决议	更加注重社会公平，着力提高低收入者收入水平，逐步扩大中等收入者比重，有效调节过高收入，坚决取缔非法收入，促进共同富裕
2008 年，中国工会十五大报告中明确提出①	中国工会十五大报告	职工文化建设是职工提高职业技能素质、丰富精神文化生活、激发劳动热情和创造活力的重要载体

1. 以劳模精神为核心的职工文化

随着社会分工的深化和利益关系的调整，工人阶级受到了社会转型，尤其是他们所在企业转型所带来的阵痛。此时，为缓解改革给工人阶级带来的阵痛，支援社会主义现代化建设，以劳模精神为核心的职工文化盛行。为鼓励生产，重新树立工人阶级体面劳动的信心，政府以经济建设为目标，将提高社会经济效益作为劳模评选标准，在国内掀起劳模评选的风潮。

作为工人阶级队伍中先进代表的劳模，如赵春娥、罗健夫、蒋筑英等劳动模范，对国家经济建设做出了重要贡献，其无私奉献、吃苦耐劳的精神对重构职工群体价值体系起到了重要作用。

---

① 王兆国．中国工会十五大报告，http：//www.lygportgh.com/15/k-9.htm.

2. 改革开放至十八大前的职工文化建设特点

(1)劳模评选活动开始盛行。

改革开放至 2013 年,职工群体以劳模精神诠释以经济建设为中心,制定劳模评选标准,用于引导职工群众的工作态度、价值观。

(2)重视知识分子,宣传科技力量。

改革开放后,职工队伍发生了变化,具体表现为以下两点:一是,知识分子加入工人阶级队伍。在全国科学大会上,邓小平指出我国知识分子中的绝大多数已经是工人阶级的一部分。职工队伍由原来的单一的工人阶层变为由工人阶层(原来的产业工人)、职员层、管理层(二者主要来源于知识分子)。二是,其他新生力量的加入。随着知识分子加入工人阶级队伍,人们对知识与科技有了新的认识,"对事业有突出贡献"成为主要的劳模评选标准。职工文化以劳模精神为核心,产生了新的元素。这意味着崇尚"实干",追求"奉献"的职工文化对知识、科学力量的认同,弘扬知识分子劳模精神是职工文化建设的新内容。

(四)十八大至今的职工文化建设

党的十八大报告中,"文化"成为新的亮点。报告中明确指出建设社会主义文化强国,关键是增强全民族文化创造活力,要深化文化体制改革,解放和发展文化生产力,发扬学术民主、艺术民主,为人民提供广阔文化舞台,让一切文化创造源泉充分涌流,开创全民族文化创造活力持续迸发、社会文化生活更加丰富多彩、人民基本文化权益得到更好保障、人民思想道德素质和科学文化素质全面提高、中华文化国际影响力不断增强的新局面。① 随后,习近平总书记提出了一些关于文化的新的思想,其中就包括职工文化与职工文化建设。职工文化是习近平新时代中国特色社会主义思想的重要组成部分(乔东,2018)。自从 2015 年习近平在庆祝"五一"国际劳动节暨表彰全国劳动模范和先进工作者大会上首次明确提出职工文化的思想,职工文化建设受到了来自党中央及地方政府的高度重视

---

① 扎实推进社会主义文化强国建设——胡锦涛同志代表第十七届中央委员会向大会作的报告摘登 . 2012 年 11 月 9 日 . 人民网,http://culture.people.com.cn/n/2012/1109/c87423-19533409.html.

和密切关注。习近平总书记关于职工文化内涵与职工文化建设的论述推动了职工文化的重新繁荣，使"职工"重新回到人们的视野。

1. 新时代职工文化的新特点与新使命

新时代的职工文化有新的特点与使命，本研究结合相关政策与论述做出以下分析。

（1）新特点。

①社会主义核心价值观体系与职工需求相结合。

中国工会十五大报告明确提出以社会主义核心价值体系教育引领职工，要不断提高职工队伍整体素质，努力满足职工文化需求。在此之前，职工文化主要是我国经济建设的辅助器，为适应国家经济建设需要而逐步发展、变化的。十八大以后，习近平总书记提出了关于职工文化内涵与职工文化建设的思想，使"职工"重新回到人们的视野，职工群体的精神、物质需求得到广泛关注。

原来的职工文化是"要职工做什么"，当前的职工文化是"职工需要什么"，在充分挖掘职工需求的基础上，激发职工群体的创造力。这样的职工文化才真正变为职工群众的自己的文化，以中国特色社会主义核心价值观为引领，即倡导富强、民主、文明、和谐，倡导自由、平等、公正、法治，倡导爱国、敬业、诚信、友善，围绕职工精神、物质需求，鼓励职工群体共创共享精神家园。

②各种体制下的劳动者与产业工人群体的精神文化正在整合酝酿当中。

习近平总书记强调打造健康文明、昂扬向上、全员参与的职工文化。"全员参与"丰富了职工文化的内容，为扩大职工文化服务对象提供了依据。中国工会十七大报告也明确提出加强县级和中心城市行业工会建设，推进新经济组织、新社会组织、开发区（工业园区）工会建设，加强工会女职工组织建设，提高建会质量，加强"一带一路"建设中海外企业工会工作[①]。由此可见，在传统的以国企工人为主体的职工文化基础上，以全员参与的职工文化，以各种体制下的劳动者与产业工人群体的精神文化正在整合酝酿当中。

---

① 王东明. 中国工会第十七次全国代表大会上的报告. 中工网. 2018 年 10 月 27 号，http://acftu.workercn.cn/27/201810/27/181027095002013.shtml.

（2）职工文化的新使命。

①以提升职工素质，创造知识型、技术型、创新型劳动者大军为目标。

2015 年，习近平总书记在庆祝"五一"国际劳动节暨表彰全国劳动模范和先进工作者大会上的讲话明确提出要深入实施科教兴国战略、人才强国战略和创新驱动发展战略，把提高职工队伍整体素质作为一项战略任务抓紧抓好。广大职工群体是企业具体工作的执行人，是中国工人阶级的最主要群体，是推动中国"两个一百年"奋斗目标实现的建设者，面临如今经济全球化下市场形势的瞬息万变，广大职工群体需要不断学习新知识、掌握新技能、增长新本领。通过树立终身学习理念，并培养精益求精的精神，为成为知识型、技术型、创新型人才奠定基础，也可以拓展广大职工和劳动者成长成才空间，优化自身职业生涯发展道路，为企业、社会和国家发展注入持续动力。另外，为实现"两个一百年"和"中国梦"的奋斗目标，职工文化要以正确的政治导向、先进的价值理念引领广大职工群体投身于祖国建设事业中去。随着"90 后""00 后"走入社会，他们正逐渐成为担负国家建设的主力队伍，该群体具有明显区别于"70 后""80 后"的利益诉求及价值偏好，需要职工文化统一整合不同群体之间的价值理念，将国家发展目标与个人追求进行完美融合，让不同年龄段的职工群体都感受到责任感、使命感，树立劳动光荣、艰苦奋斗思想，不断提高广大职工群体的思想道德素质和科学文化素质，为国家培养一批优秀的劳动者大军。

②以满足职工精神文化需求为重点。

追溯职工文化在我国的发展历史可以发现，职工文化是我国经济建设的辅助器，为适应国家经济建设需要而逐步发展、变化的。经过一段时期的沉寂，中华全国总工会的十五大报告让"职工"重新回到人们的视野，职工群体的精神、物质需求更是首次得到社会广泛关注。原来的职工文化是"要职工做什么"，现在国家、社会以及企业都认可职工文化需要在弄清楚"职工需要什么"的基础上发展和建设。只有通过充分挖掘职工需求，才能激发职工群体的创造力，这样的职工文化才是真正属于职工群体自己的文化。面对不同年龄、不同岗位的职工，企业各级工会应充分发挥服务职能，密切关注职工的工作生活情况和心理健康，以增强职工与企业的凝聚力，创造和谐的劳动关系和工作氛围。国家高度重视新时期职工文化的建设工作，并给出了相关指导意见，具体内容如表 2-6 所示。

表 2-6　　　　　　　　　**2008 年至今有关职工文化的相关会议和条例**

时 间 点	会议、政策	内 容
2013 年 10 月 22 日	中工工会章程第二十八条	对职工进行思想政治教育，鼓励支持职工学习文化科学技术和管理知识，开展健康的文化体育活动。推进企业文化职工文化建设，办好工会文化、教育、体育事业
2015 年 4 月 28 日	庆祝"五一"国际劳动节暨表彰全国劳动模范和先进工作者大会	习近平总书记在会上提出，要打造健康文明、昂扬向上的职工文化
2018 年 10 月 29 日	同中华全国总工会新一届领导班子成员集体谈话	习近平总书记指出，要坚持以社会主义核心价值观引领职工，深化"中国梦·劳动美"主题教育，打造健康文明、昂扬向上、全员参与的职工文化

2. 2013 年至今企业职工文化建设实践

在时代号召下，"职工文化"回到人们的视野，开启了"职工文化建设"的新时代，以国有企业为代表的企业职工文化建设成果颇丰（见表 2-7）。

表 2-7　　　　　　　　　　　　**职工文化建设成果**

单 位	成 果
国网湖北省电力有限公司	打造职工（劳模）创新工作室载体，建成创新工作室 146 家，涵盖 14 家地市公司，辐射近 70%的职工。建成各级职工书屋 321 个、文体俱乐部 13 家、职工文化工作室 45 个、"国网印吧" 6 家，设立"鄂电家""鄂电安全你我他""湖北电力"等 App 和微信公众号，并依托 App 和微信组织开展文体活动
中石化广西河池石油分公司	打造了职工司机之家、"爱心驿站"等工会品牌，升级场馆，建设集休息、运动、悠闲、学习功能于一体的职工之家
厦门市总工会	打造了如"情系兄弟姐妹"、职工周末讲坛、职工心理咨询、职工春晚海选等一批有一定规模和影响的职工文化品牌项目，投资兴建了包括多功能体育馆、工人文化宫等集文化艺术、教育培训、娱乐休闲、体育健身和生活服务等为一体的职工文化活动中心

单　　位	成　　果
金华邮政	积极开展"党建+群建"活动，落实网点职工小家标准化创建工作，帮助网点员工解决实际问题，全市共建成职工小家 123 家，为基层员工创造舒适整洁的工作和生活环境，其中岭下朱支局荣获了 2018 年度全国"模范职工小家"称号
全国铁路总公司	组织职工文艺骨干深入基层进行演出上千场，行程超过 22 万公里，观众超过 16 万人次。让劳模先进走上舞台，用身边人身边事教育职工。
中国银行张家港港区支行	在网点打造办公区"健康角"、文化展示区、建设活动区、减压休息区、培训学习区等，于 2019 年、2020 年获评"江苏省金融系统模范职工小家""全省金融系统十佳模范职工小家"
北京市总工会	举办太庙国学讲坛、专题讲座、短训班、主题沙龙等，2014 年举办各类活动 500 余次，约推出 30 个文化服务项目，62 家基层工会、约 60 万名职工直接受益

（1）职工物质条件整体得到改善。

中国企业 500 强的名单中显示，民营企业数量持续增加，2018 年民营企业增至 237 家，与国有企业各占半壁江山的格局趋于成型。一直以来，相对于其他性质的企业，国有企业由于有雄厚的资金为支撑，其职工的工作条件是相对优越的。如今，随着民营企业的逐渐强大，其硬件建设也在逐步完善，职工的工作条件得到改善，有的甚至超越了国有企业。

（2）不断创新的职工文体活动。

目前，职工文化活动创新主要体现在以下三个方面，一是与时代特色相结合，突出了职工文化的主题，使职工文化活动更有意义，更有吸引力；二是职工文体活动与宣传企业相联系，突出宣传性与思想性；三是职工文体活动与新媒体的结合，突出娱乐性与时尚性。

（3）开始探寻职工文化活动的"魂"。

随着职工文化繁荣，人们开始注意区分职工文化与职工文化活动，结合时代精神探寻职工文化的灵魂。但在职工文化宣传中，企业、职工都很容易脱离这些精神内容，强调外在形式。习近平在文艺工作座谈会上也强调，单纯感官娱乐不等于精神快乐。因此，新时代的职工文化应该是有灵魂的文化，新时代的职工文化活动应该是有精神核心的活动。

综上，在政府、社会与企业的推动下，职工文化与职工文化建设在不同时期有不同时期的特点，总体上朝着贴近职工工作生活、引领职工更好前进的方向发展。新时期为实现"中国梦"，满足当代职工群体精神需求，提高广大职工综合素质，必须深入挖掘职工文化发展的内生动力，激活职工的创造力和建设激情，结合具体职工文化活动与阵地建设，促进职工文化的健康可持续发展。

第三章　国有企业职工文化的调查分析

国有企业是我国社会主义市场经济体系中最重要的基本力量，不仅在经济发展中负有重大的责任，同时还肩负着重大的社会责任、政治责任、文化责任。国有企业职工文化的深入分析因为企业本身的特殊历史地位和重要性显得意义重大。深入了解国有企业职工文化建设情况不仅有利于有针对性地开发职工技能，激发职工不断追求卓越和寻求创新的工作激情，形成一支具有社会主义道德、现代科学知识、高雅文化品位、严格组织纪律的强大职工队伍，而且有利于在企业中构建和谐稳定的劳动关系，帮助职工形成健康的心智模式和达成多层次的自我实现，使职工能够以包容的心态和发展的视角去看待工作，在广大职工中形成一种同一的价值观，生成一种强大的凝聚力。本章将以国网湖北省电力有限公司为例，通过发放问卷、实地考察、群体座谈、深度访谈的形式，对现阶段国有企业职工的文化建设情况进行分析。

一、样本基本情况

(一) 样本来源

为进一步了解和掌握国有企业职工文化建设的基本状况，我们对国网湖北省电力有限公司的职工进行了 5 个月、两阶段的数据采样。共向 11013 名企业职工发放问卷，涉及不同年龄、不同性别、不同文化程度、不同工作岗位的职工。调研第一阶段，向国网湖北省电力有限公司职工发放纸质版和电子版调查问卷，调研对象分为国网湖北省各地市供电公司、国网湖北电力公司总部、综合与直属单位、支撑机构四大类，具体情况见表 3-1、表 3-2。

表 3-1 第一阶段调研对象

供电公司	国网湖北省电力有限公司	综合与直属	支撑机构
1 武汉供电公司 2 黄石供电公司 3 孝感供电公司 4 襄阳供电公司 5 宜昌供电公司 6 荆州供电公司 7 荆门供电公司 8 黄冈供电公司 9 鄂州供电公司 10 咸宁供电公司 11 十堰供电公司 12 随州供电公司 13 恩施供电公司 14 神农架供电公司	国网湖北省电力有限公司本部	1 国网电动汽车服务湖北有限公司 2 国网湖北电力公司科学研究院 3 国网湖北电力公司实业有限公司 4 国网湖北送变电工程有限公司 5 国网湖北检修公司 6 国网湖北信息通信公司 7 国网湖北管理培训中心 8 国网湖北技术培训中心 9 国网湖北招标有限公司 10 国网湖北综合能源服务有限公司 11 国网湖北中超建设管理公司 12 国网湖北经济技术研究院 13 国网湖北黄龙滩水力发电厂 14 国网京山康复疗养中心 15 华中科技公司 16 梨园大酒店 17 湖北正源电力集团 18 国网湖北物资公司 19 国网湖北客服中心 20 国网湖北计量中心	机关后勤服务中心 综合服务中心

表 3-2 第一阶段访谈调研对象

访 谈 地 点	访 谈 对 象
梨园大酒店会议室	第一组：荆州供电公司、神农架供电公司、武汉供电公司工会主席 第二组：国网湖北地区三位工会主席
国网鄂州公司	鄂州各地区工会干部、文体协会骨干、先进工作模范
国网湖北省电力科学院	第一组：电力科学院文艺骨干 第二组：管理机关分工会主席，青年工作创新室三位主任(包含劳模)
国网咸宁公司	第一组：咸宁各地区工会干部、文体协会骨干、先进工作模范 第二组：咸宁供电公司工会杜主席 第三组：咸宁市路灯管理服务中心主任、咸宁供电公司信息通讯公司、咸宁供电公司运维检修部、咸宁供电公司运维检修部、咸宁供电公司营销部客户服务中心相关人员
中南市政工程中南设计研究院总院	中南市政工程中南设计研究院总院工会干部及文艺骨干
国网公司北京总部	国网各省公司工会干部

第二阶段,作为对第一阶段调研内容的拓展和补充,保证数据收集过程的全面性和客观性,向如下单位和人员展开调研(见表3-3):

表3-3   第二阶段调研对象

地 点	参与人员/座谈、访谈对象
荆门——检修分公司	荆门供电公司工会主席及相关工作人员
青春匠心梦实践基地 荆门供电公司会议室	一线青年职工、劳模与工匠
荆门检修公司会议室 荆门供电公司会议室	文艺骨干、工会管理人员、工会主席
枝江供电公司	宜昌供电公司工会主席及相关工作人员
枝江供电公司会议室	青年职工、工会管理人员、协会负责人、劳模、工匠
枝江供电公司会议室	工会管理人员、协会负责人、文艺骨干
黄石供电公司	供电公司工会主席及相关工作人员
黄石供电公司会议室	青年职工、劳模、工匠
黄石供电公司会议室	工会管理人员、协会负责人、文艺骨干
武汉盛隆电气公司生产区	盛隆电气集团副董事长、董事长助理、盛隆电气集团电力工程有限公司创业事业部总经理
武汉盛隆电气公司办公区	盛隆电气集团副董事长、董事长助理、盛隆电气集团电力工程有限公司创业事业部总经理
国网湖北黄龙滩水电厂行政办公区	一线职工、青年职工、劳模、文艺骨干、技术人才
	工会主席、工会专责、文体俱乐部负责人、劳模创新工作室负责人
国网湖北黄龙滩水电厂厂区	工会专责负责讲解
国网襄阳供电公司	襄阳公司工会主席、各二级单位党委书记、工会主席、文艺骨干、一线职工、青年职工
	工会主席、工会专责、文体俱乐部负责人、劳模创新工作室负责人
襄阳公司检修公司	襄阳公司工会主席、劳模创新工作室负责人
国网十堰供电公司	十堰公司工会主席、一线职工、青年职工、劳模、文艺骨干、技术人才
	十堰公司各二级单位工会主席、工会专责、文体俱乐部负责人、劳模创新工作室负责人

　　两阶段调研过程中，为保证数据收集的准确性和科学性，采取每周一例会、月末一总结的方式对调研数据进行分析和讨论，并提交调研进度月报，出现问题及时向国网湖北省电力有限公司反馈，保障调研的顺利完成。经过层层筛选，剔除问题问卷、不完整问卷，共回收有效问卷 10515 份，问卷有效率达 95.47%，数据整体质量较高。

(二)样本的描述性统计分析

1. 职工性别与年龄

　　本次调研的男女职工人数、比例如图 3-1 所示，其中女性职工 4181 人，占 39.76%，男性职工 6334 人，占比 60.24%。从单位分布来看，省公司本部男性 140 人，女性 79 人，分别占受访省公司本部职工总数的 63.93% 和 36.07%；供电公司男性 5579 人，女性 3570 人，分别占受访供电公司职工总数的 60.98% 和 39.02%；综合与直属单位男性 615 人，女性 532 人，分别占综合与直属单位总数的 53.62% 和 46.38%(见表 3-4)。

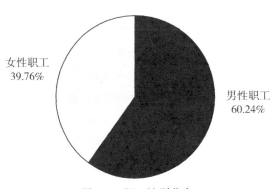

图 3-1　职工性别分布

表 3-4　　　　　　　　　　各单位职工性别情况

所在单位			性　　别		合计
			男	女	
省本部	湖北省公司本部	人数	140	79	219
		占调研职工总数比例	1.33%	0.75%	2.08%

所在单位			性别		合计
			男	女	
供电公司	咸宁供电公司	人数	207	156	363
		占调研职工总数比例	1.97%	1.48%	3.45%
	随州供电公司	人数	175	130	305
		占调研职工总数比例	1.66%	1.24%	2.90%
	恩施供电公司	人数	530	294	824
		占调研职工总数比例	5.04%	2.80%	7.84%
	孝感供电公司	人数	432	255	687
		占调研职工总数比例	4.11%	2.43%	6.53%
	宜昌供电公司	人数	777	367	1144
		占调研职工总数比例	7.39%	3.49%	10.88%
	荆门供电公司	人数	361	171	532
		占调研职工总数比例	3.43%	1.63%	5.06%
	武汉供电公司	人数	622	423	1045
		占调研职工总数比例	5.92%	4.02%	9.94%
	十堰供电公司	人数	493	345	838
		占调研职工总数比例	4.69%	3.28%	7.97%
	神农架供电公司	人数	78	48	126
		占调研职工总数比例	0.74%	0.46%	1.20%
	黄石供电公司	人数	220	138	358
		占调研职工总数比例	2.09%	1.31%	3.40%
	襄阳供电公司	人数	703	446	1149
		占调研职工总数比例	6.69%	4.24%	10.93%
	荆州供电公司	人数	254	268	522
		占调研职工总数比例	2.42%	2.55%	4.96%
	黄冈供电公司	人数	574	354	928
		占调研职工总数比例	5.46%	3.37%	8.83%
	鄂州供电公司	人数	153	175	328
		占调研职工总数比例	1.46%	1.66%	3.12%
合计		人数	5579	3570	9149
		占调研职工总数比例	53.06%	33.95%	87.01%

所在单位		性　别		合计
		男	女	
国网湖北经济技术研究院	人数	28	26	54
	占调研职工总数比例	0.27%	0.25%	0.51%
湖北正源电力集团有限公司	人数	1	1	2
	占调研职工总数比例	0.01%	0.01%	0.02%
国网湖北检修公司	人数	11	2	13
	占调研职工总数比例	0.10%	0.02%	0.12%
国网电动汽车服务湖北有限公司	人数	3	2	5
	占调研职工总数比例	0.03%	0.02%	0.05%
国网湖北综合能源服务有限公司	人数	4	1	5
	占调研职工总数比例	0.04%	0.01%	0.05%
国网湖北中超建设管理公司	人数	33	17	50
	占调研职工总数比例	0.31%	0.16%	0.48%
国网湖北黄龙滩水力发电厂	人数	138	63	201
	占调研职工总数比例	1.31%	0.60%	1.91%
国网京山康复疗养中心	人数	13	12	25
	占调研职工总数比例	0.12%	0.11%	0.24%
华中科技公司	人数	62	53	115
	占调研职工总数比例	0.59%	0.50%	1.09%
梨园大酒店	人数	25	41	66
	占调研职工总数比例	0.24%	0.39%	0.63%
国网湖北物资公司	人数	20	33	53
	占调研职工总数比例	0.19%	0.31%	0.50%
国网湖北客服中心	人数	5	12	17
	占调研职工总数比例	0.05%	0.11%	0.16%
国网湖北电力公司科学研究院	人数	115	45	160
	占调研职工总数比例	1.09%	0.43%	1.52%
国网湖北计量中心	人数	19	27	46
	占调研职工总数比例	0.18%	0.26%	0.44%

所在单位		性 别		合计
		男	女	
国网湖北电力公司实业有限公司	人数	15	22	37
	占调研职工总数比例	0.14%	0.21%	0.35%
国网湖北送变电工程有限公司	人数	45	94	139
	占调研职工总数比例	0.43%	0.89%	1.32%
国网湖北信息通信公司	人数	5	6	11
	占调研职工总数比例	0.05%	0.06%	0.10%
国网湖北管理培训中心	人数	4	12	16
	占调研职工总数比例	0.04%	0.11%	0.15%
国网湖北技术培训中心	人数	55	54	109
	占调研职工总数比例	0.52%	0.51%	1.04%
国网湖北招标有限公司	人数	5	6	11
	占调研职工总数比例	0.05%	0.06%	0.10%
国网湖北省电力有限公司机关后勤服务中心	人数	2	1	3
	占调研职工总数比例	0.02%	0.01%	0.03%
国网湖北省电力有限公司综合服务中心	人数	7	2	9
	占调研职工总数比例	0.07%	0.02%	0.09%
合计	人数	615	532	1147
	占调研职工总数比例	5.85%	5.06%	10.91%
合 计	人数	6334	4181	10515
	占调研职工总数比例	60.24%	39.76%	100.00%

2. 职工文化程度

整体来看，本次调研职工中学历在大专及以下的职工为 5238 人，占比最高，达到 49.81%，其次，大学本科学历职工为 4617 人，占比 43.91%，剩余的 6.28% 职工学历为研究生学历，人数为 660 人。从所属单位来看，省公司本部大专及以下学历职工人数为 150 人，本科学历职工人数为 59 人，研究生学历职工人数为 10 人，分别占受访的省公司职工人数的 68.49%、26.94%、4.57%；供电公司大专及以下学历职工人数为4772人，本科学历职工人数为4004人，研究生学历人数为373人，分别占供电公司受访职工人数的52.16%、43.76%、4.08%；综合与直属单位大专及以下学历职工人数为316人，本科学历人数为554人，研究生学历为277人，占比分别为27.55%、48.30%、24.15%，具体见表3-5。

表 3-5　　　　　　　　　　　各单位职工学历情况

单位类别	最高学历	年龄					总计
		25岁及以下	26~35岁	36~45岁	46~55岁	56岁及以上	
省本部	大专及以下	1	11	49	78	11	150
		25.00%	36.67%	67.12%	80.41%	73.33%	68.49%
	大学本科	3	15	21	18	2	59
		75.00%	50.00%	28.77%	18.56%	13.33%	26.94%
	硕士研究生	0	4	3	1	1	9
		0.00%	13.33%	4.11%	1.03%	6.67%	4.11%
	博士研究生	0	0	0	0	1	1
		0.00%	0.00%	0.00%	0.00%	6.67%	0.46%
	合计	4	30	73	97	15	219
		100.00%	100.00%	100.00%	100.00%	100.00%	100.00%
供电公司	大专及以下	111	346	1723	2256	336	4772
		19.89%	20.17%	48.91%	75.50%	92.05%	52.16%
	大学本科	430	1084	1749	714	27	4004
		77.06%	63.21%	49.65%	23.90%	7.40%	43.76%
	硕士研究生	16	284	48	17	2	367
		2.87%	16.56%	1.36%	0.57%	0.55%	4.01%
	博士研究生	1	1	3	1	0	6
		0.18%	0.06%	0.09%	0.03%	0.00%	0.07%
	合计	558	1715	3523	2988	365	9149
		100.00%	100.00%	100.00%	100.00%	100.00%	4177.63%

单位类别	最高学历	年　龄					总计
		25 岁及以下	26~35 岁	36~45 岁	46~55 岁	56 岁及以上	
综合与直属单位	大专及以下	10	41	98	141	26	316
		27.03%	10.68%	26.27%	45.19%	63.41%	27.55%
	大学本科	21	186	195	139	13	554
		56.76%	48.44%	52.28%	44.55%	31.71%	48.30%
	硕士研究生	6	129	67	31	2	235
		16.22%	33.59%	17.96%	9.94%	4.88%	20.49%
	博士研究生	0	28	13	1	0	42
		0.00%	7.29%	3.49%	0.32%	0.00%	3.66%
	合计	37	384	373	312	41	1147
		100.00%	100.00%	100.00%	100.00%	100.00%	100.00%
合计	大专及以下	122	398	1870	2475	373	5238
		20.37%	18.69%	47.12%	72.86%	88.60%	49.81%
	大学本科	454	1285	1965	871	42	4617
		75.79%	60.36%	49.51%	25.64%	9.98%	43.91%
	硕士研究生	22	417	118	49	5	611
		3.67%	19.59%	2.97%	1.44%	1.19%	5.81%
	博士研究生	1	29	16	2	1	49
		0.17%	1.36%	0.40%	0.06%	0.24%	0.47%
	合计	599	2129	3969	3397	421	10515
		100.00%	100.00%	100.00%	100.00%	100.00%	100.00%

3. 职工工作岗位

参与调研的职工中，在生产一线工作的职工人数最多，达 7384 人，占总人数比例的 70.22%，其次是机关管理人员，1874 人，占 17.82%，科研人员与教培人员分别为 120 人和 174 人，分别占比 1.14% 和 1.65%，金融人员最少，仅 78 人，占 0.74%，其他人员 885 人，占比 8.42%，具体见表 3-6。

表 3-6　　　　　　　　　　　　职工岗位情况

单位类别	工作岗位	年龄					总计
		25 岁及以下	26~35 岁	36~45 岁	46~55 岁	56 岁及以上	
省本部	机关管理人员		5	7	15	1	28
		0.00%	16.67%	9.59%	15.46%	6.67%	12.79%
	生产一线人员	3	19	55	71	12	160
		0.54%	63.33%	75.34%	73.20%	80.00%	73.06%
	科研人员	1	0	1	0	0	2
		25.00%	0.00%	1.37%	0.00%	0.00%	0.91%
	教培人员	0	1	0	2	0	3
		0.00%	3.33%	0.00%	2.06%	0.00%	1.37%
	金融人员	0	0	2	1	1	4
		0.00%	0.00%	2.74%	1.03%	6.67%	1.83%
	其他	0	5	8	8	1	22
		0.00%	16.67%	10.96%	8.25%	6.67%	10.05%
	合计	4	30	73	97	15	219
		25.54%	100.00%	100.00%	100.00%	100.00%	100.00%
供电公司	机关管理人员	53	288	641	555	32	1569
		9.50%	16.79%	18.19%	18.57%	8.77%	17.15%
	生产一线人员	446	1228	2544	2173	309	6700
		79.93%	71.60%	72.21%	72.72%	84.66%	73.23%
	科研人员	3	18	13	8	0	42
		0.54%	1.05%	0.37%	0.27%	0.00%	0.46%
	教培人员	1	6	22	37	8	74
		0.18%	0.35%	0.62%	1.24%	2.19%	0.81%
	金融人员	3	15	31	16	0	65
		0.54%	9.38%	11.40%	8.04%	0.00%	9.30%
	其他	52	160	272	199	16	699
		9.32%	9.33%	7.72%	6.66%	4.38%	7.64%
	合计	558	1715	3523	2988	365	9149
		100.00%	108.50%	110.52%	107.50%	100.00%	108.59%

单位 类别	工作岗位	年龄					总计
		25 岁及以下	26~35 岁	36~45 岁	46~55 岁	56 岁及以上	
综合与直属单位	机关管理人员	7	62	102	97	9	277
		18.92%	16.15%	27.35%	31.09%	21.95%	24.15%
	生产一线人员	20	182	184	117	21	524
		54.05%	47.40%	49.33%	37.50%	51.22%	45.68%
	科研人员	4	41	9	17	5	76
		10.81%	10.68%	2.41%	5.45%	12.20%	6.63%
	教培人员		22	24	45	6	97
		0.00%	5.73%	6.43%	14.42%	14.63%	8.46%
	金融人员	1	4	2	2	0	9
		2.70%	1.04%	0.54%	0.64%	0.00%	0.78%
	其他	5	73	52	34	0	164
		13.51%	19.01%	13.94%	10.90%	0.00%	14.30%
	合计	37	384	373	312	41	1147
		100.00%	100.00%	100.00%	100.00%	100.00%	100.00%
合计	机关管理人员	60	355	750	667	42	1874
		10.02%	16.67%	18.90%	19.63%	9.98%	17.82%
	生产一线人员	469	1429	2783	2361	342	7384
		78.30%	67.12%	70.12%	69.50%	81.24%	70.22%
	科研人员	8	59	23	25	5	120
		1.34%	2.77%	0.58%	0.74%	1.19%	1.14%
	教培人员	1	29	46	84	14	174
		0.17%	1.36%	1.16%	2.47%	3.33%	1.65%
	金融人员	4	19	35	19	1	78
		0.67%	0.89%	0.88%	0.56%	0.24%	0.74%
	其他	57	238	332	241	17	885
		9.52%	11.18%	8.36%	7.09%	4.04%	8.42%
	合计	599	2129	3969	3397	421	10515
		100.00%	100.00%	100.00%	100.00%	100.00%	100.00%

4. 职工工作年限

参与本次调研的职工中,拥有 20 年以上工作年限的职工最多,有 5672 人,超过了总数的 50%,占比 53.94%;工作年限为 10~20 年的职工,有 2640 人,占比 25.11%;工作年限为 6~10 年的职工,有 809 人,占比 7.69%;工作年限为 3~5 年的职工 541 人，占比 5.15%；工作年限在 3 年以下的职工，有 853 人，占比 8.11%，具体见图 3-2。从工作岗位来看，工作年限为 20 年以上的职工中，生产一线的职工人数最多，为 3971 人，占比 70.01%；工作年限为 3~5 年的职工中金融人员人数最少，为 4 人，占比 0.74%。从工作单位来看，各单位受访职工中有 20 年以上工作年限的比例都是最高的，具体见表 3-7。

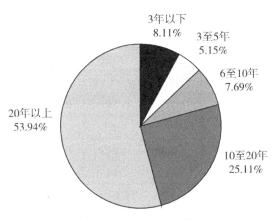

图 3-2　职工工作年限分布

表 3-7　　　　　　　　　　　各岗位职工工作年限情况

单位类别	工作岗位	工作 年 限					合计
		3 年以下	3~5 年	6~10 年	10~20 年	20 年以上	
省本部	机关管理人员	1	1	2	3	21	28
		14.29%	20.00%	12.50%	5.36%	15.56%	12.79%
	生产一线人员	5	3	9	44	99	160
		71.43%	60.00%	56.25%	78.57%	73.33%	73.06%
	科研人员	1	0	1	0	0	2
		14.29%	0.00%	6.25%	0.00%	0.00%	0.91%
	教培人员	0	0	0	1	2	3
		0.00%	0.00%	0.00%	1.79%	1.48%	1.37%
	金融人员	0	0	0	2	2	4
		0.00%	0.00%	0.00%	3.57%	1.48%	1.83%
	其他	0	1	4	6	11	22
		0.00%	20.00%	25.00%	10.71%	8.15%	10.05%
	合计	7	5	16	56	135	219
		100.00%	100.00%	100.00%	100.00%	100.00%	100.00%

续表

单位类别	工作岗位	工作年限					合计
		3 年以下	3~5 年	6~10 年	10~20 年	20 年以上	
供电公司	机关管理人员	60	68	118	352	971	1569
		7.93%	15.28%	19.83%	15.45%	19.14%	17.15%
	生产一线人员	609	332	406	1669	3684	6700
		80.45%	74.61%	68.24%	73.27%	72.61%	73.23%
	科研人员	4	8	7	8	15	42
		0.53%	1.80%	1.18%	0.35%	0.30%	0.46%
	教培人员	2	1	5	10	56	74
		0.26%	0.22%	0.84%	0.44%	1.10%	0.81%
	金融人员	4	3	5	20	33	65
		0.53%	0.67%	0.84%	0.88%	0.65%	0.71%
	其他	78	33	54	219	315	699
		10.30%	7.42%	9.08%	9.61%	6.21%	7.64%
	合计	757	445	595	2278	5074	9149
		100.00%	100.00%	100.00%	100.00%	100.00%	100.00%
综合与直属单位	机关管理人员	11	10	33	75	148	277
		12.36%	10.99%	16.67%	24.51%	31.97%	24.15%
	生产一线人员	37	45	106	148	188	524
		41.57%	49.45%	53.54%	48.37%	40.60%	45.68%
	科研人员	20	15	9	10	22	76
		22.47%	16.48%	4.55%	3.27%	4.75%	6.63%
	教培人员	8	5	10	19	55	97
		8.99%	5.49%	5.05%	6.21%	11.88%	8.46%
	金融人员	3	1	1	1	3	9
		3.37%	1.10%	0.51%	0.33%	0.65%	0.78%
	其他	10	15	39	53	47	164
		11.24%	16.48%	19.70%	17.32%	10.15%	14.30%
	合计	89	91	198	306	463	1147
		100.00%	100.00%	100.00%	100.00%	100.00%	100.00%

单位类别	工作岗位	工 作 年 限					合计
		3 年以下	3~5 年	6~10 年	10~20 年	20 年以上	
合计	机关管理人员	72	79	153	430	1140	1874
		8.44%	14.60%	18.91%	16.29%	20.10%	17.82%
	生产一线人员	651	380	521	1861	3971	7384
		76.32%	70.24%	64.40%	70.49%	70.01%	70.22%
	科研人员	25	23	17	18	37	120
		2.93%	4.25%	2.10%	0.68%	0.65%	1.14%
	教培人员	10	6	15	30	113	174
		1.17%	1.11%	1.85%	1.14%	1.99%	1.65%
	金融人员	7	4	6	23	38	78
		0.82%	0.74%	0.74%	0.87%	0.67%	0.74%
	其他	88	49	97	278	373	885
		10.32%	9.06%	11.99%	10.53%	6.58%	8.42%
	合计	853	541	809	2640	5672	10515
		100.00%	100.00%	100.00%	100.00%	100.00%	100.00%

二、职工文化的认知分析

(一)职工文化的定义认知

作为推动国有企业和职工不断成长的动力与源泉，职工文化拥有着丰富的内涵。不同工作岗位、不同年龄阶段的职工对职工文化的认知存在一定的差异。从工作岗位来看，生产一线人员和机关管理人员持"职工文化活动论"观点的人数最多，认为职工文化是以满足职工精神文化需求、提高职工综合素质为主要目的的各类职工文化活动总和；从年龄层面来看，"36~55 岁"是认为职工文化是以满足职工精神文化需求、提高职工综合素质为主要目的的各类职工文化活动总和最多的年龄段。36 岁以下的职工对"职工文化是以劳模为代表的先进职工群体，在企业中倡导、践行和展示的企业职工共同的价值理念、行为规范和精神风貌"的定义有更高的偏好，具体情况见表 3-8、表 3-9。

表3-8 不同岗位职工对职工文化的定义认知情况统计（多选）

职工文化的定义认知	工作岗位						合计
	机关管理人员	生产一线人员	科研人员	教培人员	金融人员	其他	
A. 职工文化是以满足职工精神文化需求，提高职工综合素质为主要目的的各类职工文化活动总和	1150	4357	63	90	42	492	6194
	61.37%	59.01%	52.50%	51.72%	53.85%	55.59%	58.91%
B. 职工文化是以职工的价值观、职工精神风貌为主要内容的文化形态	269	909	25	34	11	94	1342
	14.35%	12.31%	20.83%	19.54%	14.10%	10.62%	12.76%
C. 职工文化是全体职工人员在长期劳动实践中形成的、积淀并传承的意识形态	216	905	22	27	6	94	1270
	11.53%	12.26%	18.33%	15.52%	7.69%	10.62%	12.08%
D. 职工文化是以劳模为代表的先进职工群体，在企业中倡导、践行和展示的企业职工共同的价值理念、行为规范和精神风貌	223	1170	10	21	19	160	1603
	11.90%	15.85%	8.33%	12.07%	24.36%	18.08%	15.24%
E. 其他	16	43	0	2	0	45	106
	0.85%	0.58%	0.00%	1.15%	0.00%	5.08%	1.01%
合计	1874	7384	120	174	78	885	10515
	100.00%	100.00%	100.00%	100.00%	100.00%	100.00%	100.00%

表 3-9　　　　　　不同年龄段职工对职工文化的定义认知情况统计（多选）

单位类别	选项	年龄					合计
		25 岁及以下	26~35 岁	36~45 岁	46~55 岁	56 岁及以上	
省本部	A	3	18	43	51	8	123
		75.00%	60.00%	58.90%	52.58%	53.33%	56.16%
	B	1	2	8	13	1	25
		25.00%	6.67%	10.96%	13.40%	6.67%	11.42%
	C	0	3	5	13	1	22
		0.00%	10.00%	6.85%	13.40%	6.67%	10.05%
	D	0	7	16	18	5	46
		0.00%	23.33%	21.92%	18.56%	33.33%	21.00%
	E	0	0	1	2	0	3
		0.00%	0.00%	1.37%	2.06%	0.00%	1.37%
	合计	4	30	73	97	15	219
		100.00%	100.00%	100.00%	100.00%	100.00%	100.00%
供电公司	A	357	1033	2064	1748	223	5425
		63.98%	60.23%	58.59%	58.50%	61.10%	59.30%
	B	57	177	450	414	49	1147
		10.22%	10.32%	12.77%	13.86%	13.42%	12.54%
	C	47	201	411	381	47	1087
		8.42%	11.72%	11.67%	12.75%	12.88%	11.88%
	D	94	291	550	414	44	1393
		16.85%	16.97%	15.61%	13.86%	12.05%	15.23%
	E	3	13	48	31	2	97
		0.54%	0.76%	1.36%	1.04%	0.55%	1.06%
	合计	558	1715	3523	2988	365	9149
		100.00%	100.00%	100.00%	100.00%	100.00%	100.00%

单位类别	选项	年 龄					合计
		25 岁及以下	26~35 岁	36~45 岁	46~55 岁	56 岁及以上	
综合与直属单位	A	21	212	204	177	32	646
		56.76%	55.21%	54.69%	56.73%	78.05%	56.32%
	B	9	56	55	50	0	170
		24.32%	14.58%	14.75%	16.03%	0.00%	14.82%
	C	1	48	56	49	7	161
		2.70%	12.50%	15.01%	15.71%	17.07%	14.04%
	D	6	67	58	32	1	164
		16.22%	17.45%	15.55%	10.26%	2.44%	14.30%
	E	0	1	0	4	1	6
		0.00%	0.26%	0.00%	1.28%	2.44%	0.52%
	合计	37	384	373	312	41	1147
		100.00%	100.00%	100.00%	100.00%	100.00%	100.00%
合计	A	381	1263	2311	1976	263	6194
		63.61%	59.32%	58.23%	58.17%	62.47%	58.91%
	B	67	235	513	477	50	1342
		11.19%	11.04%	12.93%	14.04%	11.88%	12.76%
	C	48	252	472	443	55	1270
		8.01%	11.84%	11.89%	13.04%	13.06%	12.08%
	D	100	365	624	464	50	1603
		16.69%	17.14%	15.72%	13.66%	11.88%	15.24%
	E	3	14	49	37	3	106
		0.50%	0.66%	1.23%	1.09%	0.71%	1.01%
	合计	599	2129	3969	3397	421	10515
		100.00%	100.00%	100.00%	100.00%	100.00%	100.00%

(二)职工文化的内容认知

职工文化的内容认知方面，大多数职工认为职工文化的内容应当包括"职工价值理念""职工形象与精神风貌""职工文化活动"这三个选项，其中选择职工价值理念的有 7251 人，占到有效样本量的 68.96%；选择职工形象与精神风貌的有 5845 人，占到有效样本量的 55.59%；选择职工文化活动的有 4870 人，占到有效样本量的 46.31%。访谈中发现，出现此结果的原因主要是职工在参与职工文化建设过程中，最频繁接触的就是文体娱乐活动、技能比武大赛、书香国网等，这直接决定了职工认为职工文化建设的内容主要是职工价值理念、职工形象和精神风貌、职工文化活动三个部分。

从工作年龄来看，被访职工中所有年龄层认为职工价值理念属于职工文化内容之一的比例均超过 60%，其中在"25 岁及以下"年龄段人群中所占比例最高，为 75.13%，这个年龄段的职工刚刚从学校毕业，进入国网这个大家庭，国网尤其重视对他们进行价值观的培养，希望建立一种命运共同体，增加他们的归属感，与国网同兴衰共进退。"26 至 35 岁"职工紧随其后，比例为 74.17%，这个年龄段的职工正值为国网作贡献的时期，他们也都是国网湖北省电力有限公司的骨干人才，国网湖北省电力有限公司前期对他们的投入开始见到回报，一直受到的价值理念的熏陶转化成他们的组织承诺留在企业，为企业的发展贡献力量。"56 岁及以上"职工认为心理契约也是职工文化内容之一的比例最少，为 3.8%，这一年龄段的职工面临退休，相对于年轻职工来说，他们这时候看重的是自己的家庭、自己的身体，因此可能会在工作之余培养自己的兴趣爱好，年轻时候工作任务重，无法得到充分发挥的爱好现在有更多时间去施展，因此心理契约对他们的影响相对较弱。不同年龄段的职工，由于工作年限不同，对职工文化的接触时间也千差万别，但是职工文化包括职工文化理念这一观点得到各个年龄层次职工的普遍认同。具体分析结果见图 3-3。

(三)职工文化与企业文化关系的认知

在被访员工中，有 48.29% 的职工认为职工文化与企业文化是包含关系，人数达 5144 人，可能原因是公司在宣传职工文化与企业文化的时候，并没有将两

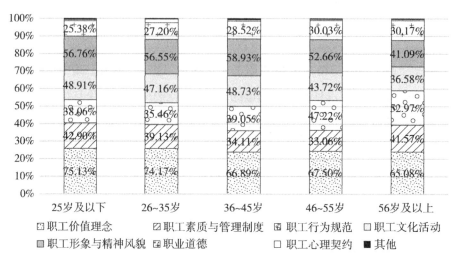

图 3-3　不同年龄段职工对职工文化内容的认知分布情况

种文化进行区分，认为职工文化是职工范畴之内，企业文化是整个企业范畴，因此职工文化是企业文化的一部分；29.22%的职工认为两者属于互补关系，人数为 3073 人，可能原因是公司的职工文化活动和企业文化活动在开展过程中有很多不同的地方；15.24%的职工认为两者是对立统一关系，人数为 1603 人，原因可能是公司内外部环境处于不断革新和变化中，两者之间的关系受环境影响较大；6.61%的职工认为二者是交叉关系，人数为 695 人，可能原因是公司虽然意识到两者的差别，但更多强调的是职工文化和企业文化的相同部分。具体分析结果见图 3-4。

从工作岗位来看，生产一线人员多数认为职工文化与企业文化属于包含关系，人数为 3497 人，他们大多是职工文化、企业文化的参与者，参加的企业文化、职工文化活动并没有截然的界限。机关管理人员认为两者为包含关系的比例最高，占该群体有效样本数的 55.12%，他们都是职工文化、企业文化活动的组织者，为了宣传职工文化、企业文化，想方设法设计职工文化活动、企业文化活动新形式，很多人思想上也没有充分把职工文化和企业文化分隔开，也依据范畴对他们进行关系的界定。认为职工文化与企业文化是交叉关系的金融人员人数最少，占该群体有效样本数的比例最低，为 5.13%，金融人员对职工文化、企业文化这种管理类的活动了解相对较少，他们在日常工作中很少感受到两种文化的交叉。具体分析结果见表3-10。

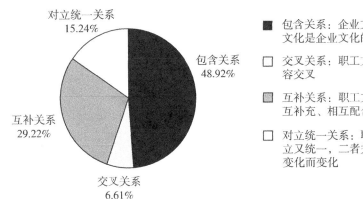

对立统一关系 15.24%

包含关系 48.92%

互补关系 29.22%

交叉关系 6.61%

■ 包含关系：企业文化包含职工文化，职工文化是企业文化的核心部分

□ 交叉关系：职工文化与企业文化有部分内容交叉

▨ 互补关系：职工文化与企业文化是两种相互补充、相互配合的文化

□ 对立统一关系：职工文化与企业文化既对立又统一，二者关系随着企业发展和环境变化而变化

图3-4　调查职工对职工文化与企业文化关系的整体认知情况

表3-10　不同岗位职工对职工文化与企业文化关系的认知分布情况（多选）

职工文化与企业文化的关系	工 作 岗 位						合计
	机关管理人员	生产一线人员	科研人员	教培人员	金融人员	其他	
包含关系：企业文化包含职工文化，职工文化是企业文化的核心部分	1033	3497	58	96	43	417	5144
	55.12%	47.36%	48.33%	55.17%	55.13%	47.12%	48.92%
交叉关系：职工文化与企业文化有部分内容交叉	121	496	12	18	4	44	695
	6.46%	6.72%	10.00%	10.34%	5.13%	4.97%	6.61%
互补关系：职工文化与企业文化是两种相互补充、相互配合的文化	508	2196	31	42	16	280	3073
	27.11%	29.74%	25.83%	24.14%	20.51%	31.64%	29.22%
对立统一关系：职工文化与企业文化既对立又共存，二者关系随着企业发展和环境的改变而发展变化	212	1195	19	18	15	144	1603
	11.31%	16.18%	15.83%	10.34%	19.23%	16.27%	15.24%
合　　计	1874	7384	120	174	78	885	10515
	100.00%	100.00%	100.00%	100.00%	100.00%	100.00%	100.00%

从年龄层面来看，"36~45岁"职工认为两者属于包含关系的人数最多，为1919人，占该群体总数的48.35%，这个年龄层次的职工是职工文化活动和企业文化活动的主体力量，在国网湖北电力公司人数最多，参加的活动也多。"46~55岁"职工选择包含的关系的比例最高，占该群体总数的51.07%。具体情况见图3-5。

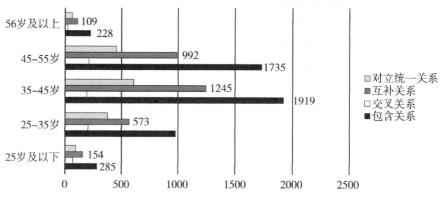

图3-5　不同年龄段职工对职工文化与企业文化关系的认知情况

三、职工的需求分析

(一)职工的需求层次分析

国网现有的职工文化内容丰富，活动多种多样，包含职工各个层面的需求。调研数据显示，仅提升自身素质、参与文化活动两个选项的支持率超过了50%，即职工希望在这两个层面的需求满足愿望最为强烈。具体来看，参与调研的国网职工中，有78.28%的职工希望提升自身素质的需求，有56.68%的职工有参与文化活动的需求。其次，工作生活平衡的需求支持率超过了40%，情感与自我实现的需求选项的支持率相对接近，都在30%左右。最后，受人尊重、安全保障、其他方面的需求选项的支持率相对较低。按照各个需求选项的选择情况，职工在成长、归属层面的需求最为强烈，符合当前职工的价值观，即追求个体价值的实现，在群体中找到归属感。具体分析结果如表3-11所示。

表3-11　　　　　　　　　　　　职工需求统计表（多选）

问项	选项	频数	占有效样本比例	占总频数比例
职工需求	A. 参与文化活动的需求	5960	56.68%	20.32%
	B. 提升自身素质的需求	8231	78.28%	28.07%
	C. 情感归属的需求	3697	35.16%	12.60%
	D. 受人尊重的需求	1873	17.81%	6.38%
	E. 自我实现的需求	3812	36.25%	13.00%
	F. 工作与生活平衡上的需求	4463	42.44%	15.22%
	G. 安全保障需求	1268	12.06%	4.32%
	H. 其他	19	0.18%	0.06%
缺失值	——	0	0	0
合计		29323	278.86%	100%

（二）职工需求的具体分析

1. 不同年龄段的职工需求

处在社会发展的不同阶段，物质需求和精神需求有着规律性的变化。在不同年龄阶段，职工在物质、文化精神方面有着不同的需求。调研结果显示，各个年龄阶段的职工三大需求都是提升自我素质的需求、参加文化活动的需求和工作生活平衡需求，不同年龄层次有一定的浮动但总体持平。具体情况见图3-6。

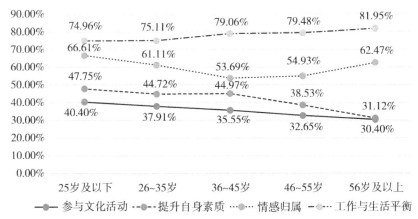

图3-6　不同年龄段的职工文化需求

不同年龄层中选择"提升自我素质"需求以及"参与文化活动"需求所占比例也均超过半数，其中"56 岁及以上"职工选择"提升自身素质"占该人群比例最高，为 81.95%，"25 岁及以下"职工认为职工文化满足"参与文化活动"比例最高，为 66.61%，"安全保障需求"所占该人群比例最低，为 4.84%。具体结果见表 3-12。

表 3-12　　　　　　　　　不同年龄段的职工需求情况（多选）

职工文化需求满足	年　　龄				
	25 岁及以下	26~35 岁	36~45 岁	46~55 岁	56 岁及以上
参与文化活动	399	1301	2131	1866	263
	66.61%	61.11%	53.69%	54.93%	62.47%
提升自身素质	449	1599	3138	2700	345
	74.96%	75.11%	79.06%	79.48%	81.95%
情感归属	242	807	1411	1109	128
	40.40%	37.91%	35.55%	32.65%	30.40%
受人尊重	88	362	675	668	80
	14.69%	17.00%	17.01%	19.66%	19.00%
自我实现	189	782	1516	1206	119
	31.55%	36.73%	38.20%	35.50%	28.27%
工作与生活平衡	286	952	1785	1309	131
	47.75%	44.72%	44.97%	38.53%	31.12%
安全保障	29	128	460	551	100
	4.84%	6.01%	11.59%	16.22%	23.75%
其他	2	1	11	4	1
	0.33%	0.05%	0.28%	0.12%	0.24%

2. 不同岗位类型的职工需求

不同岗位对于职工文化的需求不完全一致，其中差异较大的是情感归属的需求和自我实现的需求。关于情感归属，各岗位选择此项需求的比率一般在 35% 左右，机关管理人员和教培人员此项需求相对较高，分别为 41.84% 和 45.40%。

根据调查了解，公司广大职工对于国网的归属感和忠诚度极高，几乎每个岗位上都有很多老职工几十年如一日地坚守在自己的岗位上。对于自我实现的需求，各个岗位上有35%左右的职工选择了此项需求，两个极值点出现在教培人员（极低点31%）和金融人员（极高点40%）。具体情况见图3-7。

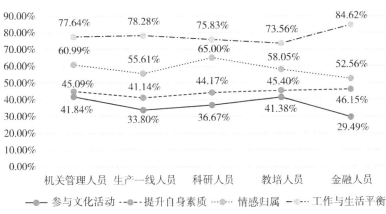

图3-7　不同岗位类型的职工需求

各岗位中选择"提升自我素质"需求以及"参与文化活动"需求所占比例均超过半数，其中金融人员选择"提升自身素质"占该人群比例最高，为84.62%，科研人员认为职工文化满足"参与文化活动"需求比例最高，为65%，"安全保障"需求所占该人群比例最低，为1.67%。具体结果见表3-13。

表3-13　　　　　　　　　　　**不同岗位类型的职工需求情况（多选）**

职工文化需求满足	工作岗位					
	机关管理人员	生产一线人员	科研人员	教培人员	金融人员	其他
参与文化活动	1143	4106	78	101	41	491
	60.99%	55.61%	65.00%	58.05%	52.56%	55.48%
提升自身素质	1455	5780	91	128	66	711
	77.64%	78.28%	75.83%	73.56%	84.62%	80.34%
情感归属	784	2496	44	79	23	271
	41.84%	33.80%	36.67%	45.40%	29.49%	30.62%

续表

职工文化 需求满足	工 作 岗 位					
	机关管理人员	生产一线人员	科研人员	教培人员	金融人员	其他
受人尊重	249	1418	20	35	12	139
	13.29%	19.20%	16.67%	20.11%	15.38%	15.71%
自我实现	727	2622	41	55	31	336
	38.79%	35.51%	34.17%	31.61%	39.74%	37.97%
工作与生活 平衡	845	3038	53	72	36	419
	45.09%	41.14%	44.17%	41.38%	46.15%	47.34%
安全保障	95	1030	2	14	6	121
	5.07%	13.95%	1.67%	8.05%	7.69%	13.67%
其他	2	9	0	0	0	8
	0.11%	0.12%	0.00%	0.00%	0.00%	0.90%
合计	1874	7384	120	174	78	885

3. 不同学历水平的职工需求

从学历水平来看，"大专及以下"职工认为职工文化满足"提升自身素质"比例最高，为81.2%；"博士研究生"职工认为"受人尊重"的比例要明显高于其他学历人群，比例为30.61%，其他学历人群在该选项比例均不超过20%。另外，在"安全保障"需求上，随着文化程度的增加，职工认为职工文化能满足该需求的比例增大，"博士研究生"比例最低，为2.04%。具体结果见表3-14。

表3-14　　　　　　　不同学历的职工需求情况（多选）

职工文化 需求满足	学 历 水 平				合计
	大专及以下	大学本科	硕士研究生	博士研究生	
参与文化活动	2765	2770	399	26	5960
	52.79%	60.00%	65.30%	53.06%	56.68%
提升自身素质	4253	3500	444	34	8231
	81.20%	75.81%	72.67%	69.39%	78.28%

职工文化 需求满足	学 历 水 平				合计
	大专及以下	大学本科	硕士研究生	博士研究生	
情感归属	1540	1868	269	20	3697
	29.40%	40.46%	44.03%	40.82%	35.16%
受人尊重	1011	747	100	15	1873
	19.30%	16.18%	16.37%	30.61%	17.81%
自我实现	1857	1723	215	17	3812
	35.45%	37.32%	35.19%	34.69%	36.25%
工作与生活平衡	2173	2016	255	19	4463
	41.49%	43.66%	41.73%	38.78%	42.44%
安全保障	910	332	25	1	1268
	17.37%	7.19%	4.09%	2.04%	12.06%
其他	9	10	0	0	19
	0.17%	0.22%	0.00%	0.00%	0.18%

综合来看，提升自身素质需求在不同岗位当中的占比都是最高的，这与工作性质密切相关。其中，认为职工文化满足提升自身素质的需求的大专及以下职工比例最高，为81.20%，大专及以下学历水平的职工主要从事一线生产工作，对技术、技能方面的需求最为强烈，其次其学历水平相对较低，在文化素质方面的需求也应该有所体现。博士研究生中有69.39%的职工在自身素质需求方面也还要求提高，这也与其工作性质相关，博士研究生主要承担科研工作，需要了解最新的技术与知识。具体见图3-8。

(三)职工文化活动的需求分析

通过对国网当前比较突出的几个职工文化活动进行调研，结果显示(见表3-15)，职工感兴趣的职工文化活动主要为职工体育活动，有62.09%的职工表示对其感兴趣，其次，职工大讲堂、班组微讲堂和"送文化到基层"活动分别占到47.78%和47.31%，对"大力弘扬劳模精神工匠精神集中宣传"活动感兴趣的职工占到45.13%。同时，不同学历、不同岗位与不同年龄者由于群体需求不同，对这四类主要的职工文化活动的喜爱程度也不同。

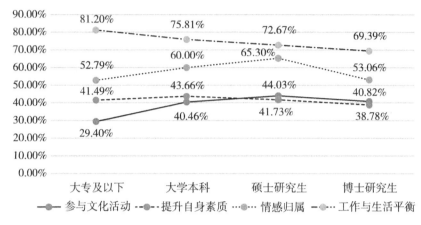

图 3-8　不同学历的职工需求

表 3-15　　　　　　　　　　职工文化活动的需求情况（多选）

	选　　项	频数	占有效样本比例	占总频数比例
职工文化内容	A. 职工大讲堂、班组微讲堂	5024	47.78%	12.01%
	B. "大力弘扬劳模精神工匠精神集中宣传"活动	4745	45.13%	11.34%
	C. "送文化到基层"活动	4975	47.31%	11.89%
	D. 职工文学艺术创作及评选展示	3763	35.79%	9.00%
	E. 职工体育活动	6529	62.09%	15.61%
	F. 职工技术创新活动	3911	37.19%	9.35%
	G. 职工劳动竞赛	3542	33.69%	8.47%
	H. 职工文化工作室、国网印吧等职工文化活动	2219	21.10%	5.30%
	I. "书香国网"读书活动	2902	27.60%	6.94%
	J. "S365"职工健步走活动	2995	28.48%	7.16%
	K. "国网好声音"主持人、歌手大赛	1158	11.01%	2.77%
	L. 其他	54	0.51%	1.29%
合　　计		41817	397.68%	100%

1. 不同年龄职工的文化活动需求

从多数职工喜爱的四类活动来看，不同年龄段的职工对这四类活动的喜爱存在一定的差异（见图 3-9）。职工大讲堂、班组微讲堂、送文化到基层与"大力弘扬劳模精神工匠精神集中宣传"活动在 56 岁以上的职工群体中的占比最大，具体表现为，在 56 岁以上的职工群体中分别有 58.43%、51.54%、61.05% 的人选择了这三类活动。并且可以看出，"大力弘扬劳模精神工匠精神集中宣传"活动在 46 岁以下的四个年龄段的支持度总体上小于 56 岁以上的职工群体，可见这类活动还需要进一步加强在不同年龄段的吸引力。25 岁及以下年龄段的职工虽然有超过 50% 的人选择了职工体育活动，但相比于其他年龄段的职工，其占比最小。因此，需要进一步督促青年职工参与职工体育活动，加强锻炼。

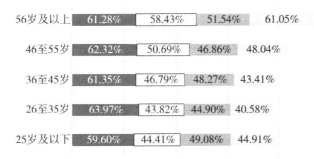

图 3-9　不同年龄职工的文化活动需求

注：图中数据为每一年龄段中选择此相应选项的比例，如 25 岁以下的人有 599 人，其中有 266 人选择职工大讲堂、班组微讲堂，占比 44.41%。

2. 不同岗位职工的文化活动需求

从多数职工喜爱的四类活动来看，不同岗位上的职工对这四类活动的喜爱存在一定的差异。接近 50% 的机关管理人员、一线生产人员、科研人员、教培人员以及金融人员都喜爱职工大讲堂、班组微讲堂，表明职工大讲堂、班组微讲堂在职工当中有较好的群众性。超过 50% 的机关管理人员、一线生产人员、科研人员、教培人员以及金融人员都喜爱职工体育活动，其中科研人员中有 65% 的人喜爱"职工体育"活动。"送文化到基层"的活动对于不同岗位的职工的吸引力的差异较大。其中，科研人员只有 29.17% 的人喜爱"送文化到基层"的活动。生产一线的职工中，有 72.81% 的职工(生产一线职工共 7384 人)选择了"大力弘扬劳模精神工匠精神集中宣传"活动选项。有 15.93% 的机关管理人员选择此项活动，而其他岗位中选择该类活动的人数比例均不超过 10%，其他岗位对该类活动的感兴趣程度较低。具体见图 3-10。

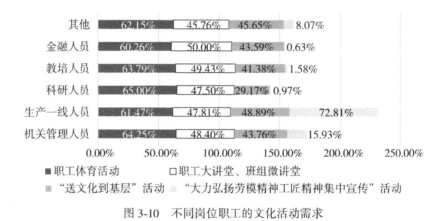

图 3-10　不同岗位职工的文化活动需求

注：图中数据为每一岗位中选择此相应选项的比例，如机关管理人员共 1874 人，其中有907 人选择喜爱职工大讲堂，占比 48.40%。

3. 不同学历职工的文化活动需求

从国网职工学历层次分布来看，国网职工的学历以大学本科、大专为主，数据显示，大学本科、硕士、博士研究生学历的职工在各个层次需求的选择情况相对接近，这三个学历层次的职工与大专及以下学历的职工在各个层次需求的选择情况有所差异。他们大多喜欢职工大讲堂、班组微讲堂，以及职工体育活动，他们的文化水平相对较高，对体质和精神方面的追求较高。

大专及以下学历的职工有强烈的自我提升的需求，这反映了该学历层次职工自身知识的缺乏与对知识的渴望。所以他们大多喜欢参加"大力弘扬劳模精神工匠精神集中宣传"活动，职工大讲堂、班组微讲堂，以及职工体育活动。同时，这一学历层次的职工的情感归属需求较弱，这主要是因为大专及以下学历的职工多从事的是一线工作，加之自身认识的局限性，对自身情感归属问题的重视程度相对较低。具体见图3-11。

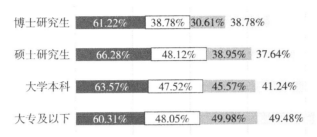

图 3-11　不同学历职工的文化活动需求

注：图中数据为每一学历选择此相应选项的比例，如大专及以下5238人，其中有3159人选择职工体育活动，占比60.31%。

四、职工文化管理现状

(一) 全员职工文化管理现状

"打造健康文明、昂扬向上、全员参与的职工文化"①是中央对国有企业职工文化管理的重要指示，这一新概念需要国网公司的各级职工文化建设者、参与者去努力消化与吸收。全员参与的职工文化是目的，全员职工文化管理是手段。要做好全员职工文化管理，首先要理解"全员参与的职工文化"中"全员"的概念。此次调研收集了目前国网湖北省电力有限公司职工对"全员"的理解，其中认为人人都是职工文化的建设者的职工占总人数的29%，认为人人都是职工文化的受益者的职工占总人数的26%，认为职工文化可以凝聚所有人的力量的职工占总人数的21%，

① 新华社．习近平在庆祝"五一"国际劳动节暨表彰全国劳动模范和先进工作者大会上的讲话［EB/OL］．（2015-04-28）［2019-10-11］．http：//www.gov.cn/xinwen/2015/04/28/content_2854574.htm.

认为职工文化要有多种层次，满足职工多方面的精神文化需求的职工占总人数的17%，可见，国网湖北省电力有限公司的职工认为全员应该体现在人人参与职工文化建设，人人都是职工文化建设的受益者，职工文化能凝聚所有人的力量。但认为职工文化不是少数文艺骨干和工会干部的事的职工仅占总人数的7%，该数据则反映出国网湖北省电力有限公司现阶段职工文化建设者主要是少数文艺骨干和工会干部，职工全员对职工文化建设的参与度仍需提高。具体见图3-12。

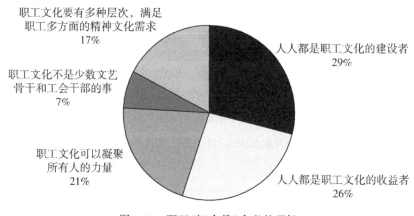

图 3-12　职工对"全员"含义的理解

（1）关于"人人都是职工文化的建设者"的落实。

尽管有29%的职工意识到人人都是职工文化的建设者，但在调研过程中了解到，现阶段国网公司的职工文化建设主力军仍是工会，职工仅仅是在工作闲暇之余有选择地参与职工文化，尚未达到人人都是职工文化建设者的建设目标。而这一数据所反映的大多数职工的认知也为国网湖北省电力有限公司建设全员参与的职工文化提供了方向。

（2）关于"人人都是职工文化的受益者"的落实。

职工文化受益主要体现在职工文化成果的价值回报上，具体表现为对职工的物质与精神激励。但通过访谈发现，目前国网湖北省电力有限公司对职工文化的参与者、建设者没有相应的激励体系，职工的建设激情主要来自于对集体的热爱与对职工文化活动的兴趣。同时，职工们对于是否需要量化激励标准目前还存在争论。

(3)关于"职工文化要有多种层次,满足职工多方面的精神文化需求"的落实。

关于职工文化要有多层次的问题已经在职工文化需求层面统计分析当中呈现了,当前,国网湖北省电力有限公司的职工主要的需求层次在成长与归属需求,对职工文化的需求更多的是体现在归属需求上。在需求满足方面需要结合图 3-13 进行分析。

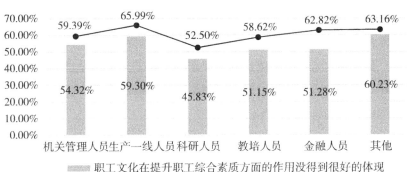

图 3-13 职工需求满足状况

从图 3-14 可以看出,不同岗位职工的精神文化需求有所差异,例如,对于科研人员而言,相比提供职工喜欢的职工文化活动,其更加注重职工文化在提升综合素质方面的作用;而生产一线人员,则更加关注提供职工喜欢的职工文化活动。科研人员通常具有较高层次的知识文化水平,其往往更加关注自身素质的提升,而生产一线人员大多学历层次不高,知识文化水平有限,其往往更加关注通过参与喜欢的职工文化愉悦身心、缓解工作压力。此外,随着客观环境的变化,职工的精神文化需求往往也会有所改变,因此,应当及时关注不同职工群体的差异化需求,职工文化建设在"满足职工多方面、差异化的精神文化需求"上的工作还需要加强。

(二)职工文化评价与激励现状

在职工文化评价与激励现状方面,职工普遍认为国网公司对职工文艺创作者和参与者的物质激励和精神激励不足(58.47%和55.98%),职工文化是职工本职工作以外的精神文化层面的建设工作,职工参与职工文化活动大多出于自身的爱好与兴趣，也有少部分是被公司要求参加，公司对此的激励措施较少且激励力度较小，这在一定程度上不利于调动职工群体的全员参与积极性。

同时，也有超过半数（52.54%）的职工认为缺乏职工文化作品价值的社会化和市场化实现形式。国网职工创造出的优秀文化成果大多是在公司内部平台进行展示和传播，大多数职工文化成果仅仅被公司内部职工所知晓，未能将优秀文化成果推向社会和大众，使得成果的价值不能够被充分挖掘和实现。价值成果回报的问题不仅存在于职工文化作品上，在阵地、队伍建设上也要考虑成果回报的问题。阵地建设投入的资金较大，但是否有相应的成果回报，如阵地使用率？队伍建设方面，引入的文艺骨干、聘请的培训老师在职工文化建设当中的作用是否得到充分的发挥？价值成果回报问题涉及职工文化建设的评价，这是目前职工文化建设中的"黑箱"。具体如表 3-16 所示。

表 3-16　　　　　　　　　　职工文化价值回报的评价情况

问项	选　　项	频数	占有效样本比例	占总频数比例
职工文化价值汇报	A. 对职工文艺创作者和参与者的物质激励不够	6148	58.47%	24.65%
	B. 对职工文艺创作者和参与者的精神激励不足	5886	55.98%	23.60%
	C. 缺乏职工文化作品价值的社会化和市场化实现形式	5525	52.54%	22.15%
	D. 缺少对高品质职工文化成果的评价、推广和补偿机制	3749	35.65%	15.03%
	E. 缺少激励职工文艺创作者长期深入一线进行文学艺术创作的支持政策	3571	33.96%	14.31%
	F. 其他	61	0.58%	2.44%
缺失值	——	0	0	0
合　　计		24940	237.18%	100%

五、职工文化建设的影响因素分析

我们将职工文化建设的影响因素分为个体、组织、外部环境三大层次，共设置 10 个选项(可以同时选择,最多选 5 项)展开问卷调查,根据回收的有效问卷,我们发现对职工文化建设产生影响的主要因素是公司企业文化(选择频数是8454)、职工岗位特点(选择频数是 6726)、领导风格与管理方式(选择频数是5930),当然社会流行文化、当地风土人情等外部因素也发挥着重要的作用。具体如图 3-14、表 3-17 所示。

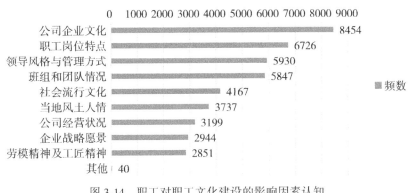

图 3-14　职工对职工文化建设的影响因素认知

表 3-17　　　　　　　　　　**职工对职工文化建设的影响因素认知**

问　　项	选　　项	频数	占有效样本比例	占总频数比例
职工文化建设 影响因素	公司企业文化	8454	80.40%	19.26%
	职工岗位特点	6726	63.97%	15.32%
	领导风格与管理方式	5930	56.40%	13.50%
	班组和团队情况	5847	55.61%	13.32%
	社会流行文化	4167	39.63%	9.49%
	当地风土人情	3737	35.54%	8.51%
	公司经营状况	3199	30.42%	7.28%
	企业战略愿景	2944	28.00%	6.70%
	劳模精神及工匠精神	2851	27.11%	6.49%
	其他	40	0.38%	0.01%
缺失值	——	0	0	0
合　　计		43895	417.45%	100%

(一)职工个体层面

调研数据显示,认为职工岗位因素影响职工文化建设的职工占到 63.97%,仅次于企业文化因素。不同岗位职工的年龄层次、工作岗位、工作压力程度、闲暇时间长短等都有差异,这些差异也使得职工对职工文化的认知、职工参与职工文化活动的积极性、职工的精神文化需求有所不同,而这些因素都会在一定程度上影响公司的职工文化建设。例如,生产一线职工由于岗位要求,需要长期驻守生产一线,能够参加线下职工文化建设的时间较少;科研人员往往知识文化水平较高,其更关注职工文化建设提升自身素质的功能。此外,职工岗位特点还影响着国网劳模精神与工匠精神。国网作为服务型企业,每位职工必须坚守岗位。而国网的劳模与工匠正是产生于这些普通的岗位,劳模与工匠精神所体现内容也正是更深层次的岗位要求。从以上分析内容可知,职工岗位特点影响着职工文化建设的参与度,间接影响着职工文化建设工作、成果的质量。

1. 不同年龄段职工

在选择职工岗位特点作为重要影响因素的职工中,不同年龄段的职工表现出显著的差异性,如图 3-15 所示,我们可以看到整体呈两边低、中间高分布,即 25 岁及以下的职工和 56 岁及以上的职工,受到岗位因素的影响较大,25 岁有以下人群中有 70.62% 认为会受到岗位因素的影响,占比很高,影响效果明显。其原因是处于这个年龄段的职工岗位变动往往比较频繁,一方是刚入职,需要在不同岗位试炼,寻找自身的定位,另一方是临近退休,面临退离岗位的情形。而 46~55 岁年龄段的员工,有 59.88% 的职工认为会受到岗位因素的影响,相对其他年龄段职工较低。现实中,这个年龄段的职工在组织中岗位较为稳定,不会出现太大的变动,因此受到岗位因素的影响较低。

2. 不同工作岗位职工

在选择职工岗位特点作为重要影响因素的职工中,不同岗位的职工的呈现出一定的差异性,如图 3-16 所示,机关管理岗位中有 57.04% 的职工认为岗位因素会影响职工文化建设,相对影响较低。其余岗位的职工普遍认为岗位因素会影响到职工文化建设，生产一线岗位中有 65.86% 的职工认为岗位因素会影响职工文化建设；科研岗位的职工对岗位因素影响认可度最高，占比 66.67%，可见科研岗位职工对岗位的依赖程度更高，专业性更强；教培、金融岗位职工的认可比重也均在 60% 以上。

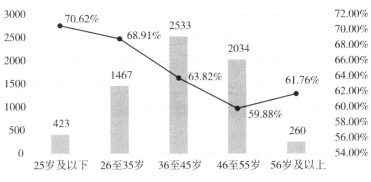

图 3-15 不同年龄段职工受岗位因素影响分布

注：图中数据百分比为选择此项和此项总人数的比例，如 25 岁及以下有 599 人，其中有 423 人选择岗位因素影响，占比 70.62%。

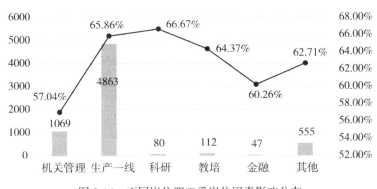

图 3-16 不同岗位职工受岗位因素影响分布

注：图中数据百分比为选择此项和此项总人数的比例，如机关管理人员有 1874 人，其中有 1069 人选择岗位因素影响，占比 57.04%。

3. 不同学历职工

在选择职工岗位特点作为重要影响因素的职工中，不同学历水平的职工对岗位因素的影响表现出一致性,如图 3-17 所示。不论是大专及以下学历的职工还是博士研究生学历的职工,均有较高的认可性,均达到了 62% 以上,彼此之间差距不超过 3%,说明各个学历的职工均认为岗位因素是影响职工建设的重要因素,侧面反映了岗位因素的重要性。此外,在访谈中,一些工会管理者、文艺骨干提到职工文化建设与职工群众的素质相关,特别是他们的思想道德与文化素质。一方面,职工需要有积极向上的思想,才能主动参与到职工文化建设当中,为职工文化全员参与提供保障。另一方面,良好的文化素质能够保障职工文化建设的质量,特别是在职工文化建设骨干队伍与后备军方面,急需在职工文化方面具有高素质、专业技能强的职工队伍。此外,职工素质的差异也会影响其内在的精神文化需求,从而对职工文化建设也产生一定的挑战性。

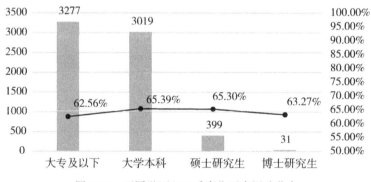

图 3-17　不同学历职工受岗位因素影响分布

注:图中数据百分比为选择此项和此项总人数的比例,如大专及以下职工有 5238 人,其中有 3277 人选择岗位因素影响,占比 62.56%。

(二) 组织层面

1. 公司企业文化

企业文化对公司保持持续、稳定发展的推动作用不言而喻。企业文化对外是企业的一面旗帜,对内是一种向心力。从基本定义出发,职工文化是企业文化的重要组成部分,目的是丰富职工精神文化生活,提升职工综合素质。从企业基层职工群众角度看,企业文化是"外在"的要求,企业职工文化则是"内在"的要求。"外在"的要求是企业管理者的要求,是"要我做"文化,"内在"的要求是企业基层职工群众自我的要求，是自我管理和自我提升的反映，是"我要做"文化。"外在"的"要我做"文化与"内在"的"我要做"文化，表现在企业管理中就是一种互补关系。在访谈中，多数职工表示职工文化应该是企业文化的一个重要组成部分，在图 3-15 中，有 80.4% 的职工选择了公司企业文化。可见，大部分职工认为企业文化和职工文化之间存在着密切的联系。当然，不同年龄段、不同岗位和不同学历的职工对企业文化这一重要因素的认可也存在一定的差异性。

（1）不同年龄段职工。

在选择企业文化作为重要影响因素的职工中，不同年龄段的职工存在一定的差异，如图 3-18 所示。整体来看，不同年龄段对于企业文化这个影响因素都十分重视，选择占比均达到了 76% 以上，也就是说不论哪个年龄段，认可企业文化是职工文化影响因素的职工均在三分之二以上，可见其重要性。当然，25 岁及以下的职工，在这方面认可度是最高的，达到了 86.81%，这部分员工初入职场，不能很好地区分企业文化和职工文化，更加强调的是其同一性。而 46 岁以上的员工，随着工作时间的增加，对职工文化和企业文化之间的差异性看得更加清楚，因此这部分员工虽然强调企业文化对于职工文化的重要性，但也注意到了两者的不同。

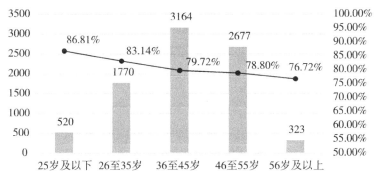

图 3-18　不同年龄职工受企业文化因素影响分布

注：图中数据百分比为选择此项和此项总人数的比例，如 25 岁及以下有 599 人，其中有 520 人选择企业文化因素影响，占比 86.81%。

（2）不同岗位职工。

在选择企业文化作为重要影响因素的职工中，不同年龄段的职工表现出了一致性，见图3-19，整体认可度在80%上下，其中教培岗位的职工对企业文化的认可度最高，达87.36%，生产一线岗位的职工，虽然对企业文化认可达78.83%，但相对其他岗位是最低的，其原因可能是一线员工对职工文化的理解更为深刻，因此可以更加清晰地感觉到企业文化和职工文化的区别。

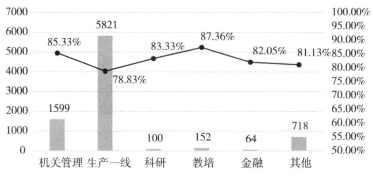

图3-19　不同岗位职工受企业文化因素影响分布

注：图中数据百分比为选择此项和此项总人数的比例，如机关管理有1874人，其中有1599人选择企业文化因素影响，占比85.33%。

（3）不同学历职工。

在选择企业文化作为重要影响因素的职工中，不同学历的职工表现出了一致性，见图3-20，认可度均在80%左右，其中大专及以下的职工，有4056人选择了企业文化，占比77.43%；大学本科学历的职工，有82.80%的职工选择了企业文化，在硕士和博士学历的职工中，企业文化同样受到高度关注，硕士中有87.56%的职工选择，博士有81.63%的职工选择，可见将企业文化看作影响职工文化建设的重要因素，已经在不同学历的职工中得到了普遍认可。

2. 领导风格与管理方式

在访谈过程中职工多次提及职工文化建设工作的开展与取得的成效与领导者的支持与关注密切相关。调研问卷中，有56.4%的职工认为领导风格与管理方式是影响职工文化形成、建设与发展的重要因素。通过整理访谈内容发现，领导者在职工文化建设当中的作用具体体现在四个方面：一是领导者对职工文化建设资金的积极申报与批复，使建设工作有了资金保障；二是领导者对新媒体等新事物的敏感度间接影响着职工文化建设工作的创新性与新颖性；三是领导者在精神与行为方面的榜样作用；四是领导对职工文化建设的重视程度，职工文化建设仅仅有普通职工的热情是不够的，领导的重视也是职工文化建设的重要推力之一。当然，在此过程中，不同年龄段、不同岗位的职工对领导风格与管理方式的影响效果存在着一定的差异性。

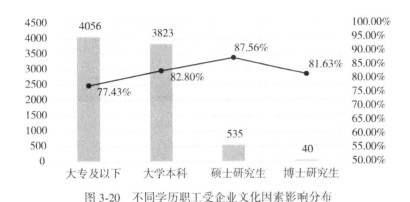

图 3-20 不同学历职工受企业文化因素影响分布

注：图中数据百分比为选择此项和此项总人数的比例，如大专及以下职工有 5238 人，其中有 4056 人选择企业文化因素影响，占比 85.33%。

（1）不同年龄段职工。

在选择领导风格与管理方式作为重要影响因素的职工中，不同年龄段职工表现出较大的差异性。如图 3-21 所示，26~35 岁的职工中有 60.31% 的职工认为领导风格与管理方式对职工文化建设有影响，这部分职工可能正处于事业上升期，对自身未来有一定的规划和期望，受到领导与管理方式的影响程度较高。反之，56 岁及以上的职工对领导风格与管理方式会影响职工文化建设的认同较低，占比为 47.03%，相较于最高的 60.31% 差了 10 个百分点，其原因是这部分员工接近退休年龄，受到领导和管理方式的影响较小。

（2）不同工作岗位的职工。

在选择领导风格与管理方式作为重要影响因素的职工中，不同的工作岗位表现出了较大的差异性。如图 3-22 所示，生产一线岗位职工占比最低，为53.97，可能是生产员工长期居于生产一线，对于生产过程中缺少什么，需要什么样的文化，怎样建设职工文化更能激励职工干劲，有较强的感受。其余岗位身居二线，可能更加需要领导和企业来为职工指明文化建设方向。

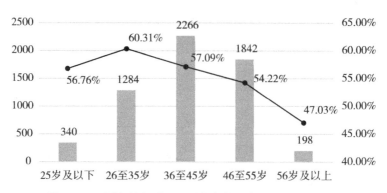

图 3-21　不同年龄段受领导风格与管理方式因素影响分布

注：图中数据百分比为选择此项和此项总人数的比例，如 25 岁及以下职工有 599 人，其中有 340 人选择领导风格与管理方式因素，占比 56.76%。

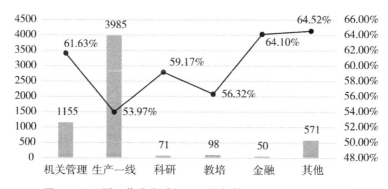

图 3-22　不同工作岗位受领导风格与管理方式因素影响分布

注：图中数据百分比为选择此项和此项总人数的比例，如机关管理职工有 1874 人，其中有 1155 人选择领导风格与管理方式因素，占比 61.63%。

（3）不同学历的职工。

在选择领导风格与管理方式作为重要影响因素的职工中，不同学历的职工表现出普遍的一致性。如图 3-23 所示，硕士研究生对这种影响因素的认可度最高，达 58.76%，大学本科次之，为 57.83%，之后是大专及以下的职工，为 54.89%，这三类学历的职工，彼此之间相差不超过 3%。当然，拥有博士学位的职工，对于领导风格和管理方式的认可度相对较低，可能原因是这批具有高级知识水平的职工，更加强调自身对职工建设的独立思考，希望有更加广阔的空间来施展自己的才华，因此选择职工文化建设会受到领导风格和管理方式影响的比例相对较低。

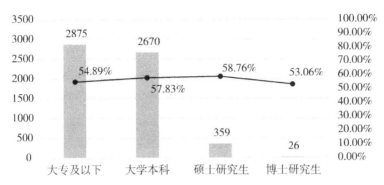

图 3-23　不同学历职工受领导风格与管理方式因素影响分布

注：图中数据百分比为选择此项和此项总人数的比例，如大专及以下职工有 5238 人，其中有 2875 人选择领导风格与管理方式因素，占比 54.89%。

(三) 班组与团队情况

班组与团队管理指的是以班组为单元开展的组织、监督、计划、控制、协调以及激励等一系列管理活动，它的职能在于合理分配并正确利用班组的人力、物力、财力。它的根本方法就是采用先进的生产方式与管理工具，调动班组人员的工作热情，激发积极性与创造性，致力于提高班组成员的全面素质与生产技能，脚踏实地做好基层管理的每一个步骤，最终达到企业整体效益不断改善与进步的目的。班组是酝酿职工文化以及企业战略实施的中心部落，也是提高管理水平、建设和谐企业的起点。一般情况下，企业班组是以车间为领导，然后分为生产工艺、管理、服务和流程制造四部分基本作业单元，由相同的工种又或者是配套合作、性质差不多的不同工种的员工构成，而且存在相当数量的原材料或设备等生产资料。班组是职工学习、生活以及工作所处最频繁的地方，同时也是员工之间重要的交谈平台。

在对国网公司的调研中，认为班组与团队情况会影响职工文化的形成、建设与发展的比例占到了 55.61%。可见班组与团队是职工在公司中接触时间最长的组织，班组与团队情况必定会潜移默化地影响职工工作与生活的各个方面。职工文化的群众性与草根性意味着职工文化可以来源于团队文化，受团队氛围的影响。比如，劳模人物也来源于一个团队当中，他的精神与行为首先影响的是他身边的人和他带领的团队。有了良好的班组与团队，职工文化才有根植与发芽的土壤，因此，搞好班组与团队建设是基层组织建设职工文化的首要环节。公司可以以班组特点为依据，进行总结然后归纳出别具一格的工作方法以及积极的班组精神、达成共同理想，推动班组的每项工作的顺利开展，激励员工成长。另一方面，要养成企业和合文化。即一个和睦团结、心往一处使的班组，才能战无不胜、攻无不取，才能出色有效地做好每项工作，因此班组一定要注重企业和合文化的培养，一起打造和合的文化气氛，轻松工作，快乐生活。此外，基于如今网络普及程度，班组与团队可以充分利用这一机会，打造一个适合员工互动与交流的空间，例如开通班组博客、QQ群或者微博等交流平台，运用各种方式掌握班组成员的想法与态度，而同时班组成员也可以运用这些渠道展示个人风采，使之成为成员们心与心之间碰撞与融合的地方，这样一来，不仅减轻了成员们的压力，还能使他们以更加饱满的激情投身于工作之中。

1. 不同年龄段的职工

在选择班组与团队作为重要影响因素的职工中，不同年龄段的职工选择呈现出明显的差异性，如图 3-24 所示。25 岁及以下的职工占比最多，达 62.44%，26~35 岁的职工次之，占比 59.56%，整体来说 35 岁以下职工认为职工文化建设会受到班组与团队的影响因素较大，其原因是这个年龄段的职工正处于职业生涯的上升期，需要通过不断调换班组或者团队来寻找自身定位和价值，受到其影响就会更明显。反观 56 岁及以上的职工，临近退休年龄，其班组和团队相对稳定，变动不大，由此认为这种影响效果较低。

2. 不同工作岗位的职工

在选择班组与团队作为重要影响因素的职工中，不同岗位的职工选择呈现出明显的差异性，如图 3-25 所示。生产一线岗位职工占比 57.06%，可见班组团队对生产一线职工的影响较大。认为影响较低的是教培岗位职工，占比为 45.98%，这类岗位职工一般与团队和班组的接触较少，因此认为其对于职工文化建设的影响效果感知较低。

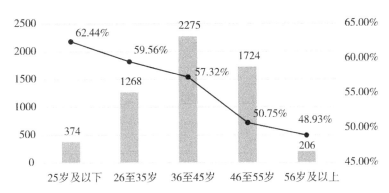

图 3-24　不同年龄段受班组与团队因素影响分布

注：图中数据百分比为选择此项和此项总人数的比例，如 25 岁及以下职工有 599 人，其中有 374 人选择班组与团队因素，占比 62.44%。

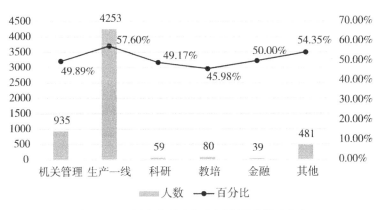

图 3-25　不同岗位受班组与团队因素影响分布

注：图中数据百分比为选择此项和此项总人数的比例，如机关管理职工有 1874 人，其中有 935 人选择班组与团队因素，占比 49.89%。

3. 不同学历的职工

在选择班组与团队作为重要影响因素的职工中，不同学历的职工表现出一定的差异性，如图 3-26 所示。我们发现拥有大专及以下、本科、硕士研究生学历的职工，认为班组与团队因素对职工文化建设的影响较为明显，占比均超过50%，同时表现出一定的一致性，均在56%左右徘徊。而比较明显的是拥有博士研究生学历的职工，对于班组和团队对职工文化建设的影响较低，占比仅有38.78%，相对于其他学历职工，表现出较强的差异性。其原因可能是这部分职工本身人数较少，组建班组或团队较为困难，此外这部分人群属于高知识水平的人群，往往拥有独立解决问题的能力，更加擅长独立思考，独立行动，受到班组和团队的影响较低。因此在考虑班组和团队是职工文化建设的影响因素的认可度方面感知度较低。

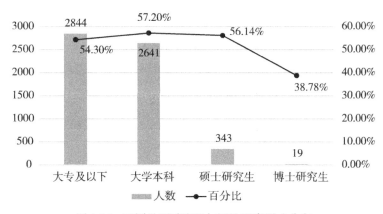

图 3-26　不同学历受班组与团队因素影响分布

注：图中数据百分比为选择此项和此项总人数的比例，如大专及以下职工有 5238 人，其中有 2844 人选择班组与团队因素，占比 54.30%。

(四) 组织外部因素

1. 国家的政治导向

国家政治导向为职工文化建设定了基调和方向，将对企业的职工文化产生重要影响。2018 年 10 月 29 日上午，习近平主席在中南海同中华全国总工会新一届领导班子成员集体谈话并发表重要讲话。习近平主席强调要坚持以社会主义核心价值观引领职工，深化"中国梦·劳动美"主题教育，加强和改进职工思想政治工作，多做组织群众、宣传群众、教育群众、引导群众的工作，多做统一思想、凝聚人心、化解矛盾、增进感情、激发动力的工作，更好地强信心、聚民心、暖人心，使广大职工在理想信念、价值理念、道德观念上紧紧团结在一起，打造健康文明、昂扬向上、全员参与的职工文化。2020年10月29日，中国共产党第十九届中央委员会第五次全体会议通过的《中共中央关于制定国民经济和社会发展第十四个五年规划和二〇三五年远景目标的建议》（以下简称《建议》），由15个部分组成，分为三大板块。其中，在第二板块分论的12个部分中，"文化建设"部分强调，坚持马克思主义在意识形态领域的指导地位，坚定文化自信，坚持以社会主义核心价值观引领文化建设，加强社会主义精神文明建设，围绕举旗帜、聚民心、育新人、兴文化、展形象的使命任务，促进满足人民文化需求和增强人民精神力量相统一，推进社会主义文化强国建设。新时代职工文化建设工作应该按照《建议》的要求，举旗帜、聚民心、育新人、兴文化、展形象，推动广大职工群众形成适应新时代要求的思想观念、精神面貌、文明风尚、行为规范；在广大职工群众中，深入开展习近平新时代中国特色社会主义思想主题教育，推动职工理想信念教育常态化制度化，加强党史、新中国史、改革开放史、社会主义发展史教育，加强爱国主义、集体主义、社会主义教育，弘扬党和工人阶级在各个历史时期奋斗中形成的伟大精神，推进以职业道德建设为重点的公民道德建设，拓展新时代职工文明实践中心建设；广泛开展职工志愿服务关爱行动，推进职工诚信建设，深入实施以职业道德建设为重点的公民道德建设工程，深化职工群众性精神文明创建活动，展示新时代职工群众文明形象。新时代职工文化建设强调素质工程，强化广大职工主人翁意识，引导广大职工积极参加"当好主人翁、建功新时代"主题劳动和技能竞赛，坚持和完善以职工代表大会为基本形式的职工民主管理制度。这就要求，新时代职工思想政治工作要切实解决广大职工关心关注的实际问题特别是思想问题，完善并落实党和国家关于职工教育培训、收入待遇、表彰奖励等方面的政策，不断拓展广大职工成长成才通道，改善广大职工的劳动环境和条件，着力提高职工素质，让广大职工实现体面劳动、全面发展。新时代职工文化同样强调劳模精神、劳动精神、工匠精神，充分发掘职工文化在新时代职工思想政治工作中的战略价值和政治意义。这就要求职工与工会工作人员对国家、政府相关文件、党中央领导人关于职工文化建设的相关讲话精神有足够的了解与学习深度，这影响着企业对时代趋势与时代精神的把握程度，从而影响着企业职工文化建设的高度。

2. 新媒体的发展

如今全球已进入互联网时代,"互联网+"作为互联网思维的进一步实践成果,为职工文化创新发展提供了全新的思维模式。"互联网+"是依托互联网与信息平台,将互联网与传统行业进行融合,利用互联网的优势特点,创造新的发展机会。它是互联网发展的新业态,是互联网思维的进一步实践成果。职工文化是一种以职工为本的素质文化,是工会工作的重要内容之一。互联网对推动职工文化的发展具有重要的意义。首先,满足了职工需求,使文化传播具有互动性。在传统职工文化服务模式下,职工是文化服务的被动接受者,因技术、资金等因素的限制,职工文化服务很难满足个性化需求。但在"互联网+"背景下的服务模式中,互联网为职工和文化的提供者搭建了一个快捷而实用的互动平台,使得职工文化服务个性化成为可能,同时可以实现职工文化交流互动,增进新时代职工文化发展与丰富,增强职工文化的吸引力和感染力。其次,拓宽了职工文化建设途径,使文化服务具有无边界性。"互联网+"是互联网思维的进一步实践成果,是互联网技术的进一步发展。"互联网+职工文化"是职工文化建设对互联网技术的成功运用,打破了传统职工文化服务的时空和地域限制,使得职工文化资源共建共享,进一步完善了职工文化服务体系,提升了职工文化服务水平,确保职工得到更方便、更丰富的文化服务,不断满足职工群众的精神文化需求。最后,丰富了"智慧工会"实践内容,使工会发展具有时代性。"智慧工会"是工会组织积极探索社会治理创新模式,为更好地服务职工而打造的新型公共服务平台。职工文化是工会工作的重要组成部分,也是工会履行维护和教育功能的重要抓手。利用互联网技术优势,推动职工文化服务模式创新,使得工会工作体系能够逐步适应当下的新发展,从而推动智慧工会向前发展,促进新时期新形势下工会服务转型。在访谈中我们得知新媒体的应用广度与深度对企业职工文化内容的新颖性、创新性产生影响,同时,与职工文化传播的广度有密切联系。国家电网定位互联网企业,这就要求企业职工拥有互联网思维工作,企业运用互联网思维发展经营。在职工文化建设过程中,党和国家的先进思想需要工会及时传达给企业职工群众,以便及时学习。职工群众的需求或建议也可以通过互联网技术便捷传达给工会及相关负责部门，以便及时沟通，利于职工文化建设工作改进。同时，新兴的抖音、微播等媒体平台借助互联网技术让职工群众可以随时随地上传自己的文化生活，宣扬正能量，新媒体技术的发展拓宽了职工文化的宣传路径，使受众面更加广泛，进一步对职工文化建设产生了深远的影响。

第四章 国有企业职工文化建设的案例分析

国家电网公司历来重视职工文化建设，2016年在系统总结历年职工文化建设成就的基础上，出台了《国网公司关于深入推进职工文化建设的指导意见》，2020年又出台了《国网公司关于加强"十四五"职工文化建设的指导意见》，聚焦企业发展和职工成长成才交汇点，把职工文化建设与企业发展、职工成长成才有机融合，可以认为，国网公司职工文化建设一直走在时代的前列。国网湖北省电力有限公司认真贯彻落实国网职工文化建设工作总体部署，紧跟新时代的发展要求，不断汲取地域文化、行业文化特点，积极开展职工文化建设，不断总结经验，探索建设模式，形成了系统、完整的职工文化建设体系。本章系统梳理与分析国网湖北省电力有限公司职工文化建设案例，将为企业职工文化建设提供更有价值的参考。

一、国网湖北省电力有限公司职工文化建设体系

(一)国网湖北省电力有限公司概况

1.公司发展历程

国网湖北省电力有限公司(以下简称"国网湖北电力")历史悠久，追溯历史，湖北电业始于官办的工矿企业。1893年，湖广总督张之洞在武昌开办的湖北织布局亮起第一盏电灯，标志着湖北开始用电。1906年，"汉镇既济水电股份有限公司"成立，标志着湖北开始拥有公用电力事业。1993年湖北省电力公司正式注册成立，2002年在国家电力体制改革的背景下成为国家电网有限公司的全资子

公司。截至 2021 年，公司拥有 35 家直属单位，直供直管县级供电企业 84 个。

2. 公司业务简介

国网湖北电力地处全国电网腹地，以电网建设、管理和运营为核心业务，对省内电力市场实行输配售一体化经营，负责建设、管理、经营省内电网，为全省 3000 多万电力客户、6000 万人口提供电力服务，为地方经济发展和人民生活提供电力保障，是省内电力市场的骨干企业和主导力量，是省域经济赖以发展的重要企业。同时，湖北电网还全面承接特高压输送电能，是三峡外送的起点、西电东送的通道、南北互供的枢纽、全国联网的中心。随着湖北社会经济快速发展，特别是努力建设全国构建新发展格局先行区，加快"建成支点、走在前列、谱写新篇"新的目标定位的提出，为湖北社会经济发展赋予了新的内涵，国网湖北公司积极响应国网公司和湖北省委、省政府的号召，坚持"干在实处、走在前列"主题主线主基调，实干苦干，成绩斐然，公司负责人业绩考核排名在国网公司系统迅速攀升，成功迈入"华中区域领先，国网第一方阵"，2021 年升至第 10 位，首次进入 A 段，2022 年升至第 7 位，2023 年攀升至第四位，进入 A+段。

3. 公司工会简介

职工文化建设与管理是工会工作的重要内容，也是工会助力企业实现"一体四翼"发展布局的重要抓手。国网湖北省电力有限公司工会设有工会办公室、组织民管部(宣教文体部)、生产生活部 3 个部门，目前有专职工会干部 11 名，省公司工会共有 35 家基层工会，共有专(兼)职工会干部 252 人，工会会员 72000 余人。

(二)国网湖北省电力有限公司职工文化体系构成

职工文化是中国工人伟大品格和劳模精神、劳动精神、工匠精神的集中体现，是职工价值理念、职工行为规范、职工精神风貌的融合。国网湖北电力高度重视职工文化建设，形成了由职工文化价值体系、行为体系、保障体系和传播体系四个维度构成的职工文化建设体系。

1. 职工文化价值体系

职工价值理念是职工文化的核心，是职工群众的人生目标、价值信念、精神追求、理想人格、审美情趣等价值观念的总和。

任何一种文化现象都不可能凭空产生。职工文化的核心价值除受到所属企业所在地的地域文化、行业特点和企业文化的影响外，还必然与社会经济发展整体水平和企业所在行业系统所处位置息息相关。随着中国进入新发展阶段，人民群众对美好生活的需求逐渐由"硬物质需求"向参与感、公平感、获得感、幸福感等更具主观色彩的"软需求"转变，由注重"生存"向更加注重"发展"转变，"快乐工作，健康生活"已经成为企业职工的基本需求。对大型国有企业而言，满足职工对美好生活的需求特别是美好精神文化生活需求，是践行企业使命和履行社会责任的基本要求，也是全心全意依靠职工办企业的具体体现。就国网湖北公司而言，受湖北人"不服周"的地域文化感染，特别是公司负责人业绩考核排名的攀升，在公司"华中区域领先，国网第一方阵"目标和坚持"干在实处、走在前列"主题主线主基调的驱使下，实干争先成为了绝大多数职工的基本价值追求。

国网湖北公司职工文化，围绕社会主义核心价值体系，遵循"人民电业为人民"这一根本宗旨，以"快乐工作，健康生活，实干争先"为核心价值理念，以爱党、爱国、爱企、爱岗为主轴，以劳模精神、劳动精神、劳动精神为内核，以人人皆是人才，人人皆可成才为导向，以重导向、育新人、抓载体、强阵地、建机制、创品牌为工作主线，以不断增强职工政治素质、道德素质、文化素质和身心素质，提升职工思想政治引领力、职工文艺作品创造力、职工文化生活吸引力、职工文化服务保障力、职工文化传播影响力为目标，着力打造和谐温馨的职工文化乐园和精神家园，实现职工工作与生活的平衡，在职工实现自身价值中促进企业发展，在企业发展中成就职工个人。

2. 职工文化行为体系

职工行为习惯与精神风貌是职工文化的重要表现，反映了职工的行为风格、精神气质、人文修养、心理状态、生活志趣等，凸显了职工的主人翁地位和群体整体素质，它同时也决定了企业整体的精神风貌和企业文明的程度。职工群体行为的塑造是职工文化建设的重要组成部分，归结起来，国网湖北公司职工行为体系主要体现在三个方面。

(1)建舞台，展风采，在潜移默化中引导职工文化建设方向。任何文化建设，其内核都是价值观的输出和重塑。国网湖北公司紧紧围绕"强三性去四化"(政治性、先进性、群众性，机关化、行政化、贵族化、娱乐化)，把弘扬主旋律，传播正能量贯穿于职工文化建设的始终。

从2016年开始，每年在职代会期间，开展公司职工文化成果展演，一方面，按照思想性、行业性和艺术性标准，遴选一部分职工自创自编自演的有较高艺术价值的文艺作品；另一方面，由工会牵头，聘请外部专家和职工文艺骨干一道，围绕当年重大事件、重要工作或者重点宣传的劳模先进典型，打造适合传播宣传的文艺精品，不断提升职工文化展演的品质和质量，职工文化展演的内容越来越精彩。

从2021年开始，每年在公司工作会和职代会期间，发布公司年度"十大最美劳模、十大最美鄂电人、十大感动故事、十大新闻""四个十"的发布会。"十大最美劳模"从已经产生的劳模中遴选，不仅使公司劳模从以前的重培育选树到后期培育提升和管理实现了闭环，更重要的是，让劳模时时刻刻都成为公司最闪耀的明星。"十大最美鄂电人"从季度最美鄂电人中遴选。2023年，为适应公司高质量创新发展的需要，又增加了公司"十大创新人才"的发布。发布会从"四个十"发布会变成"五个十"发布会。

从2016年开始，公司确定每年的四月至六月为公司劳模宣传月，期间同步举办"中国梦·劳动美"演讲比赛。演讲主题聚焦将党的政策方针、国网战略如何在公司、在岗位落地，比赛产生的优秀选手代表公司参加湖北省总工会举办的"中国梦·劳动美"演讲比赛。公司7年蝉联湖北省总工会举办的"中国梦劳动美"演讲比赛冠军，5次代表湖北参加全总举办的"中国梦·劳动美"演讲比赛。

除这些固定的舞台外，在重大节日、重要历史节点和重大事件期间，如建党95周年、建党100周年、新中国成立70周年以及首轮新冠疫情后的复工复产等，均以不同的方式举办活动。如，为庆祝建党95周年，公司举办歌咏比赛，公司领导班子集体，所有二级单位负责人均积极参与，有1200余名干部职工登台演出，参与活动的职工超过2000人次。在2020年首轮新冠疫情时，公司工会组织线上送文化到基层，为长期隔离在边远变电站的留守职工，通过线上方式送去关怀和温暖，期间，著名歌唱家周澎、李思宇、乌兰图雅都参与到公司的线上送文化中来。在其后的复工复产期间，为了进一步提振士气，在 7 月 1 日又举办线上公司职工歌手原创歌曲大赛。一个内部比赛，在没有对外广告的情况下，超过 7 万人次在线观看，新华社以《充满生机的大地，新时代歌声在唱响》予以报道，日点击量超过 50 万人次。此外，每年的送文化到基层、到工地，都受到职工群众的热烈欢迎，可以说，在国网湖北公司，哪里有需求，哪里就有职工的舞台。

（2）搭平台，拓展载体，让不同兴趣爱好的职工都能找到自己的精神家园。随着职工生活品质的提高，职工个性化需求越来越高，小众需求越来越多，为了更好地服务职工，公司工会不断拓展载体，先后建成各级职工书屋 321 个、文体俱乐部 13 家、职工技术俱乐部 4 家、职工诉求服务中心 147 家、职工文化工作室 45 个、"国网印吧" 6 家。在此基础上，公司每年在全委会期间，举办职工文化沙龙，发布上一年度公司系统职工在文化、体育、艺术等方面的优秀作品，农电工李萍、王波等最基层的职工，都多次在沙龙发布作品，成为公司闪耀的文艺明星。各俱乐部、工作室等也不定期举办各类读书活动、职工文化展览。

（3）摆擂台，畅通成长渠道，让基层职工有脱颖而出的机会。借中央产业工人队伍改革东风，公司党委出台了一系列政策，让想干事的有舞台，能干事的有平台，干成事的有讲台。公司面向干部，打造"四有三为"干部人才队伍，大力提拔使用有想法、有行动、有创造、有业绩，敢为、善为、能为的干部人才；面向技能人才，打造体系完备、科学规范的一直七级职员和工匠通道；面向创新人才，构建"两类三级"（科学技术类、经营管理类，杰出、高级、优秀）评价体系。一系列政策，引导职工自我管理、自我提高和自我发展，从而塑造出一流的职工素质和先进的行为习惯。公司长期坚持并有一定品牌效应的擂台有公司职工技能运动会、十佳班组长评选及班组长讲坛等。

职工技能运动会。自 2009 年公司举办首届技能运动会以来，通过不断总结、提炼，技能运动会运作机制和承办体系不断趋于完善，从 2021 年开始，将一年一度的技能运动会，改成两年一度，第一年发布竞赛项目和练兵，第二年随机抽取竞赛项目和竞赛人员，随机确定竞赛时间，至此，公司技能运动会已经连续举办十三届并做到了四个结合。一是将精英展示与全员参与相结合。持续更新"选手库""试题库""裁判库"，随机抽选项目、裁判、选手，将拔尖赛、随机赛、通关赛、全员赛有机结合。二是将竞技比武与技术交流相结合。把外部专家请进来，参与竞赛执裁，进行现场点评，加强对外交流。把内部专家用起来，评选"金牌教练"，跨单位"师带徒"，促进整体提升。把交流平台搭起来，分专业组建职工技术俱乐部，拍摄教学视频，优化标准规则、开展技术交流。三是将未来发展与当下需求相结合。立足"发展需要什么就比什么，职工缺什么就练什么"，围绕新型电力系统建设目标和基层实际需要，持续更新竞赛项目库、试题库。四是将结果运用与成长成才相结合。对外，将公司技能运动会与政府系统技能竞赛有效融合、精准对接。对内，专项技能比武前三名直接破格聘用为企业六、七级职工工匠。通过多年打磨，职工技能运动会已经成为国网公司和能化工会系统中一张靓丽的名片，公司系统已形成了人人练、岗岗比、层层赛的氛围，公司现有的职工工匠，80%以上从技能运动会起步，技能运动会也从一项专业赛事转化成公司的一种职工文化现象。

十佳班组长评选及班组长讲坛。班组是企业的基石，是公司战略落地的最终执行者，也是职工文化建设的主要参与者，而作为兵头将尾的班组长无疑就是职工文化建设的骨干力量。公司自2011年起，每年开展十佳班组长评选及班组长讲坛活动，通过多年的实践、总结和提炼，自2021年起，将班组长讲坛的主题固化为"亮业绩、亮经验、亮文化"。其中，业绩由班组指标完成情况和公司战略落地在班组的执行情况两部分构成；亮经验主要是总结提炼班组管理经验，其内容主要考察各种不同类型的班组，结合班组具体情况，通过实践检验形成的可复制、可推广的管理经验，这些经验通过进一步总结，形成公司班组管理典型经验库；亮文化主要考察的是班组团队过程中所形成了可以支撑班组长远发展的软实力建设。十佳班组长评选分成三个步骤，第一步由基层考核选拔后，推荐四星级以上并在年度考核中各项指标领先的班组进入预赛；第二步，工会牵头，组织专业部门审定核实各进入预赛班组的业绩，通过综合部门打分、专业部门对本专业的班组业绩进行考核排序后形成班组业绩得分，与现场展示得分进行加权排序后，前20名班组长进入决赛，参加决赛环节的展示；第三步决赛，通过现场展示并进行同步直播，班组长最终得分由前期考核和现场演讲两部分构成，业绩考核占比70%，现场展示占比30%，得分前10的当选公司年度十佳班组长，班组长所在班组同步授予工人先锋号称号。十佳班组长荣誉在公司职代会期间颁发，通过十三年的积累，公司"十佳班组长"称号已成为公司最重要的荣誉，特别是公司党委行文，将班组长确定为管理人员的基本来源、领导干部的主要来源以后，这项活动的含金量进一步提升，竞争的激烈程度甚至超过技能比武，十佳班组长评选及班组长论坛活动也成为公司职工文化品牌之一。

3. 职工文化保障体系

职工文化建设是党的群众路线在管理实践中的具体应用，其根本价值就在于发挥职工的主人翁地位和主力军作用，新时代职工文化建设是一项长期性、综合性的系统工程，既需要党政负责人的重视与支持，更需要工会组织的推动，更需要班组及广大职工群众的参与，没有完备的保障体系，职工文化建设就是一句空话。就保障体系而言，国网湖北公司已经从组织保障、制度保障和物质保障等方面形成了体系化的支撑。

组织保障。组织保障是体系化建设的基础，是职工文化建设主要动力源泉，一方面，没有组织推动，仅靠职工自发组织，很难形成强有力的职工文化，另一方面，没有组织的拓展与延伸，仅靠工会干部去组织，也难以形成蓬勃的职工文化。相对而言，国有企业特别是国有大型企业的工会组织是比较健全的，但随着形势的发展和新经济形态的不断增加，各种新就业形态和新身份的职工，很难涵盖在我国《工会法》中，按《工会法》规定的千分之二的工会人员，无论怎么努力，也很难较好实现工会的各项职能。如何在新形势下，更好地发挥工会的组织优势，动员和组织广大职工，国网湖北电力在充分调研的基础上，于2018年出台了《关于进一步加强工会组织建设的指导意见》，并按照依法建会、党建引领、源头入会、活动覆盖的原则，规范了公司系统的组织建设，并于当年实现了"三个全覆盖"，即：实现省、市、县、班组、集体企业工会组织全覆盖；公司系统职工会员入会全覆盖；工会职责履行全覆盖，2019年又将公司系统23000余名农电工的组织关系纳入同质化管理，至此，公司系统的正式职工、直签职工和农电工均成为公司工会的正式会员。

依法建会，即公司二级单位以及二级单位的分、子公司会员人数25人以上的建立工会委员会，不足25人的原则上建立分工会或工会小组；实行报账制或部门化管理的单位一般建立分工会或工会小组；机关部门、科室和一线班组一般成立工会小组。源头入会即会员入会，坚持以劳动关系为纽带，以劳动合同主体为对象，会员劳动关系在哪里，就在哪里入会，会籍就在哪里。党建引领即各级党组织要切实加强对工会组织的领导，工会组织的上下级隶属关系原则上与党组织的上下级隶属关系保持一致。活动覆盖主要是对会籍不在本单位，但以其他用工方式在本单位工作的员工，要尽可能地吸纳他们参加本单位工会组织的活动，活动产生的费用，可与员工会籍所在单位工会协商，或由本单位行政予以支持解决并纳入工会经费统一管理。二是成立中国电力作家协会湖北分会，组建公司各类职工俱乐部、工作室，并出台管理办法，将文体俱乐部和工作室纳入工会管理体系，并从资金安排、日常运作、评价考核等方面提高制度化、规范化水平，从而实现组织延伸，使工会在职工文化建设上从活动组织型向活动管理型转变。

物质保障。从2017年开始，公司累计安排1.53亿元用于班组开展"小公寓、小食堂、小浴室、小书屋、小活动室"建设，至2021年实现有固定办公场所班组的"五小建设"全覆盖，并因地制宜向小菜园和无固定办公场所班组的户外驿站延伸；通过省公司工会拨一点、二级工会自筹一点、行政支持一点的方式，筹集资金，建设和改造职工服务中心102个，建成职工健康小屋40个、暖心驿站355个、心灵加油站119个，与湖北省总工会共建爱心驿站97个，这些场所的建成，不仅提升了职工的生活品质，也为职工文化建设提供了坚强的物质保障。

制度保障。组织建设、职工俱乐部、职工文化工作室和职工活动场所的建设维护等，以及人才成长等，通过党委文件、行政文件、工会文件等固化下来，并随着形势的变化进行修订，为公司职工文化建设提供了系统的制度保障。

完善的保障体系是国网湖北电力进行职工文化建设得以实施、发展、创新和形成特色的基础，是公司职工文化理念转化为职工具体行为和精神风貌的重要保证，公司对职工文化保障体系的建设的重视，为打造公司职工文化建设长效机制，推动公司职工文化建设持续稳定发展奠定了坚实的基础。

4. 职工文化传播体系

文化只有在传播中才能实现功能和产生更多的价值，职工文化传播就是要把优秀职工文化的精神标识提炼和展示出来，提升职工文化的传播效能，促进职工文化理念落地。当今职工文化的传播媒介逐渐从报纸、书籍等传播媒介过渡到线上线下交叉传播，形成"互联网+职工文化"模式。因此，职工文化传播一方面要充分利用数字化应用技术手段，突破传统的物化媒介性质，提升职工文化的吸引力；另一方面，要实现多媒体的交叉融合与整合互动，促进职工文化在职工群众中的全方位渗透。国网湖北电力坚持正确的政治方向、舆论导向和价值取向，坚持团结稳定鼓劲、正面宣传为主，精心组织主题宣传、形势宣传、成就宣传和典型宣传，强信心、聚民心、暖人心、筑同心。加强与中央和省市等主要新闻媒体（网站）沟通协调，充分发挥公司工会官方网站、"国网湖北电力工会"微信公众号和各级工会媒体作用，在视听传播、培训传播、会议传播、活动传播、媒体传播、标杆传播、案例传播和品牌推广等方面搭建不同形式的传播载体，形成工会上下、系统内外、网上网下同频共振、共同发力的全体宣传和传播矩阵，推广互动式、服务式、场景式传播，做到以文载道、以文传声、以文化人，扩大了职工的文化认知，提高了职工的向心力、凝聚力和荣誉感。

二、国网湖北省电力有限公司职工文化建设的具体做法

（一）党工共建，提高职工政治素养，引领职工听党话、跟党走

坚持党的领导、加强党的建设，是国有企业的光荣传统和独特优势，是国有企业的"根"和"魂"。国网湖北公司牢牢把握习近平总书记在全国国企党建工作会议上提出的"六个力量"的基本定位，紧紧围绕"央企姓党"的根本属性，认真贯彻"党领导一切"的基本理念，大力发扬"党建带工建，工建服务党建"的优良传统，在党工共建中，提高职工政治素养，引领职工听党话、跟党走。

1. 强化组织建设，增强核心凝聚，在运行机制上同频共振

公司党委充分发挥党的政治优势、组织优势和资源优势，不断完善工会组织建设，持续发挥工会组织作用。公司工会充分把握群众性特点，在扩大党的群众基础、巩固党的执政根基中找准职责定位，切实把职工更加广泛和紧密地团结在党的周围。一是巩固扩大组织覆盖。严格落实《中华人民共和国工会法》《中国工会章程》和《企业工会工作条例》相关要求，建立健全与党组织相配套的工会组织

架构，确保各级工会自觉接受同级党组织和上级工会的双重领导。将工会组织的调整与优化纳入企业改革改制总体实施方案，保证党和工会的组织建设同步谋划、同步推进，形成横向到边、纵向到底的党工组织网络。二是不断充实组织力量。公司党委高度重视工会干部的引领作用，坚持工会主席进党组织领导班子的基本举措，坚持把思想素质好、工作能力强并富有实干精神的干部用到工会岗位上来。以"请进来"和"送出去"等方式，着力加强工会干部教育培训和实践锻炼，每年至少组织 2 次各类工会干部培训。三是建立健全工作机制。构建"大党建"工作格局，坚持工会工作与党建工作同部署、同落实、同检查、同考核、同奖惩，以职工代表巡视的形式检查督导党工共建情况。公司党委坚持工会重大事项党委会审议制度，听取工会工作汇报，帮助解决实际问题，为工会工作的进一步开展提供坚实的保障和支撑。

2. 强化政治建设，增强思想引领，在政治导向上同心共荣

各级工会始终坚持把加强思想政治建设放在首位，把自觉接受党的领导同依法依章开展工作相结合，把对党负责与对职工负责相结合，把贯彻党的主张和反映职工群众愿望相结合，切实担当起引领广大职工坚定不移听党话、跟党走的政治责任。一是牢牢把握正确的政治方向。将学习习近平新时代中国特色社会主义思想和党代会精神纳入各级工会党组织"三会一课"、主题党日活动和党员个人自学计划；组织工会干部积极参加"红领宣讲团"活动，确保工会干部牢固树立"四个意识"，坚定不移地走新时代中国特色社会主义工会发展道路。二是加强职工思想政治引领。设立"新时代红领讲习所"，推进习近平新时代中国特色社会主义思想和党的十九大和二十大精神进基层、进班组、进现场，打通思想理论宣传宣讲的"最后一公里"。组织开展"迈进新时代，书写新篇章"主题作品创作和评选工作，用职工作品反映党的主张，体现党的意志。三是全面落实从严治党要求。扎实推进工会党风廉政建设，制定并落实《工会经费收支管理实施意见》，围绕经费管理、项目安排等关键领域，构建科学有效的管控与惩防体系。

3. 强化阵地建设，增强工作协同，在工作载体上同建共享

公司党委高度重视和支持工会依照我国《工会法》和《中国工会章程》独立开

展工作，同时积极探索党工建设的最佳结合点，有效整合和激发党工组织工作合力，达到一加一大于二的效果。一是共建岗位建功阵地。把创建党员先锋示范岗、先进基层党组织与争创工人先锋号、模范职工之家(小家)结合起来，做到资源共享、优势互补，形成党建和工建整体联动、合力推动的互动机制。在相关考核体系中明确规定，工会工作考核不合格的单位或班组，不得参与各级先进党组织的评选活动；党建工作落实不到位的单位和班组，不得参与工会组织的各种表彰。二是共建思想模范阵地。把评选优秀共产党员与劳动模范、工匠结合起来，统筹宣传资源，协力开展红领讲坛、文明讲坛、道德讲堂、劳模评选表彰等活动。联合培育"鄂电群英谱"，先后推出了"百姓电工"、全国劳模左光满；全国道德模范提名奖获得者、湖北省劳模胡洪炜。公司"光满·爱心红丝带"共产党员服务队被中华红丝带基金授予"感动红丝带—温暖奖"，他们在搞好供电服务的同时，十余年如一日默默帮扶困难群众的故事，得到社会各界的高度赞扬和肯定。三是共建文化育人阵地。集中人财物力资源，加强"职工服务中心""职工之家""职工文化工作室""党员活动室""党员书屋"等党员职工服务项目的统筹建设与管理。坚持开展职工喜闻乐见的征文、书法、摄影、体育等文化活动，发挥了党工工作互动、活动互融，文化育人的积极作用。

4. 强化队伍建设，增强发展驱动，在服务发展上同抓共促

各级工会聚焦公司党委中心任务和工作大局，按照"政治上保证、制度上落实、素质上提高、权益上维护"的总体要求，努力打造出了一支有理想守信念、懂技术能创新、敢担当讲奉献的职工队伍，为实现公司党委战略目标凝聚智慧与力量。一是服务人才强企和创新驱动发展战略。依据《新时期产业工人队伍建设改革方案》，制订公司职工队伍建设工作实施方案，持续增强职工思想政治素质、专业素质、文化素质、技能素质和创新素质。连续十年举办公司职工技能运动会，固化"全员赛、普遍赛、实战赛"的竞赛机制；按照"工会搭台、部门唱戏"原则，每年联合专业部门开展电网重点工程等10余项专业劳动竞赛，促进全员专业技能进一步提升，服务公司高质量发展。以职工(劳模)创新工作室为引领，推动全员创新、全面创新，已建成创新工作室辐射近70%班组员工。丰富"安全班组行"活动载体，扎实开展班组安全管理五项行动，着力加强"五小"建设(小

食堂、小浴室、小活动室、小卫生间、小书屋），努力把班组打造成为职工技能提升的"训练场"、创新创造的"孵化地"、成长成才的"大课堂"。二是服务依法民主科学决策。强化源头参与机制建设，不断完善以职工代表大会为基本形式的民主管理制度，从 6 大项 24 个方面扎实开展职代会质量评估，确保涉及企业改革发展和职工切身利益的重大事项经过职代会审议。创新董事长联络员制度，积极发挥董事长联络员"信息员、宣传员、参谋员"的作用。逐级开展"我为企业献一策"合理化建议征集工作，每年征集职工意见建议 3000 余条，为促进各级党委民主决策和管理提升起到了重要作用。三是服务和谐企业建设。公司党委积极支持工会依法履行职工维权职能，保障职工民主政治权利和生产生活权益。党委主导推进维权机制建设，在推行职代会、厂务公开、平等协商和签订集体合同、职工诉求管理等制度建设中，积极为工会提供发挥作用的舞台。以满足职工新时代美好生活需要为目标，从人财物上支持"网实一体化"职工服务体系建设，打造"爱心基金"帮扶品牌。依托工会实施"冬送温暖、夏送清凉、平时送帮扶"活动，帮助职工解决最关心、最直接、最现实的困难和问题，使广大职工时刻感受到党组织的关怀和温暖。

党工共建的显著成效，为职工文化建设提供了坚定的政治保障。

(二) 以企业战略为引领，把职工文化建设融于企业中心工作之中

国网湖北电力始终坚持以"建设中国特色世界领先的能源互联网企业"新时代发展战略目标引领建设职工文化，始终坚持以"人民电业为人民"的服务宗旨以及"以客户为中心，专业专注，持续改善"的核心价值观理念为指导开展职工文化建设的具体工作。在总体战略目标的指引下，职工文化建设工作紧密结合企业生产实践，为实现战略目标提供坚强的文化保障。

1. 公司强化战略目标引领，实现职工职业素质提升

战略落地"学讲干"。按照深刻领会学进去、联系实际讲出来、展望未来干精彩的要求，深刻把握能源革命与数字革命融合并进的发展趋势，领会落实中央构建以新能源为主体，实现碳达峰、碳中和的新型电力系统的新思路，聚焦"十四五"能源互联网建设的重点项目和任务，以媒体宣传、网络宣讲、职工文体活

动等形式广泛宣传战略体系内容，引导职工在推动公司战略落地实施中发扬主人翁精神、发挥主力军作用。创新驱动"产学研"。围绕大云物移智链等新技术新业态，建成劳模、工匠创新工作室 146 个，2 个创新工作室获得国家级技能大师工作室称号、1 个获得国家级示范点命名。推动职工技术创新成果转化应用，着力打通创新成果转化应用的壁垒和堵点，分专业汇编 790 项创新成果，近 5 年来获得省部级及以上科技奖项 53 项，制定国家、行业标准 93 项，IEEE 等国际标准 7 项。建功立业主力军。聚焦电网企业主责主业，按照国家构建新型电力系统要求，加快能源互联网建设，"十三五"时期累计完成电网投资 995 亿元，助力打赢精准脱贫攻坚战和污染防治攻坚战，定点帮扶的 182 个扶贫点全部脱贫，省内新能源实现全额消纳。

2. 活动驱动全员投入，助力"一体四翼"高质量发展

同时，紧扣"一体四翼"发展布局，国网湖北电力将主题教育融入创新工作中，开展了十大专项行动；为培养创新精神，增强组织生机活力，开展"不忘初心、牢记使命"党日主题活动，建立 QC 小组；针对生产实践，开展安全文化建设，扎实推进全员"安全日"活动、班组安全生产日活动，襄阳供电开展"青安先锋"优秀青年结对供电所专项工作，不断强化生产一线职工的安全意识和安全事故预防和保护能力，进而提升基层班组安全管理工作水平，减少安全事故的发生；针对客户服务，举办"情暖返乡人"公益活动，帮助外出打工返乡工人检查电路和安全隐患问题，坚持以客户为导向，以"始于客户需求，终于客户满意"为出发点，提升精准服务水平。

(三)打造线上线下阵地，不断推进"网实一体化"

国网湖北电力坚持以人为本建设理念，关注职工各方面发展需求，为丰富职工精神"后花园"，结合线上和线下阵地，打造"网实一体化"活动阵地。

1. 线下阵地建设

职工服务中心是线下活动的主要阵地，设备齐全，活动丰富，管理规范的职工服务中心是增强职工与企业之间情感浓度的有效调和剂。公司通过开展丰富多

彩的文体活动，如连续 35 年举办职工桥牌赛、连续 15 年举办"安康杯"职工羽毛球赛；贴心周到的职工帮扶，如假期职工子女托管服务；功能齐全的娱乐设施，如篮球场、瑜伽室、乒乓球、羽毛球、拳击、心理辅导室等，丰富了职工业余生活，培养职工的兴趣爱好。此外，依托职工服务中心，公司已建成包括书法、摄影、文学、篆刻、美工等多种类型的文化工作室，全方位激发职工的文学和文艺创作。例如，成立"江豆工作室""静子文学工作室""美苑工作室""袁忠宜音乐工作室""书法工作室"等。

目前，国网湖北电力工会依托职工文体中心，建成各级职工书屋 321 个、文体俱乐部 13 家、职工文化工作室 45 个、"国网印吧"6 家，现有省级以上美术、书法、摄影家协会会员 200 多名，各级作家协会会员 100 多名。

图 4-1　鄂州市电力公司职工书屋

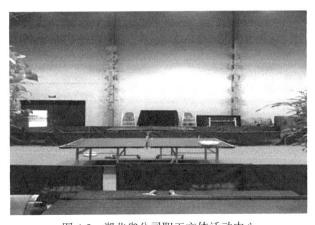

图 4-2　湖北省公司职工文体活动中心

同时，采用"公司定规章，职工定内容，骨干来管理"的模式不断深化文体俱乐部组织在职工文化建设工作中的重要作用。例如，各单位根据省公司指导意见制定并印发《职工文体俱乐部管理办法》《职工文化工作室管理办法》等人员管理、活动组织、经费管理的章程与制度；根据职工需求的变化，不断更新文体俱乐部的组成；日常的管理与组织是由俱乐部成员自行安排，职工兴趣团体的活动实现自主管理。

2. 线上阵地建设

公司致力于建设线上"职工之家"，打通服务职工的最后一公里路。结合国网湖北电力的区域发展特点，设立"鄂电家""鄂电安全你我他""湖北电力"等App和微信公众号，并依托App和微信组织开展文体活动，开发应用预定场地、自发组队等功能。例如，黄石公司"e家"手机App对广大职工的全覆盖；送变电公司利用网络新媒体平台，组织《有声阅读》作品录制；黄龙滩电厂将经典诗歌散文与现代新媒体传播平台相结合，通过多渠道、多平台、多形式进行推送；荆州公司依托职工服务中心的平台功能，实施文体技能大培训等。职工文化的线上阵地打破了活动组织的时间、地域限制，有效增强活动的吸引力和参与度。

表4-1 职工文化阵地建设状况

项目类别	具体项目		大体建设情况
新媒体平台	App	"书香国网"； "S365健身平台"	线上阵地主要面向国网内部全体职工，内容更新周期长
	公众号	"国网家园"微信公众号	
	微博		
线下阵地	楼宇视频	—	播放职工创作的影视作品、企业文化、职工文化标语等与企业、职工相关的内容，不定期更新
	工作室	劳模工作室；创新工作室	大多以先进典型名字命名，以创新为导向解决职工工作难题
		国网印吧；文化工作室	地市公司根据职工需求建设
	活动组织及场馆	兴趣爱好小组；艺术协会；职工体育场馆；职工之家（职工书屋、职工休息室、心理减压室）	职工书屋、职工休息室逐渐普及；大型职工之家建在省市级单位中

（四）把职工文化骨干队伍建设纳入工会日常工作

职工文化虽然是"全员参与"的文化，但在建设过程中，仍需要一支专业的队伍去带领和推动。如图4-3所示，职工文化建设队伍由内部职工和外部人才构成，其中，内部职工是职工文化建设的中坚力量。国网湖北电力对职工文化建设内部队伍的培养主要体现在以下两个方面：

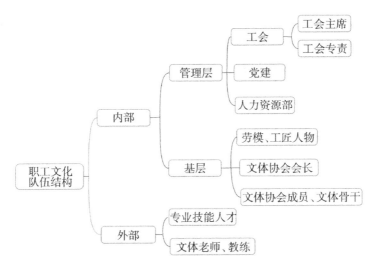

图4-3　职工文化建设队伍结构与构成

一是职工文化建设文艺骨干人才的培养和塑造。省公司定期对湖北省各电力公司的文艺骨干进行技能培训进而提升文艺骨干的文艺能力和艺术素养。经调研发现目前公司职工文艺队伍规模较大，有高层次、专业化人才作为骨干发挥带头作用，表明队伍规划和发展正在有序进行。文艺队伍的人员数量可能已经达到公司的要求，但队伍质量仍有待提高。根据访谈，现有的文艺队伍和骨干通过自我参与和学习进行艺术和能力提升，根据兴趣爱好参与各类文体活动。

二是内部文艺创作人才的激励。公司对俱乐部、工作室活动开展、日常管理、对外交流以及制度建设等方面进行常规考评；对基层工会开展文艺创作的次数、人数、效果予以评估；对于在各项活动中涌现出来的优秀作品，给予表彰奖励；对于优秀重点创作成果，给予重点扶持，加大资金支持力度。通过激励手段，努力创作出一批思想精深、艺术精湛、制作精良的文艺精品。同时，充分发挥俱乐部、工作室文体骨干示范引领作用，每年开展不同层级的"师带徒"和文化培训活动；每年策划重点文艺创作，由文艺骨干牵头带动广大职工深入一线开展文艺创作。

(五) 开展多样文化活动，满足职工多元需求

重视自我价值实现与自我个性展示是新时代职工尤其是青年职工的突出特点。为培养新一代青年职工成长成才，更好地融入企业生产发展中，国网湖北电力积极搭建职工展示平台，从技能、文体等多方面为职工展示个人才能提供机会；围绕职工文化工作体系，从文化活动上打造精品特色，给职工足够的才艺展示空间，满足职工多元需求。如表 4-2 所示，公司职工文化活动主要有以下几类。

表 4-2　　　　　　　　　职工文化活动建设现状

项目类别	项目名称	项目内容	开展情况
职工文化活动	思想引领类活动	劳模表彰和事迹巡讲活动；职工大讲堂、班组微讲堂	有专门的劳模宣传月或宣传周进行集中报告、举办座谈活动
	年度"五个十"发布	十大最美劳模、最美鄂电人、十大创新人才、十大感动故事、十大新闻	公司工作会和职工代表大会期间发布
	艺术表演	职工文化成果展示活动；	成果展示以节目汇报的形式开展，集中在年底；
	十佳班长评选及班组长论坛	亮业绩、亮经验、亮文化	每年年底
	技能运动会	一般 10 至 15 项专业项目竞技活动	两年一轮，第一年发布练兵项目 20 项左右，第二年随机抽取竞赛项目
	职工文化沙龙	年度职工文化成果发布	一般在工会全委会期间举办
	文化学习	"书香国网"读书活动；女职工主题读书活动；职工摄影比赛	以读书、摄影活动为主

项目类别	项目名称	项目内容	开展情况
职工文化活动	体育活动	职工趣味活动、羽毛球、篮球/足球联赛	工作之余俱乐部自发组织公司周期性举行比赛
	技能提升	专业能力培训/心理辅导职工技术创新活动	有计划、有重点的组织
	重点文艺创作	针对重大事件、重要宣传对象等的文学、艺术创作活动	有计划、有重点的组织
	文艺展览	书法、绘画、篆刻等展览活动	一般在重要历史节点、重要事件期间举办
	健身娱乐	"S365"职工健步走活动	
	亲子、家庭活动	暑期托管服务	参与主体有职工家庭成员、社会志愿者

通过"职工大讲堂"和"班组微讲堂"打造职工主动学习、知识分享、经验交流、提升境界的素质提升综合平台。与传统的培训方式不同，职工大讲堂和班组微讲堂鼓励职工走上讲台，紧密结合实际，分享工作中的经验，探讨工作中的难题，职工人人都可能成为主讲人，能够有效促进职工发现问题、思考问题、总结经验，提高职工参与度。例如，荆州公司开展"青春心向党，建功新时代"为主题的"金种子"巡讲活动，鼓励职工将自身的青春奋斗实际传播辐射到青年职工，引导公司广大青年职工比学赶超，奋发图强。

在文体活动方面，国网湖北电力公司创新组织开展小型化、多样化、普惠化文体活动，传递"快乐工作、健康生活"理念。举办多项职工文化成果汇演，文艺汇演，为职工提供自我展示的平台。例如，公司每年开展职工文化沙龙，成为广大会员发布作品、展示成果的交流平台；武汉公司结合"三八"妇女节、"五一"劳动节等时机，组织开展"霓裳丽影时装秀""职工达人秀"等特色活动，集中展示职工才艺；黄冈公司组建黄冈电力职工艺术团，举办"文艺走基层"活动；结合迎峰度夏和防汛慰问，开展"送文化到基层"慰问活动，以送流动书箱、送职工文化和文创作品等方式，丰富一线职工精神文化需求。公司提供展示的平台，职工创作出优秀的作品，得到了上级的肯定与认可，职工的自我认同感、存在感、成就感和满足感不断得到提升，认同和感激公司对自己的培养，并憧憬未来，希望在公司的舞台上大展拳脚，进一步实现自我价值。

（六）将工会工作与职工文化有机结合起来

工会工作只有融入中心、贴近职工，反映职工的情感体验和精神需要，才具有强大的生命力和持久力。我国《工会法》和《中国工会章程》赋予工会组织的基本职能是参与、维护、建设、教育，进一步细分，工会主要工作包括职工帮扶、职工素质提升、职工文体与文艺、职工参与管理、职工教育宣传五个方面，具体涉及民主管理、班组建设、职工技术创新、劳动竞赛、先进典型选树、职工关爱、女职工工作、职工之家、队伍建设、职工文化活动等（见图4-4）。

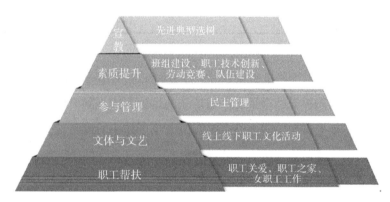

图4-4 工会工作体系

职工帮扶工作是工会"维护"职能的根本体现，是工会的基本职责，亦是工会服务于公司中心任务的主要手段。在维护职工利益的同时凸显企业"以人为本"的管理宗旨以及工会工作的服务特色。建立职工之家，打造"国网家园"，通过职工信访、政策咨询、生活救助、法律救助、医疗救助、困难慰问、职工联谊等职工关爱工作，解决职工痛点问题，给予职工经济上和情感上的帮助。

职工文体与文艺是丰富职工精神生活的主要渠道，亦是工会打造职工精神后花园，打通服务职工最后一公里的关键手段。通过丰富多彩的文体活动、体育联赛增强职工身体素质；建设职工书屋，打造全民学习平台，丰富职工业余精神生活；鼓励文学创作，成立中国作家协会湖北分会，组建职工文体俱乐部，创建职工文化工作室，通过骨干带动、集体活动等，培养职工业余兴趣爱好，提升文学艺术修养。

职工参与管理是工会参与职能的重要体现。通过职工代表制度和职工参与制度加强企业民主管理，充分发挥网络服务工作全天候、职工全覆盖的优势，拓展厂务公开渠道，切实保障职工知情权、参与权、监督权；成立职工诉求服务中心，倡导领导与职工"面对面"表达诉求；借助合理化建议网络平台，总经理联络员、工会主席信箱等渠道，广泛收集职工意见建议，切实落实职工参与企业管理的权利。

职工素质提升是工会履行建设职能的重要途径。通过组织建设，激活班组活力，开展劳动竞赛、技能比武、职工技能运动会等措施，打造活力四射的"生命体"班组；通过开展技术创新，鼓励职工结合生产实际开展小发明、小创造、小革新、小设计、小建议，成立劳模工匠创新工作室，组建创新联盟等，激发广大职工的劳动热情和工作热情，培养精益求精的工匠精神和乐于奉献的劳模精神。

职工教育宣传是加强职工思想引导和政治教育的必要手段。通过先进典型选树，广泛传播劳动模范、工匠能人、道德模范、优秀党员、文明标兵的先进事迹，引导广大职工见贤思齐，进一步坚定理想信念，增强文明素质，弘扬新风正气，进而培养一批讲政治、有素质、求实效的管理干部以及一批专业、敬业、有事业的职工队伍。

国网湖北电力正是由于将工会的各项职能注入文化元素，让各项工作有了"温度"，使"快乐工作、健康生活"的理念有了根植落地的基础，从而使职工文化建设鲜活起来。

一是在工会工作中积极发展民主文化。健全完善以职代会为基本形式的民主管理机制，努力实现企业民主管理制度化、程序化、规范化，加大企业民主管理制度督查力度，普遍开展工资集体协商，规范企业工资支付行为，以"集中要约行动"为抓手，开展工资集体协商提质增效活动；指导督促公司制企业推行职工董事制度、职工监事制度，依法规范职工董事、职工监事履职规则。推进企业工会自身建设，以工会民主建设品牌项目示范点培育工作为抓手，发挥工会代表大会制度和会员代表主体作用，推进基层工会各项民主建设举措的落实。

二是在工会工作中积极发展创新文化。大力开展"五小"竞赛活动、职工先进操作法征集命名活动、技术服务进企业活动，把职工的技术创新嵌入企业研发链条，融入公司产业体系；深化劳模(先进)创新工作室创建，探索新形势下技术创新活动的内容、形式、评价和推介机制，助推技术成果及时转化为现实生产力；开展企业"五型"班组创建活动，加强班组间交流学习，提升班组建设水平。

三是在工会工作中积极发展安全文化。认真贯彻《安全生产法》《职业病防治法》等有关法律法规，依法督促用人单位落实安全生产和职业病防治主体责任，组织开展劳动安全卫生专项监督检查，坚决杜绝重特大劳动安全生产事故；深入开展群众性安全生产活动，通过开展安全劳动竞赛、高温期间劳动保护专项行动、查找身边事故隐患等行之有效的安全文化建设活动，增强广大职工的安全意识和安全生产技能。

四是在工会工作中积极发展企业"双爱"文化。推进"企业关爱职工职工热爱企业"的企业"双爱"文化，引导广大企业与职工同舟共济、共建共享，共同应对市场挑战，激发企业创新活力，推动企业持续健康发展，努力实现职工体面劳动、有尊严生活，构建规范有序、公平合理、互利共赢、和谐稳定的劳动关系，形成职工得实惠、企业得效益、经济得发展、社会得稳定的良好局面。

(七)厚植劳模文化 凝聚奋进力量

一直以来，国网湖北电力以习近平新时代中国特色社会主义思想为指导，打造独具特色的劳模选树、宣传、学习模式，先后产生全国劳模 17 人，其中列为全国重大典型 2 人，省部级劳模 293 人，省部级以上五一劳动奖章 181 人，国网工匠和荆楚工匠 10 人，出现电力劳模"群星"效应。

一是完善劳模选树机制。把劳模选树作为一项系统工程，一张蓝图绘到底，打造符合企业特点和劳模选树规律的可持续工作模式。自 2008 年起，每两年一次连续开展劳模评选表彰，从 2021 年开始，进一步将劳模选树由过去的两年一评改为一年一评，累计选树公司劳模 458 人，实现劳模队伍建设的梯队化和规模化。强化机制，实行"归口管理、一体运作、分层推进"，形成党委统一领导、工会牵头协调、部门分工负责、职工共同参与的工作格局；规范体系，梳理 34 项综合类荣誉和 105 项专业类荣誉申报条件、授奖周期和荣誉级别，明确劳模后备人才的评选范围和申报条件，实现劳模选育与专业荣誉管理的互联互通；搭建平台，搭建"职工技能运动会""班组长论坛""青创赛"等竞技平台；发动一线班组寻找身边的典型，打造"感动湖北电网十大人物""最美青工""鄂电群英谱"等选育平台。使不同层次、不同岗位的职工，都有成长成才、脱颖而出的机会；固化流程，按照"重大典型统筹策划、重要典型备案审查、一般典型动态登记"的工作要求，固化"上报-审查-反馈-跟踪-确立"的工作流程，通过调取档案、实地调研、现场走访等方式，坚持既注重实绩贡献，又注重群众基础，对劳模候选对象严格把关。

二是开展可亲近的劳模宣传。身边的典型最有影响力，坚持"从群众中来，到群众中去"，以反映职工心声的表述定义劳模、宣传劳模。职工定义劳模，选树宣传全国劳模左光满期间，工会干部直接到他服务的对象中了解实情，征求意见。有群众说"我们都觉得他是电保姆"，有的群众接话"有求必应，简直就是电观音"。更多的群众说"他就是我们百姓的电工"。于是，"百姓电工"名号由此叫响。选树全国劳模林丽时，乡亲们拉着采访人员的手滔滔不绝，讲她义务为村民们买种子、带肥料、调解群众纠纷的事迹，讲她多年照顾伤病乡亲的故事，"林妹儿服务乡亲的故事比山里的路还长，讲不完！""林妹儿太贴心了嘛"。于是，"贴心电工"由此得名。"百姓电工""贴心电工"这一高度概括劳模特质的标签就是老百姓贴上去的。"禁区勇士"胡洪炜、"智慧电工"娄先义、"科技尖兵"阮羚等一批耳熟能详的劳模，其特质与职工群众发自内心的赞誉高度一致；作品描写劳模，公司组织挖掘创作反映劳模事迹的文学作品，广泛宣传和传播劳模事迹。由原中华全国总工会副主席王玉普，原湖北省委副书记、省总工会主席张昌尔作序的《百姓电工左光满》，记录了左光满服务为民的动人事迹；微电影《梅坪故事》，讲述了林丽用情服务，用爱待人，用无悔的青春守护偏远山区万家灯火，兑现"你用电、我用心"的服务承诺；反映胡洪炜成长历程的报告文学《在通天塔上，点亮万家灯火》在《光明日报》上刊发，被宣讲家网、中国作家网等一批新媒体争相转载；《胡烘炜工作法》入选工人出版社《大国工匠工作法》丛书；讲台宣讲劳模。每年4—6月组织开展"大力弘扬劳模精神集中宣传"活动，每个省部级以上劳模一篇通讯、一个短视频、一个文创作品，做到劳模事迹常态讲；聚焦公司战略落地，围绕疫情、抗洪和脱贫等重大任务，深化"劳模上讲台""劳模下基层"等特色实践，做好劳模事迹重点讲；在抖音、快手等新媒体平台及公司内部网站、楼宇视频等，持续展示劳模岗位建功事迹，做到劳模事迹持续讲；舞台展示劳模。为每个全国劳模都量身打造文艺作品，把劳模故事搬上舞台。情景剧《赤子匠心》《山的女儿》，小品《男人的秘密》《心灯》等，在系统内外多次展演，四个节目先后登上了国网公司舞台。组织文化成果展示，让劳模走上舞台，公司原创音乐、劳模集体领唱的《电力工作者之歌》、送文化到基层时的劳模访谈节目，都成了公司职工文化展示的精品节目。媒体宣传劳模。坚持多平台发力，推动劳模精神历久弥新。在抖音、快手等新媒体平台及公司内部网站、楼宇视频等，持续展示劳模岗位建功事迹。2020 年，公司首场劳模宣讲活动在新华网直播，超过 55 万网友在线观看；胡洪炜高空带电作业微博直播点击量超过 1600 万人次。

三是扩展劳模辐射效应。一个劳模就是一面旗帜，公司注重发挥劳模精神的辐射带动作用，将他们打造成为岗位领军者、专业带头人、攻坚排头兵。一个左光满，带出一批"志愿服务"，以全国劳模左光满命名的"爱心红丝带·光满共产党员服务队"在随州走红，全省电力职工纷纷学习，已经涌现出 245 支共产党员服务队，成为湖北精神文明建设的一张亮丽名片。面对突如其来的新冠疫情，公司党员服务队三天三夜为雷神山医院通电、五天五夜为火神山医院通电，全力保障全省 3774 家疫情防控指挥场所、定点医院等重要场所可靠用电，为打赢疫情防控湖北保卫战、武汉保卫战作出了突出贡献。在决战全面脱贫、服务蓝天保卫战、抗洪抗冰保供电等一系列大战大考中，公司党员服务队都主动出击，圆满完成各项任务。一个阮羚，带出一批"技术尖兵"，以央企劳模阮羚为带头人的阮羚劳模创新工作室，聚集起一大批创新创效的技术骨干，带动干部职工"干一行、爱一行、钻一行、精一行"。公司先后建成劳模创新工作室 146 个，其中 1 个被命名为国家级示范点、2 个获国家级技能大师工作室称号、8 家被命名为省级示范点。劳模创新工作室已成为岗位的创新源、项目的攻关队、人才的孵化器和发展的智囊团，公司近 5 年先后获得省部级及以上科技奖项 130 项，获得专利授权 2024 项，主导制定 IEEE 等国际标准 7 项；一个胡洪炜，带出一批"国电工匠"，以全国劳模胡洪炜为榜样，执着专注、精益求精，全力以赴守护能源安全，确保电力供应，诞生了一批有影响力的工匠。公司先后产生国家级专家 8 人，省部级专家 79 人，国家电网公司优秀专家 159 人。公司三名职工代表湖北省参加第七届全国职工职业技能大赛网络与信息安全管理员比赛，分获全国 3、5、6 名，团队成绩荣获全国第二名，团队和个人成绩均创湖北省历史最佳。

经过一茬接一茬的不懈努力，湖北电力已经形成了选树劳模、宣传劳模、尊重劳模、学习劳模的良好劳模文化，并不断向全国传播。2020 年全国劳模表彰大会期间，仅 5 名全国劳模出席国新办记者见面会，胡洪炜是其中之一；央视新闻联播头条播出表彰大会新闻时，仅播出一位全国劳模采访视频，他就是胡烘炜。2021 年 9 月 13 日人民日报《论中国共产党人的精神谱系》评论员文章，列举了新中国成立以来的 9 位全国劳模，胡洪炜是其中之一。他的"禁区勇士"形象，不断感染着广大的湖北电力职工，而且激励着全国广大产业工人向着实现第二个百年奋斗目标勇往直前，凝聚了奋进新时代的强大正能量。而这，正是湖北电力重视"劳模文化"建设的根本目的。

(八) 注重构建职工文艺创作生态圈

以袁忠宜、何红梅、俞继岷为代表的文艺创作人才，与各单位文艺协会成员、专家名师共同助力国网湖北省电力有限公司职工文艺创作，结合文艺作品、机制与平台，以举旗帜、聚民心、育新人、兴文化、展形象为使命，形成了"人才、作品、机制与平台"协调发展的国网湖北省电力有限公司职工文艺创作生态圈。

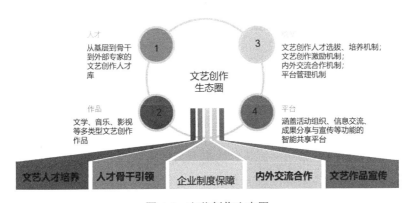

图 4-5 文艺创作生态圈

文艺创作人才库建设。公司现有省级以上美术、书法、摄影家协会会员 200多名，各级作家协会会员 100 多名，充分发挥俱乐部、工作室文体骨干示范引领作用，每年开展不同层级的"师带徒"和文化培训活动。每年策划重点文艺创作，由文艺骨干牵头带动广大职工深入一线开展文艺创作。袁忠宜、何红梅、俞继岷等文艺骨干成功"走出去"，向社会传播公司职工文化，展示了公司职工文化实力和影响力。

文艺创作作品库建设。国网湖北电力围绕重大主题、重点工作开展文艺创作，书写伟大实践、弘扬伟大精神。文艺作品涵盖了文学、音乐、影视等多个类型。文学作品方面，坚持 34 年主办职工纯文学刊物《三弦琴》，刊登职工优秀文学作品，成为文学爱好者学习交流的重要载体；脱贫攻坚长篇主题报告文学《点亮山乡》出版发行；抗疫主题报告文学《生命交响》入选全总宣教部第一届新时代工业文学(职工文学)出版资助项目；《热血作证》入选中国作家协会专项扶持项目。音乐作品方面，公司组织策划、由袁忠宜创作的歌曲《我宣誓》成为点击量过亿次的网红歌曲，荣获湖北省"金编钟奖"，并入选中宣部《信仰——庆祝中国共产党成立 100 周年歌曲精品集》，《人民日报》发布习近平总书记领誓全新版《我宣誓》MV；创作的《一生一个祖国》等作品也脍炙人口，社会影响广泛；影视作品方面，一系列反映国网湖北电力一线职工工作生活与扶贫工作的作品，在广大职工群众中引起强烈共鸣，如《长幅互动连环画——神秘的北纬 30 度，有电有水天上来》，在"国网湖北电力公司"微信服务号上一经发布，阅读量在短时间内突破了十万。此外，国网湖北电力 11 项作品在国网公司首届职工优秀文学作品评比中获奖，16 项作品在国网"卓越之路"职工美术书法摄影展览活动中获奖。

三、国网湖北省电力有限公司职工文化建设效果

国网湖北电力职工文化建设从顶层设计到基层落实都受到了各级单位领导的重视，始终坚持以党和公司价值观引导职工文化建设，坚持以"生产+服务"的方式开展职工文化活动，坚持以职工为本开展工作。在以上三个原则的指导下，公司职工文化建设成果丰硕，在职工精神文化生活、组织创新和企业形象等方面的成效显著。

(一)丰富了职工精神文化生活,提高了职工的幸福感和获得感

开展职工文化活动的关键是要满足职工个性化发展和自我成长的需求。当前国网湖北电力通过搭建各层各类文化载体,深化职工文化阵地建设,开展丰富多彩、形式多样、内容健康、活泼向上的职工文化活动,使广大干部职工在活动中展现风采,在歌舞中抒发情怀,在竞争中锻炼意志,在观赏中提升境界,无疑促进了企业文化建设和企业和谐发展。具体来说,国网湖北电力按照国网工会统一部署,建设各级职工书屋 321 个、文体俱乐部 13 家、职工文化工作室 31 个、"国网印吧" 6 家。另外,为扩大职工文化覆盖范围,加强职工精神家园建设,国网湖北电力投入专项资金,新建、改造功能集成的职工活动中心 118 个,总面积达 9.1 万平方米。2019 年以来,国网湖北电力以职工文体中心为主要阵地,开展群众性文体活动 200 余项 15 万余人次参加活动,各级工会有组织地开展职工文体活动 160 余项 8 万余人次,开展党建、职工思想宣传、职工学习教育等活动 70余项,有效发挥了职工文体中心资源优势,较好地满足职工职业发展、权益维护、减压减负、精神文化、精准服务等方面的需要,增强职工向心力和获得感,凝聚企业发展合力。通过职工文化建设的渗透,省公司工会充分发挥工会组织的自身优势,以文化引导人,使职工增强了对企业的认同感和归属感,丰富了职工精神文化生活,提高了职工的幸福感和获得感,让文化留住人,使职工为自己能在一个健康、和谐、宽松环境中工作、生活感到自豪,从而起到了凝心聚力的促进作用,为企业又好又快发展奠定了坚实的基础。

(二)满足了职工自我展示需求,提高了职工的存在感和成就感

为提升和满足新时代职工的发展需求,国网湖北电力不断搭建和创新职工展示平台,依托地域文化,培养了一批又一批优秀青年工作者,为国家电网公司输送一批又一批精干技术人才。一方面通过开展职工文化成果展演、才艺展示,鼓励基层职工书写、创作自己的故事,用职工自导自演的方式培养一批文艺人才,创作了大量文学作品、艺术小品、电影微视频等作品。职工通过成立中国电力作家协会湖北电力分会,每年举办 1 至两期职工文学创作班,创办职工纯文学刊物《三弦琴》,33 年来为职工抒发情感,表达思想提供交流平台,职工群体中文学

爱好者不断增多，文化素养不断提高，不断涌现出静子文学工作室、袁忠宜音乐工作室等文化工作室。各单位组织培养文艺创作人才，向公司输送了不少优质的文学作品。如宜昌公司组织创作《我和太阳有个约定》《十不干》等优秀职工文化作品 10 余部，歌曲《我宣誓》以及 MV 在全社会产生强烈反响，荣获湖北省"金编钟奖"。国网湖北电力 11 项作品在国网公司首届职工优秀文学作品评比中获奖，16 项作品在国网"卓越之路"职工美术书法摄影展览活动中获奖。公司提供展示的平台，职工创作出优秀的作品，并且得到上级的肯定与认可，职工对自我的认同感，存在感、成就感和满足感不断得到提升，认同和感激公司的培养，憧憬未来，希望在公司的舞台上大展拳脚，进一步实现自我价值。

(三) 增强了组织创新发展动力，提高了职工的责任感和使命感

为提升职工职业技能、专业素质、创新能力，国网湖北电力充分发挥劳模创新工作室技能人才的"领头雁"和创新成果"聚宝盆"作用，以劳模创新工作室示范点为龙头，组建创新联盟，拓展创新空间，加强与政府科技部门、高等院校、研究机构合作，实行跨界、跨专业联合，建立校企、企企合作科技研发新模式。建立科技项目后评估和推广机制、孵化机制，设立专项创新项目资金，在科技骨干中探索实施股权奖励、收益分红等激励举措，推动科技成果转化创效，激发全员创新热情。依托(劳模)创新工作室、QC 创新小组、职工五小(小发明、小创造、小革新、小设计、小建议)活动等形式，制定《职工技术创新管理办法》，建立以工会牵头、多部门协同推进的职工创新工作推进机制，鼓励职工勇于创新，多创新，公司技术创新成果丰富，班组创新活力增强。通过岗位大练兵、技能大比武，大批专业精湛的技能型人才脱颖而出，为各单位创造出众多创新产品和技术改革，提升了工作效率，减少了工作事故，节约组织生产成本，进而增加了企业整体效益。

(四) 提升了组织责任央企形象，增强了公司整体社会影响力

近年来，国网湖北电力十分注重加强职工文化建设，积极探索职工文化建设新途径，拓展职工文化建设新内涵，丰富职工文化表现新形式，对内对外展现出国网职工风采，发出国网好声音，树立起责任央企的雄伟形象。一是在思想上加

强引导，引导职工形成正确的价值观、人生观、世界观，以社会主义核心价值观和企业核心价值观、企业精神融入生产生活中，在潜移默化中加强了价值引导，提高了职工群体的思想觉悟，筑牢了职工与国家一心实现中国梦的思想基础，使职工坚定与企业同发展共命运的信念。二是充分发挥了各级、各类创作人才的作用，集聚公司文艺骨干的创作力量，形成"组合拳"推动创作。公司先后创作了一批在国网公司、在社会有影响力的文艺精品，在国网系统内外都产生了不小的影响，尤其是以国网职工工作与生活为素材的文学、故事集、微视频、摄影等作品通过报纸、新闻、电视、广播、微博、微信、直播等多种媒体形式在国网内部和社会外部广泛扩散，传播国网正能量，树立起健康文明、昂扬向上的国网职工文化形象。三是随着职工文化体系不断建成，职工精神面貌不断改善，职工职业技能和创新能力不断提升，企业综合实力不断增强，稳居世界 500 强最前列，企业形象和社会影响力随之倍增。

四、国网湖北省电力有限公司职工文化建设经验

长期以来，湖北省国家电网省级工会及各地区工会高度重视职工文化建设，创新工作方式方法，努力打造健康文明、昂扬向上、全员参与的职工文化，在职工文化建设工作中形成了丰富的实践经验。

(一) 畅通渠道，让企业发展注入职工智慧

国网湖北电力工会始终把职工关心的、与职工切身利益相关的问题作为工作的重点，把解决职工思想工作与职工实际问题结合起来。除健全公司职代会制度，并开展职代会质量评估活动外，还多渠道双向畅通职工诉求通道。第一，充分尊重职工代表的民主权益，重视职工意见与建议，完善职代会提案征集、办理、答复和评价制度，公司领导高度重视职工代表意见，职代会提案办理和答复必须经分管副总经理签字；第二，常态开展职工合理化建议征集，并进行评比表彰以提高基层职工开展合理化建议的积极性，以便公司领导能够及时听到基层声音；第三，畅通普通职工诉求表达渠道，结合职工活动中心建设，建成职工诉求服务中心147家，设立职工诉求专线电话、专用邮箱、网络服务平台、定期举办

企业负责人与基层职工面对面活动；第四，创新开展董事长联络员活动，董事长在每个单位聘请一名董事长联络员，工会负责组织开展董事长联络员调研活动，董事长召集部门负责人定期听取董事长联络员汇报，从而形成双向双通道职工诉求表达机制。这些活动的开展，既让广大职工更好地参与公司的民主决策与管理，更重要的是能使企业发展融入职工智慧。

(二) 立足职工成长需求，凝聚发展共识

国网湖北电力始终坚持以职工为本，关注职工成长，通过技能培训、劳动竞赛促进职工技能水平和综合素质的提升，通过营造你追我赶的技能比武氛围，凝聚发展共识。为保障职工成长，促进职工技能和业务水平提升，公司分层分类开展全员培训，依托网络大学，全面推行移动学习，实现线上、线下培训融合发展，为激发职工创新创效，公司组织开展职工技术创新"双越之星"劳动竞赛、工会为职工搭建"技能比武"平台，劳动竞赛和技能比武聚焦企业经营实践过程中的困惑和难题，突出广泛参与性和实用实效性，凝聚职工群众的力量解决企业的重点、难点问题，凝聚广大职工群众的共同价值追求。同时，打造职工大讲堂和班组微讲堂作为公司的品牌教育培训平台，旨在打造职工主动学习、知识分享、经验交流、提升境界的素质提升综合平台。此外，公司正积极探索"互联网+"建设，职工大讲堂和班组微讲堂逐渐出现在移动终端和网络平台上，通过线上直播大讲堂、重现经典大讲堂，方便更多职工交流学习、拓宽眼界、丰富知识储备、共享经验，培育担当民族复兴大任的新时代产业工人。

(三) 搭建多层次平台，让职工成为舞台的主角

国网湖北电力工会坚持从群众中来、到群众中去的工作方法，在职工文化建设过程中以职工群众为中心，让职工群众当主角，将维护职工作为工会工作的出发点与落脚点。一方面，职工是职工文化创作舞台上的主角。公司以职工为主体，积极开展形式多样、类型丰富的文娱活动，组建兴趣小组与文娱团体；以职工为中坚力量，建设了一系列摄影、音乐、文学创作等工作室；以职工为原型，深度挖掘劳模、工匠在生产劳动中的突出贡献、卓越技能和创新业绩，编辑出版劳模、工匠先进事迹书籍，创造反映劳模、工匠精神的文艺作品，创造了一批优

秀的职工文艺作品。另一方面，职工不仅是职工文化成果创作者，还是职工文化成果的享受者。在文化宣传上，公司借助网上职工之家推进各项主题宣传活动，重视抓好宣传报道工作，组建报送新闻线索联络报道员队伍，综合运用"互联网+"载体，在网页、微信公众号等平台进行事迹展播，分享职工文艺创作作品，使职工文化成果宣传实现全覆盖，让职工群体共享文化盛宴。

（四）关爱职工心理健康，把维护职工权益作为工作日常

当今社会竞争越来越激烈，人们对高质量生活的追求越来越迫切，加之工作、生活等多方面的压力，都使得职工的心理负担越来越重，职工的心理问题层出不穷。而为了有效解决职工心理问题，减轻职工心理问题对工作效率的影响，各行各业的企业频频出招，对于职工心理健康的关注度日益增长。

国家电网的职工基数庞大、结构复杂，在解决职工心理问题、保持职工心理健康上投入足够多的资源和精力，形成了丰富的经验。一是关注职工身心发展，除了满足基本娱乐需求，也会关注职工心理健康，工作家庭平衡，工作满意度，组织认同感等方面，组织筹划了职工关爱，心理辅导，心理健康教育讲座，法律援助，员工援助计划等活动。二是强调创新的重要性，将一些人们在生活中流行的娱乐活动加入职工心理健康活动当中。例如，荆州公司开设了减压室与心理咨询室；荆门公司开展的职工体质测试和亚健康检查；鄂州公司在职工服务中心（文化中心）里设置的瑜伽室和心理咨询室；随州在职工服务中心设置了心理辅导区都值得借鉴学习。三是拓展思路，探索互联网+职工文化建设，充分利用线上心理咨询的隐蔽性、私密性与保密性等优势，弥补线下职工心理健康关怀工作中的不足。四是推动职工心理关爱常态化。湖北国网工会联合多方力量，结合各个企业和不同职工特点实施，以工会组织为主导，建设常态化的职工心理关爱体系，力求满足职工不同层次不同阶段的心理需求。

第五章 新时代国有企业职工文化建设环境与趋势分析

中国特色社会主义进入新时代，职工文化建设也随之进入新时代。新时代有着新期待，新形势赋予新使命。因此，进行职工文化建设首先要认清形势，分析新时代国有企业职工文化建设的内外部环境和发展趋势，从而进一步挖掘和提炼新时代国有企业职工文化建设的新思路、新举措。

一、新时代国有企业职工文化建设的外部环境分析

(一) 政治环境

政治环境是指企业外部的政治形势、国家方针政策及其变化制度，能够为社会经济主体的行为决策提供依据。因此，围绕新时代国有企业的职工文化建设，研究分析与国有企业经济发展与文化建设相关的国家政策方针和制度，以便为新时代国有企业职工文化建设提供相应的参考。

1. 经济政策方针

当前，我国社会主要矛盾已经转化为人民日益增长的美好生活需要和不平衡不充分的发展之间的矛盾，经济发展面临的主要矛盾和矛盾的主要方面在供给侧。但是，国有企业作为社会主义市场经济产品和服务的重要供给侧，其生产能力和水平与高质量发展还有一定差距，无法很好满足社会发展和人民生活高端高质的新需求。因此，随着我国现代化建设进入新时代，深化国有企业改革也面临着新使命、新要求和新形势。

党的十八大以来，习近平总书记关于国有企业改革发展发表了一系列重要论述，给我国国有企业改革发展指明了方向。党的十九大、十九届二中、三中、四中全会和中央经济工作会议精神对国有企业改革发展提出了全方位的新要求，尤其是十九届四中全会从坚持和完善社会主义基本经济制度、推进经济高质量发展高度对国有企业改革发展提出了具体要求。党的十九大报告明确指出，要深化国有企业改革，培育具有全球竞争力的世界一流企业。同时，党的十九大报告明确指出，我国经济要由高速增长的阶段转向高质量发展的阶段，要形成质量第一、效益优先的现代化经济体系。此外，深化国有企业劳动、人事、分配制度改革（以下简称三项制度改革）是推进国有企业改革的重要举措。深化国有企业三项制度改革，需要营造有利于改革的文化氛围，增强国有企业改革发展活力。因此，国有企业深化改革对国有企业的文化氛围提出了更高的要求。

2. 文化建设制度

（1）新时代社会主义文化建设的基本方略。

在新阶段，随着经济建设、政治建设的不断发展，社会主义现代化建设进入新的阶段，中国特色社会主义文化建设在理论上也有了新的发展。党的十九大报告提出了新时代文化建设的基本方略，明确了文化建设在中国特色社会主义建设总体布局中的定位，提出了新时代文化建设的目标，指出了新时代文化建设的着力点，提出了新时代文化建设的基本要求。第一，党的十九大报告明确了文化建设在中国特色社会主义新时代的基本定位。中国特色社会主义新时代的主要矛盾是人民日益增长的美好生活需要和不平衡不充分的发展之间的矛盾。这意味着当代中国从站起来、富起来向强起来的转换中，当代中国人的需求也在发生深刻变化，已经由主要满足物质需求转化为主要满足精神需求。文化建设的核心就是满足人的精神需求。满足文化需求是满足人民日益增长的美好生活需要的重要内容。以上报告内容表明，在中国特色社会主义新时代，文化建设的地位更加重要，作用更加凸显。第二，提出了新时代文化建设的目标，就是坚持中国特色社会主义文化发展道路，激发全民族文化创新创造活力，建设社会主义文化强国。第三，指出了新时代文化建设的着力点，即当今和未来相当长一段时间，建设中国特色社会主义文化，就是秉承中国的文化价值理念，坚持中国的文化立场，立足于当代中国的文化发展现状，思考和解决当代中国人关心的文化问题，提出中国的文化方案。第四，提出了新时代文化建设的基本要求，即三个坚持，坚持为人民服务、为社会主义服务，坚持百花齐放、百家争鸣，坚持创造性转化、创新性。

（2）以社会主义核心价值观引领文化建设制度。

党的十九届四中全会审议通过的《中共中央关于坚持和完善中国特色社会主义制度、推进国家治理体系和治理能力现代化若干重大问题的决定》（以下简称《决定》），着眼于更好保障和推动社会主义先进文化繁荣发展、不断巩固全体人民团结奋斗的共同思想基础。同时，《决定》创造性提出坚持以社会主义核心价值观引领文化建设制度。社会主义核心价值观的基本内容是"富强、民主、文明、和谐；自由、平等、公正、法治；爱国、敬业、诚信、友善"。其中，"富强、民主、文明、和谐"是我国社会主义现代化国家的建设目标，"自由、平等、公正、法治"是对美好社会的生动表述，"爱国、敬业、诚信、友善"是公民基本道德规范。以上内容阐明了社会主义核心价值观与文化建设制度的辩证关系，体现了党和人民的文化自信和价值观自信，为培育和践行社会主义核心价值观、不断强化文化建设制度的价值引领指明了方向、明确了路径。

（3）推动理想信念教育常态化、制度化。

以社会主义核心价值观引领文化建设制度，一个重要目的在于树牢共同理想信念。党的十九届五中全会审议通过的《中共中央关于制定国民经济和社会发展第十四个五年规划和二〇三五年远景目标的建议》提出推动理想信念教育常态化、制度化。理想信念的确立和巩固是一个长期的、历史的过程，理想信念教育也是一个持续深化的过程。因此，文化建设中的理想信念教育是一个基础性、常态性工程，要将其作为战略性任务。同时，需要深入推进理论武装和宣传普及工作，引导打牢坚定共同理想信念的思想根基，推进理想信念教育的制度化。这也意味着职工文化建设不仅要加强职工文化的理想信念教育，还需要将其作为一项长期的工程，将理想信念教育融入职工的日常生活、工作当中，帮助职工树立正确的人生观价值观。

（二）经济环境

在经济层面，国内经济发展态势依然稳中求进，国有企业经济态势发展良好，覆盖全社会的公共文化服务体系基本建立，文化产业占国民经济的比重明显提高，适应人们需要的文化产品更加丰富。

1. 国内经济稳定发展

在 2021 年的政府工作报告①中，李克强同志指出，过去五年我国经济社会发展取得新的历史性成就。良好的经济基础为持续增进民生福祉与推进文化建设提供了条件。普惠性、基础性、兜底性民生建设关系到人民群众的根本利益，与民众所感知的获得感、幸福感、安全感密切相关，其中，基础设施、文化体育是十大民生工程的重要组成部分。当前，国内经济运行总体平稳，经济结构持续优化，国内生产总值从不到 70 万亿元增加到超过 100 万亿元。即使在疫情期间，国家经济仍能实现平稳发展。因此，在此背景下，国家仍有实力推进民生建设，保障人民利益，保证公共文化服务水平并完善现代文化产业体系，为职工文化建设创建了良好的社会环境。

此外，国有企业是国民经济的支柱力量，在关系国家安全和国民经济命脉的主要行业和关键领域占据支配地位。2018 年国有企业利润总额 33877.7 亿元，盈利能力与偿债能力有所提升，经济发展态势保持良好。国有企业良好的经济运营能力为其文化建设奠定了坚实的经济基础。同时，国有企业还承担着宣传中国特色社会主义文化的政治任务。当前，仍有一些组织、企业或个人通过抢眼球、歪曲事实、制造噱头等错误方式来追求经济利益，违背了传播主流文化价值观的使命担当，不利于社会文化健康理性的发展。因此，在经济发展的同时，国有企业要积极承担起中国特色社会主义文化建设的使命，坚定"四个自信"，发挥基层职工力量，传播主流文化。

2. 文化产业向国民经济支柱性产业目标迈进

2018 年，全国文化产业增加值为 38737 亿元，占 GDP 的比重为 4.30%，比上年增长 22.0%（见图 5-1）。② 文化产业已经成为调整优化产业结构、推动新旧

---

① 2019 年国务院关于文化产业发展工作情况的报告 . http：//npc. gov. cn/npc/c30834/201906/d6205ca4de0b49c6994b7427880b143b. shtml.

② 《中国文化及相关产业统计年鉴 2019》。

动能转换的一支重要力量。同时，2013 年至 2018 年，中央财政安排文化产业发展专项资金 275 亿元，支持项目超过 4000 个。

图 5-1 文化及相关产业增加值及占 GDP 比重

注：资料来源于《中国文化及相关产业统计年鉴(2019)》。

文化产业属于内容产业，具有意识形态和产业的双重属性。因此，文化产业的发展反映出当前人们精神文化生活需求的不断增长。具体地，其产品与服务内容的丰富反映了当前人民群众文化消费需求的日趋活跃，其产品与服务质量的提升反映出人们对优质精神文化生活的不断追求。此外，文化产业的发展是"文化自信"在经济层面的具体表现。在推进文化产业发展的过程中，一方面，政府及相关部门、企业坚持深入贯彻落实习近平新时代中国特色社会主义思想，贯彻落实党的十九大和十九届二中、三中全会精神，树牢"四个意识"，坚定"四个自信"，坚决做到"两个维护"，以社会主义核心价值观为引领，积极推广优秀文化作品，宣传中国力量，有利于树立公众的文化自信意识，从而为形成职工文化的品牌意识奠定了精神基础。另一方面，文化产业的相关企业与职工，通过文化融合促进产业融合，通过文化引导实现方向引导，通过文化自信达到产业自信，全面积极践行"文化自信"，将"文化自信"扎根于生产生活。

3. 数字文化产业发展势头迅猛

数字文化产业是"互联网+"以及数字化技术在文化领域的广泛应用，在本质上是技术思维与文化创意、文化价值以及文化思维的时代性融合。《中国数字文化产业发展趋势研究报告》指出，2017 年，我国的数字文化产业增加值约为 1.03 万亿~1.19 万亿元，总产值约为 2.85 万亿~3.26 万亿元，以移动终端、车载终端、家庭大屏终端等为载体的数字文化产业上扬。此外，第 46 次《中国互联网络发展状况统计报告》显示，截至 2020 年 6 月，中国网民规模达 9.3 亿，互联网普及率达 67%。庞大的网民规模构成文化产业蓬勃发展的消费市场，也为产业数字化打下坚实用户基础。

对于数字文化产业而言，其发展得益于创意设计与互联网生态服务，通过创新驱动与优化供给，利用数字平台凝聚资源，形成小而精的产业模式与盈利方式。对于消费者而言，云课堂、云会议、云演唱会等新模式层出不穷，这种互动式、沉浸式体验促进了文化对消费者的影响力。数字文化产业的发展证明了当前技术赋能文化的强大力量，其实践经验为企业的数字化建设与文化建设提供了良好的借鉴。同时，国内数字文化产业仍有待发展，在数字技术、发展思维、文化价值等方面有待进一步优化。一是在数字技术方面，我国与发达国家的数字文化产业发展相比仍有不小差距。因此，未来仍需要不断创新，夯实技术基础，突破发展困境。二是在发展思维方面，文化需要累积和长期积淀，需要情怀和眼光，而资本追逐短期回报。因此，数字文化产业的健康理性发展，仍需要政府、市场和社会力量的支持。三是文化价值方面，数字文化产业不但要承担创新文化的重任，更要成为时代文化的引领，成为文化及其价值创新的源泉。我国有丰富传统文化资源与几千年来的文明积淀，如何将其与数字技术融合并传播社会主流价值观，实现文化价值转化是国内数字文化产业面临的问题。

国内数字文化产业的发展优势是当前职工文化建设所需要继承与学习的，而其困境也是职工文化建设所要面对。一方面，数字文化产业的发展经验与成果为国有企业职工文化建设提供了良好的经济条件与实践经验，为国有企业职工文化建设在数字与文化融合方面的工作奠定了技术基础，提供了职工文化与数字技术融合的思维逻辑。另一方面，数字文化产业发展的困境也提示国有企业职工文化建设需要从数字技术融合、发展思维创新、文化价值转化等方面入手，突破未来职工文化建设的困境。

(三)社会环境

1. 全社会积极践行社会主义核心价值体系

当前我国社会正处在新时代,经济发展、政治建设、文化生活、福利保障和道德风貌等都有新的变化与目标,人们的精神生活也在发生着深刻的转变,思想活动的独立性、选择性、多样性、差异性明显增加。面对价值观多元并存的局面,中国特色社会主义文化建设倡导发展面向现代化、面向世界、面向未来的,民族的、科学的、大众的社会主义文化。党的十六届六中全会又提出建设"富强、民主、文明、和谐、自由、平等、公正、法治、爱国、敬业、诚信、友善"的中国特色社会主义核心价值体系的重大命题和战略任务。在此基础上,政府、企业事业单位、团体组织等积极开展宣教活动,学习社会主义核心价值观的内涵,将培育和践行社会主义核心价值观与生产、生活等实践密切结合,相互渗透,使社会主义核心价值体系成为了全民的共同价值追求与生产生活的基本遵循。

整体上,当前社会主义核心价值体系深入人心,良好的思想道德风貌得到进一步弘扬。而良好的文化环境与社会风气渗透到职工层面,将有利于建设健康文明、昂扬向上的职工文化。

2. 主流文化与亚文化并存

随着新时代的到来,中国进入一个全方位的多元开放时代。社会结构更加复杂,信息传播更加迅速,各种文化层出不穷,更新速度也日益加快。社会主义核心价值体系是中国特色社会主义文化建设的核心内容,也是当代中国特色社会主义文化的导向。同时,为了满足人民的文化需求,新型亚文化类型和亚文化群落被催生出来,并呈现爆炸式增长的态势。亚文化是相对于主流文化而言的,是指在主流文化背景下,属于某一区域或某个集体所特有的观念和生活方式,例如,单身文化、二次元文化、网络文化、街头文化等。主流文化与亚文化并存反映了我国当前文化发展的多样性与包容性。并且,随着人们文化素质水平的不断提高,人们对亚文化也越来越包容。但是不是所有的亚文化都值得被包容,一些以无知为傲、以粗鄙为荣的"亚文化",违背社会公序良俗和道德,甚至侵犯人身权利，与主流意识形态不符的"亚文化"的滋生正冲击着主流文化、国民意识、公民意识。

职工文化既包含着与主流文化相通的价值与观念，又具有自身独特的价值与观念，是一种典型的亚文化，是对职工物质与精神文化需求的有效补充。因此，在职工文化建设过程中，国有企业需要将职工文化符合社会主义核心价值观的部分融入主流文化，进行引导改造使其为社会主义文化建设服务。

3. 公众科学文化素质不断提升

在科学文化素质方面，我国经过长期的教育改革，实现了义务教育逐渐普及，中国家庭第一代大学生（即父母均没有接受过高等教育的大学生）的数量不断增多，高等教育从大众化后期向普及化早期转变。如图 5-2 所示，高中升高等教育的人数比例已超过 90%。同时，《中国公民科学素质建设报告（2018）》显示，2018 年，我国公民具备科学素质比例达到 8.47%，比 2015 年的 6.2% 提升了 2.27 个百分点，并且，上海、北京、天津、江苏、浙江和广东等地区的公民科学素质水平超过我国 2020 年公民科学素质发展目标。此外，科普经费投入力度显著增强、科普基础设施加速完善、大众传媒科普资源持续增加等也是我国公民科学素质建设能力有效提升的重要表现。

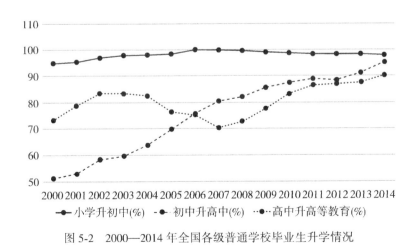

图 5-2　2000—2014 年全国各级普通学校毕业生升学情况

资料来源：《中国教育统计年鉴》（2015）。

公民科学素质水平的普遍提高有助于人们接受新事物，对人们工作与生活的实践能力产生影响。新时代国有企业职工文化的建设需要一批高层次、专业化人才队伍作为支撑，需要先进思想与科学理论的指导，更重要的是需要发挥基层职工群众的力量。因此，高水平的公众素质与队伍为职工文化建设提供了智力保障和人力支持。此外，科学素养水平影响着人们的世界观，随着公众素质的提升，其对精神文化生活水平的要求也会逐渐提高。由此推断，职工素质的提升预示着未来职工对精神文化生活将会有更多新的期待。

(四) 技术环境

随着新科技革命的持续发展，新媒体技术、人工智能技术也正孕育着新的重大变革，对社会各个方面都产生了深刻的影响。

1. 新媒体技术的革新与发展

新媒体是一种在新技术支持系统下产生的媒介形式，例如数字杂志、社交网络、移动电视、触屏媒体、数字电视等。新媒体技术的革新与发展使得社会信息的生产与传播方式发生了深刻的变化。因此，"牵手"科技必然会对职工文化的内容生产与传播产生影响。

在内容生产方面，新兴的抖音、微播等媒体平台为职工群众分享工作与生活提供了平台，职工群众通过分享自己的文化生活来宣扬正能量。因此，在新媒体时代，每一位职工都可以是职工文化的创作者与传播者，推动实现职工文化建设全员参与的目标。同时，也正是由于内容生产主体的多元化与普遍性，职工文化建设更要牢牢把握住文化创作的方向。在职工文化传播上，党和国家的先进思想可以更加及时传达给企业职工群众，以便及时学习；职工群众的需求或建议也可以通过互联网技术便捷传达给工会及相关负责部门，以便及时沟通，利于职工文化建设工作改进。同时，新媒体技术的发展拓宽了职工文化的宣传路径，使职工文化的受众面与影响力更加广泛。

2. 人工智能引起的岗位变化

人工智能是计算机科学的一个分支，是对人类官能的延伸和增强，不仅模拟人类智慧，甚至可能最终超越人类智慧。例如，以往复杂的科学和工程计算本来是用人脑来完成的，如今计算机不但能完成这种计算，而且能够比人脑做得更快、更准确。并且，我国的人工智能发展势头迅猛。从相关专利数量来看，全球人工智能专利申请量达到521264件，中国专利申请量位居世界第一位，达389571件，占总量的74.7%。① 在产业层面，人工智能目前已经在各个领域实现突破，新技术的大规模应用，尤其是金融、交通、医疗、家居、安防等热门的细分赛道上吸引了众多厂商及创业团队的加入，行业渗透率不断提升。

随着人工智能在人们生产与生活中逐渐渗透，人们的生产力得到进一步解放，"人工智能+大数据+机器人"将逐步替代人类从事的简单重复工作，引起岗位的变化。例如，随着班组日常工作自动化程度的进一步提高，未来机器智能将替代大多数生产作业的一线岗位，大批职工将转向人工智能无法替代的创新创意岗位或是管理人工智能机器的岗位。一方面，这些变化意味着职工进一步获得了解放，有更多的文化时间用于进行文化活动。因此，未来职工文化建设需要以班组为基点。另一方面，人工智能导致的岗位替代也在提醒当代职工需要不断提升技能，以保持竞争优势。因此，在原有岗位被机器人替代的趋势下，发挥班组职工的创造性，激活他们的人力资本将成为职工文化的建设重任。未来职工文化建设重点关注班组职工的技能提升和人机互动思维的培养，以应对人工智能造成的工作内容变化和岗位转化。

3. 人工智能为文化生活提供新模式

人工智能的发展虽然会让人们产生危机意识，但在科技引领生活日新月异变化的新时代，人工智能将会被人们限制在可控范围内造福人类，使生活变得更加美好。例如，在人们的文化生活方面，机器人、语言识别、图像识别、自然语言处理和专家系统等人工智能技术不仅不会破坏文化，反而会使文化焕发生机，发展出更高智能的交互式文化娱乐手段。

随着人工智能技术的不断进步，其对于文化生产能力及文化内容表达方式的正面影响逐渐显现。一方面，"文化+人工智能"提升了文化产品性能，并创造出

---

① 《人工智能发展报告2011—2020》。

良好的文化体验环境，以一种全新的文化消费体验来满足人们的精神文化需求。例如，利用全息投影技术可以使迈克尔·杰克逊、邓丽君、梅艳芳等歌手"复活"，全息隔空对唱，再现经典，创造独一无二的文化接受体验。另一方面，人工智能助力文化的传播，形成了独树一帜的内容表达形式，有利于扫清人们接受文化过程中的障碍。例如，普通大众想了解中国传统文化或文化遗产时，人工智能机器人能在最短时间内把所需信息提供给用户，消除了时间、空间障碍，提高了文化传播效率。

二、新时代国有企业职工文化建设的内部环境分析

(一) 新时代企业发展战略

国家电网的经营战略定位是全球能源革命的引领者，服务国计民生的先行者，2020 年国家电网提出"建设具有中国特色世界领先的能源互联网企业"的战略目标，精准概括了国家电网公司的政治本色、行业特色和发展角色，明确回答了"走什么道路、做到什么程度、干成什么样"等重大问题。实施这一新的发展战略，"中国特色"是根本，必须始终把坚持党的领导、加强党的建设作为企业的"根"和"魂"，始终围绕政治责任、经济责任、社会责任来谋划工作，始终立足我国国情推动企业改革发展；"国际领先"是特色，需要按照"五个力"的要求，努力实现核心技术上、绿色能源上、企业治理上、服务品质上等诸多领域上的领先；"能源互联网"是方向，国家电网公司必将顺应能源革命与数字革命相融并进的大趋势，加快电网数字化改造升级，提高资源配置和服务支撑能力，实现电网技术、功能、形态全面超越发展，努力构建智慧能源体系，服务支撑"四个革命、一个合作"能源安全新战略。这就要求国网职工文化建设要以全面提升职工专业能力和综合素质为重要目标，通过开展一系列劳动竞赛、技能比武、专业知识培训等活动，丰富职工知识结构完善职工知识体系，为公司培养跨专业复合型人才，充分应对企业战略要求。同时要制定并完善创新考核、评价和激励机制，激励职工持续创新，提升职工创新效益。

(二) 中国电力体制改革

自 2015 年中发 9 号文件①下发以来，按照"管住中间、放开两头"的体制架构，我国电力市场的建设进程加快推进，多元化的市场主体格局正在形成，市场主体意识不断增强。在电力市场化建设取得阶段性成果的同时，我国电力市场仍然面临着市场体系不完整、能源低碳转型任务艰巨、持续扩大市场化交易规模面临挑战等严峻形势。这表明完善电力市场顶层设计、推动我国能源清洁转型、继续释放市场红利仍将是国家电网的工作重任，这是一项艰巨的任务，需要广大国网职工凝聚智慧、众志成城，朝着国家要求和企业战略共同发力，通过职工文化建设提升国网湖北省公司职工的政治素养，市场洞察力，最终培育出一批技术能力高、敬业度高的骨干人才队伍为企业在电力体制改革背景下创效增益。

此外，电力体制改革不仅是相关企业的重要任务，也引起了行业内部职工的高度关注。同时，国有企业进入了新一轮的改革，特别是体制的转换，劳动用工制度、分配方式的变化也与职工利益密切相关。因此，面对复杂的变革环境，国家电网公司更需要稳定职工思想，因势利导，积极开展职工文化建设。一方面，通过文化宣教、思想政治工作帮助职工解放思想、更新观念、树立信心。同时，对职工文化进行客观评估，积极弘扬其中有利于企业发展的先进内容，革除落后的文化，培育"健康文明，昂扬向上"的职工文化，推动职工文化与企业日常经营管理活动紧密结合。另一方面，充分发挥国有企业党组织的领导核心和政治核心作用，开展多种形式的职工文化建设活动，通过文化娱乐活动缓解职工压力，化解焦虑，同时增强员工的责任感使命感，激发员工改革创新的热情，为改革营造良好文化氛围。

(三) 职工需求多元化

目前，中国职工队伍是中国社会中人数最多的群体。2002 年到 2016 年，中国城镇职工总数从大约 10558 万人发展到 35900 万人左右，这一期间，职工队伍结构也在发生变化。到 2017 年，我国职工队伍的平均年龄为 37 岁，其中 62.5%

① 中共中央办公厅．中共中央国务院关于进一步深化电力体制改革的若干意见(中发〔2015〕9 号)．2015 年 3 月 15 日，http：//news.ncepu.edu.cn/xxyd/llxx/52826.htm.

的职工在 40 岁以下，新生代职工逐渐成为企业的主力军。不同年龄的职工成长环境不一样，不同性别、年龄段的职工在工作和家庭上承担的角色有所差异，不同学历的职工知识程度各异，这些因素都会导致职工在精神文化、兴趣爱好、知识技能等方面的需求各异，在企业中有可能形成具有明显学历、年龄、岗位特征的职工文化。如果忽略不同时期职工的特色与定位，容易造成企业与职工之间的冲突。同时，在我国社会主要矛盾转化的大环境下，中国职工的需求也逐渐转化为对日益增长的美好生活需要。"美好生活需求"大多属于精神与自我实现的领域，内容复杂，对应满足的条件更复杂。因此，如何适应职工发展的时代规律，满足职工多元化需求成为了职工文化建设需要思考的重要问题。

国网湖北省电力有限公司是国家电网有限公司的全资子公司，共有员工 4.57 万人，其中 35 岁及以下职工 1.13 万人，青年职工占比 24.66%。35 岁及以下职工有技能等级人数 4859 人，占青年职工的 43%；大学专科以上学历人数占青年职工总数的 98%。整体而言，国网湖北省电力有限公司职工结构层次丰富，职工年龄层次和岗位类型均具有多样性。因此，当前公司的职工文化建设需针对不同岗位、年龄、学历的职工群体开展活动，做到既能满足职工的普遍需求，又能实现职工的个性化要求，同时应该搭建新老职工交流的通道，并以内部交流外部学习的形式促进不同兴趣爱好的职工群体文艺特长的提升，进而丰富职工的精神文化生活。

三、新时代国有企业职工文化建设的发展趋势

新时代国有企业职工文化建设的边界、生产手段、传播途径和互动目标均呈现出新的发展趋势。

(一)职工文化建设边界从封闭向开放发展

文化的生存与发展都必须是开放着。党的十六大报告指出，文化建设一定要立足于改革开放和现代化建设的实践，着眼于世界文化发展的前沿，发扬民族文化的优秀传统，汲取世界各民族的长处，在内容和形式上积极创新，不断增强中国特色社会主义文化的吸引力和感召力。文化建设在内容和形式上的创新既要从

中国传统优秀文化中汲取养分，也要学习外部优秀思想，做到和而不同，求同存异，开放包容，在开放中把握主动权，是我国传统文化中开放包容智慧的时代彰显。

在当前我国坚持"开放、合作、共赢"的发展理念影响下，企业内部的文化建设，尤其是职工文化建设，也呈现出从封闭向开放发展的趋势，具体表现为以下三点。第一，以往职工文化建设资源聚焦于企业内部。然而，无论企业制度与内部文化建设多么完备，从效率来看，企业制度都会有一个最佳边界，边界以外的东西需要借助外部资源。例如，职工的心理健康工作需要专业的人才，职工的文化体育活动需要有专业的文体人才辅导。并且，随着人们生活水平的提高，职工需求会更加多元化，而内部的资源是有限。因此，在建设资源上，职工文化的建设边界逐渐扩展，呈现出由内部主导与各方积极支持的发展趋势。第二，在媒体成为传播主流的环境下，职工文化的传播从专一到去中心化，人人都可以成为职工文化传播的信息源头。不同于以往某一条信息、内容是通过特定的职工群体、工会或单个职工进行生产，现如今"去中心化"发展趋势下，任何职工只要具备职工文化的生产能力，就可能成为潜在的生产者和传授者，符合职工文化全员参与的建设理念。第三，以往的职工文化的影响范围局限于企业内部。然而，在当前通融互联、信息对称的互联网时代，文化内容生产与传播早已突破了组织边界。通过互动网，职工文化在内部不仅可以实现精准影响，而且对外也可以做到有效传播，树立职工文化品牌并提升企业知名度。

（二）职工文化生产手段由人工式向智能化发展

人工智能与文化的融合使文化生产变成了一种"图像制造与合成的游戏""人工智能形式的操作游戏"。① 智能化的文化生产是指文化的创造不用完全依靠人类的经验、知识以及人对客观事物的感知、想象，而是由计算机逻辑运算产生的，人类在其生产过程中只需要发挥创意、设计与技术操作能力，例如，声光造型艺术、全息投影技术的演唱会、3D 电影等。

在互联网时代来临之前，文化的生产手段多以书籍、报纸为主，过于严肃而缺乏趣味性。而随着现代信息技术的发展，文化产品的生产越来越依赖技术，娱

---

① 数字艺术：技术与人文的博弈。

乐性与趣味性逐渐增强。例如，电脑绘画几乎成为艺术设计的主要手段；智能软件会让作曲家即时听到创作效果；电影尤其如此。同时，得益于文化生产力要素的优化，文化产品实现了批量制造，数字合成文化在文化产品中的占比越来越高。现阶段，职工文化的生产仍主要依靠职工的经验、知识以及对客观事物的感知，但随着人工智能时代的深入发展，职工文化的生产力也将会得到极大的解放。例如，职工都可自主选择时间、地点，通过利用多种技术手段，将文化思想、文化理论、文化创意编辑成生动的视频、音频、动画等形式，将语言文字转换成兼具理论性与可读性的活泼形式，能够有效提升了职工文化的创作效率。

（三）职工文化传播途径由单向式向交互式发展

交互式传播是指内容的提供者与接受者均具有主动性，内容提供者收集来自接受者的实际反馈，并对内容进行调整与修饰，然后再次传送给受众。并且，接收者可以选择在任意时间和地点获得提供者所提供的内容。交互式传播能够促进相互学习和启发，实现价值共创，从而达到彼此改进。例如，在传统工业文明形态下，信息内容传播特点是信息单向流动，渠道单一，方式单一，批量生产、批量分发，反馈不同步，互动不实时，但在互联网时代，上下游企业通过互联网围绕产品信息开展持续"交互"，同时还通过互联网凝聚消费者的智慧，从消费者需求出发对产品的生产与销售进行改进。

当前，传播主体的变化与新媒体技术共同促使职工文化的传播途径由单项式向交互式转变。一方面，我们的职工群体正在变得年轻，他们是随着互联网发展而成长起来的一代，上网对他们而言如同呼吸一样自然和不可或缺，他们对互联网的使用也是得心应手。并且，青年职工群体的价值观日趋多样，他们容易接受新的事物和观点，愿意尝试新的生活方式，做事讲效率，有竞争意识且注重平等，讲求参与。另一方面，新媒体最大的特点就是交互性强，消融了地域的边界、时间的边界，甚至是职工文化的创作者与其他职工间的边界。新媒体基于各种智能的窗口、图标和可视化界面等，使职工文化的创作者与其他职工间的互动更加容易。因此，职工文化传播途径的及时性、可及性、便捷性等交互性特点有利于满足当代青年职工精神文化需要，符合时代特征。因此，未来的职工文化传播途径不再是单向的信息传播模式，而是双向的交互模式，职工文化的传播不再是强行灌输的过程和消极接受的过程，而是双向沟通的过程、合作互动的过程和积极反馈的过程，提高了职工群体在职工文化建设过程中的主动性与互动性。在新媒体技术的支持下，职工文化建设既要在源头控制职工文化的质量，又要尊重职工群众的感受，给职工进行反馈的机会和渠道，以充分吸收职工群众的智慧与力量。

(四)职工文化活动目标由展示才艺向提升综合素质发展

推动社会主义文化大发展要坚持以人为本，贴近实际、贴近生活、贴近群众，发挥人民在文化建设中的主体作用，坚持文化发展为了人民、文化发展依靠人民、文化发展成果由人民共享，促进人的全面发展，培育有理想、有道德、有文化、有纪律的社会主义公民。[①] 同时，《新时期产业工人队伍建设改革方案》也释放出党中央始终坚持以人民为中心的发展思想和全心全意依靠工人阶级方针的强烈信号，对产业工人素质提出更高的要求。在习近平新时代中国特色社会主义思想的指导下，现代企业组织以社会主义核心价值观为引领，以实现公司战略目标、促进企业和谐发展为核心，以满足职工美好精神文化生活需要为主线进行职工文化建设。而满足职工美好精神文化生活不能只停留在文化活动层面。

过去职工文化建设以开展文体活动为主，重在维护职工权益，给予职工人文关怀，锻炼职工身体素质，施展职工文体才艺。随着社会的发展，职工的精神文化生活需求水平在不断提高，职工在生活与工作的各方面还面临着前所未有的机遇和挑战。以人为本就是要尊重人、理解人、关心人，不仅要满足职工的物质需要，还要不断满足职工的全面需求、促进职工的全面发展。因此，企业、工会不仅要维护职工眼前的利益，还要关注职工的长远发展，不仅要丰富职工精神文化生活，更要全面提升职工的专业能力和文化素养。职工文化开展的活动指向性会更加多元，活动内容也将更加丰富。

---

① 《中共中央关于深化文化体制改革推动社会主义文化大发展大繁荣若干重大问题的决定》。

第六章　新时代国有企业先进职工文化的科学认识

　　新时代国有企业先进职工文化与以往职工文化的差别源于职工需求的转变。党的十九大报告指出，我国社会主要矛盾已经转化为人民日益增长的美好生活需要和不平衡不充分的发展之间的矛盾。既然职工文化是基于职工自身特色与精神诉求而产生的，它的内容也应该从满足职工基本物质生活的需求向满足职工精神文化的需求转变，从保障一般的工作、生活物资向追求工作、生活质量转变，从开展简单的职工文化活动向提高技能素质、激发劳动热情与创造力转变，科学的认识这些差别和转变，对于理解新时代国有企业先进职工文化的内涵很有必要。

一、新时代国有企业先进职工文化的内涵与外延

(一)新时代国有企业先进职工文化的内涵

　　新时代国有企业先进职工文化是以工匠精神、劳模精神为精神内涵，以社会主义核心价值观为引领，基于职工需求和企业发展，以提升职工工作赋能感和丰富职工精神生活为目标的先进文化。其包含职工价值观、职工行为规范、职工精神风貌三大维度(见图6-1)，综合表现为思想观念、价值追求；实践活动、劳模代表；风俗习惯、文化活动六个方面的基本内容。其中职工的精神风貌和行为规范构成显性职工文化，职工价值观构成隐性职工文化。显性职工文化能够通过职工的日常工作表现观察到。隐性职工文化则是职工的自我认知、角色定位、动机等。

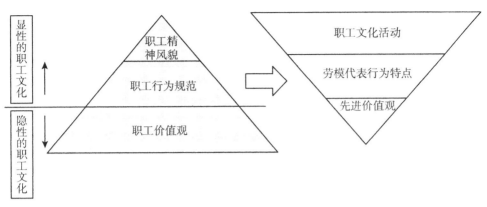

图 6-1　职工文化的三大维度

职工价值观是职工群体在长期实践中形成的普遍的、广泛认同的对价值问题的根本看法与观念，指导着职工群体在企业中的行为方式与态度。新时代的职工价值观以社会主义核心价值观为导向，在国家、社会与个体层面都完全渗透进社会主义核心价值观的内容，特别是在个体层面，职工价值观应该提倡尊重劳动、热爱岗位的思想观念，以劳模精神、工匠精神为价值追求。

职工行为规范是职工群体共同的行为特点，如，职工的仪容仪表、待人接物的态度、对待环卫与安全的态度等。在企业当中，职工行为规范虽然多数是由企业制定而形成的一系列工作准则，但是在职工文化中的职工行为规范特指由企业引导，受职工价值观影响，以职工群体认可并自觉遵守为前提的一切行为要求、准则或习惯等。职工行为规范是职工群体在实践活动中的行为特点，集中体现为劳模代表的行为特点。

职工精神风貌是职工文化的外显层，具体形式是职工文化活动。职工文化活动由职工群众共创共享，其性质是由职工价值观、职工行为规范所决定的，反映职工群体的思想道德素质、技术技能素质、安全健康素质。

根据国网职工、职工文化的相关报道与文件，将职工文化融入国网"建设世界一流电网，建设国际一流企业"的企业愿景和"奉献清洁能源，建设和谐社会"的企业使命，以"诚信、责任、创新、奉献"的核心价值观，结合职工文化的6个方面基本内容，我们对国网职工文化进行提炼，形成了"崇尚技术、务实创新、扎根基层、严守安全"的价值追求，"坚守诚信、无私奉献、勇于担当、自我鞭策"的行为规范，以及"爱岗敬业、艰苦奋斗、素质过硬、服务大众"的职工精神风貌(见图 6-2)。

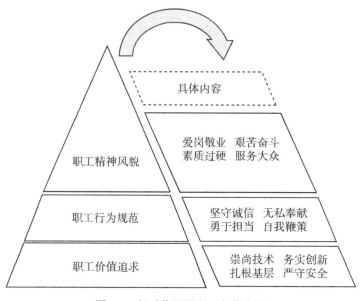

图 6-2　新时代国网职工文化内涵

(二) 新时代国有企业先进职工文化的外延

新时代职工文化以为实现中国梦助力为最终目标,以丰富职工精神生活、推动职工人生价值实现为直接目的,它是由职工主动创造和管理、企业发挥支持和引导作用的双主体管理文化。职工群体和工会各级组织以及企业相关部门在新时代职工文化的建设过程中发挥了不同的作用,留下了宝贵丰富的物质文明和精神文明,这些都是新时代职工文化的重要构成部分。

为满足新时代下广大职工群众对高质量精神文化生活和工作赋能感的追求,职工群体进行了物质生产活动并创造出丰富的文化产品,同时企业工会和相关部门为保障职工权益、提高职工综合素质也开展了一系列活动,这些都属于职工文化的物态文化,因而职工文化的外延是对职工文化物质文化的丰富与拓展,认为职工文化的物质文化包含了职工的物质生产活动、职工素质提升活动、民主管理活动、职工文体活动和职工帮扶活动以及工会和相关部门开展的思想宣教活动、志愿服务活动、选拔先进典型活动、先进典型宣传活动这九种类型活动将成为新时代职工文化最具活力的文化，能够彰显新时代职工成长的新特色(见图6-3)。

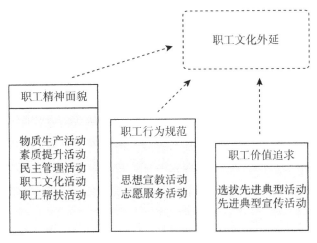

图 6-3   新时代国网职工文化的外延

二、新时代国有企业先进职工文化的特征与功能

(一) 新时代国有企业先进职工文化的特征

习近平总书记在党的十九大报告中指出，经过长期努力，中国特色社会主义进入新时代，这是我国发展新的历史方位。进入新时代的中国呈现出经济发展提质增效、政治道路成熟稳健、文化自信不断彰显、治理水平不断提升、生态环境有序恢复五大显著特征。国家持续发展的时代要求与职工需求的变化驱动职工文化的内涵不断丰富，并具有如下新特征。

(1)先进性特征。新时代职工文化始终坚持马克思主义的指导地位，坚守中华文化立场，立足当代中国现实，结合当今时代条件，推动国家、社会、职工队伍三者协调发展。先进的职工文化必须牢固树立社会主义核心价值观。通过教育引导、舆论宣传、文化熏陶、实践养成、制度保障等，使社会主义核心价值观内化为职工的精神追求，外化为职工的自觉行动。以加强民主管理为基础，提升职工法制观念，深化民主管理，推动企业依法、民主、科学决策。持续健全完善民主管理、民主参与、民主监督制度。不断丰富和发展配套制度，形成横向覆盖各个专业，纵向覆盖各个层面，上下贯通的民主管理制度和工作体系。以维护职工合法权益为根本，深化爱心帮扶机制，加大服务职工力度，健全帮扶救助工作机制。着眼于更好地满足职工群众多层次需求，努力构建服务职工工作体系。深入推进职工关爱工程，拓宽工会帮扶救助的途径，根据职工需要丰富帮扶内容。以提升职工精神需求为动力，开展丰富多彩的文化活动，引导广大职工坚定理想信念，巩固团结奋斗的共同思想基础。在开展丰富多彩的文化活动过程中，让社会主义核心价值观成为职工日常工作生活的基本遵循。把社会主义核心价值观的要求融入各种精神文明创建活动之中，吸引群众广泛参与，推动人们在为家庭谋幸福，为他人送温暖、为社会作贡献的过程中提高精神境界、培育文明风尚。使核心价值观的影响像空气一样无所不在、无时不有。以先进职工文化来引领中国人民群众的物质文化和精神文明建设，不断丰富人民群众的精神境界，凝聚起实现中华民族伟大复兴的磅礴力量。

(2)人本性特征。人本特性就是以人为本，以人为本的职工文化就是将基层员工放在第一位，充分的尊重员工、激励员工、关心爱护员工，建立以人为本的文化机制，形成民主的企业氛围。企业的职工群众是企业历史的缔造者也是企业改革发展的实践者，是推动企业改革创新的探路人。因此，企业的职工群众是职工文化建设的主体，开展职工文化建设，就是对职工群众拼搏奉献的建设实践源头与改革历程的提炼与把握。坚持以人为本，全心全意为职工群众服务、虚心向职工群众学习，提高对职工群众主体地位的认知与尊重，坚持"从群众中来、到群众中去"的工作路线是构建强力实效的职工文化的价值理念的规定。职工文化建设必须以企业职工为根本，让广大职工真正成为文化建设的实践者，使文化建设富有生命力。职工文化以职工为本，坚持为职工服务，为国家和社会服务。新时代职工文化建设需坚持人文性，应当把满足职工精神文化需求作为职工文化建设的根本出发点，切实做到激发职工劳动热情与创造力，提高职工技能素质，丰富职工精神文化生活。

(3)差异化特征。国有企业职工数量庞大、岗位结构复杂，这就导致了职工文化建设的差异化，职工的成长环境、工作的差异性决定了不同职工队伍有着不一样的文化特色。不同岗位、不同年龄段、不同层次、不同文化水平、不同地区职工群体特点的差异，必然会带来其精神文化需求上的差异。充分尊重职工个性特点和需求进行差异化管理是职工文化建设的实施准则，不同的职工都得到企业的关注，使职工认为企业是可以信赖的，差异化特征能为职工文化的发展带来鲜明的个性色彩，不同的职工在职工文化建设过程中表现出不同的认知和特点，形成职工文化的丰富多样，为满足广大职工的需求，职工文化建设过程应当尽可能地满足职工需求，根据员工的差异性设定活动和内容，让人人都有参与感，最大程度上精准满足不同职工群体的差异化需求。

(4)共享性特征。职工个体的价值取向虽千差万别，但是职工群体的价值取向能够求同存异，受到普遍认同的价值取向能够形成职工文化的主流价值观。职工文化是职工个体文化发展为群体文化的结果，特别是优秀的个体文化，在职工群体内共享而形成的制度性群体文化，这种文化得到组织广大员工的高度认同，促使员工认为职工文化建设就是"自己的事"，在按照职工文化践行并维护好职工文化倡导的理念的同时，也是在实践和巩固自身的价值追求。共享性特征促使了价值理念的一致性，带来了职工内心的愉悦感和舒适感，有助于营造组织内部更加融洽的人际关系和工作关系，减少了因职工观念不和而导致的人力资源效率下降和企业组织运行内耗，进一步提升了组织运行效率。此外，一旦职工文化的价值观受到社会和企业认可，便能够在社会和更多企业中传播，达到广泛共享目的，为职工文化的建设以及优秀职工文化的推广提供了可能。

(5)时代性特征。职工群体始终置身于一定时空环境之中，受时代精神感染，而又服务于社会环境。时空环境是影响职工生存与发展的重要因素，职工文化是时代发展的产物，决定了职工文化具有鲜明的时代特征，企业在长期的经营管理过程中，日益认识到企业的竞争不仅仅是资金、技术、策略等的竞争，更是职工的竞争。拥有了精湛独到的职工文化，企业就拥有了比较成熟完善的经营理念，进而能引导企业成为市场竞争的强者。在如今倡导以人为本、和谐发展的社会管理理念下，企业根据自身发展的需要，逐渐形成了各具特色的职工文化。职工文化不能脱离职工的实际而孤立存在，它不是领导者或某个阶层的完美的理想化思想的体现，它必须建立在职工现实发展的基础之上，和现实相结合。它是动态的、科学的，随客观环境和企业内在因素的变化而变化，所以职工文化必须与时俱进，保持其时代性。职工文化产生于企业，并服务于企业。因此，它的生成与发展、内容与形式，都将受到一定时代的经济体制和政治体制、社会结构和风尚的制约。由后者众多因子构成的时代精神在职工文化中反映出来，即构成了职工文化的时代特征。

(二)新时代国有企业先进职工文化的功能

(1)思想宣教功能。职工文化作为文化的一种类型，本质上就具有了文化的价值导向功能，职工文化以概括、精粹的语言明示着职工的发展目标和方向，这些语言经过长期教育潜移默化，铭刻在职工的心中，成为其精神生活的一部分，优秀的职工文化用社会主义核心价值观引导职工态度、行为。职工文化通过对职工进行思想宣教，可以提升职工的精神力量，不仅促进了个人能力的提升，而且为企业的发展添砖加瓦。此外，在日常工作中，员工之间、部门之间难免出现摩擦，并造成员工情绪化，影响工作效率。职工文化建设工作在员工心态调整上发挥着重要作用，可以帮助员工排解情绪，调整心态，正确认识工作中的摩擦，并且根据利害关系调整工作方法，引导员工正确处理职场关系。在职工文化建设中，运用思想政治建设培养员工的主人翁意识，最大程度地挖掘员工潜力，调动员工的工作热情和积极性，利用平台让员工发挥自身的创造力，肩负起企业发展的责任感，全身心地投入企业建设中的浪潮中，实现自身价值。

(2)素质提升功能。职工文化为职工提供良好的文化氛围，给予职工心理与精神上的支柱，满足职工自我成长的需求，激励职工创新精神与工作热情，是进一步提升职工的社会文明素质、健康安全素质、民主法制素质、技术技能素质、科学文化素质、思想道德素质的重要工具。提升职工素质的形式除了职工文体活动，还有职工技能竞赛、职工创新工作室、职工书屋、职工主题宣传教育活动、职工先进典型评选等。职工文体活动要全面繁荣反映职工主题的新闻出版、广播影视、文学艺术等职工文化事业，不断推出反映时代新气象、讴歌职工新创造的职工文艺精品，建强用好企业融媒体中心，宣传职工正能量，广泛开展职工群众性文化活动，加强职工文化设施和职工文化项目建设以及职工优秀传统手工艺保护和传承，广泛开展职工健身运动，定期不定期举办职工运动会、职工艺术节，增强职工体质，丰富职工业余文化生活。职工文化活动不仅要提升和展示广大职工的文体爱好和特长，还要为他们的绝技绝活展示提供平台和机会，更要为他们的学习和进步创造条件和空间，等等。在这些职工文化活动中，"中国梦·劳动美""当好主人翁，建功新时代"等是新时代职工文化活动的主旋律。新时代职工文化要做到娱乐性、思想性、教育性、政治性等相结合，才符合党和国家特别是习近平总书记关于新时代职工文化的新要求。

(3)凝心聚力功能。职工文化作为一种群体文化，通过共同的价值观念将职工群体团结在一起，是凝聚企业发展与职工成长的重要力量。职工文化活动能够帮助职工扩大交友圈，改善人际交流，协调职工关系，增强企业团队精神。团队精神是企业文化的核心，也是企业最为看重的价值理念。随着当前物质文化的不断提高，广大职工对精神文化提出了更高的要求。职工文化建设正是以多种文化活动为载体，通过提升职工的思想道德素质、增强职工的科学文化水平，提高职工的专业技能，开展丰富多彩的文娱活动来满足广大职工日益增强的精神文化需求，使职工在自我提升和价值实现中实现职工的全面发展。同时职工文化建设突出以人为本的情感注入和情感沟通，可以满足当代职工追求平等感、归属感、亲和感的心理需求，使职工充分享受和谐愉快的工作氛围。在日常生活中，每个人都是独立的个体，都在自觉不自觉地通过自己的价值观念、思维方式来评价事物、处理问题，而组织强调更多的是集体主义观念和行为。文化活动具有目的的统一性、动作的协调性、整体的合作性、信息的沟通性，文化活动的集体性质要求每个员工在参与活动的过程中必须放弃狭隘的个人偏见，树立集体主义思想；用集体规则规范个人行为，服从集体目标，达到统一和谐。职工文化活动的这种性质有利于培养职工团队精神，增强职工集体荣誉感，进而形成团结协作、拼搏进取的集体主义精神和企业凝聚力。

(4)约束规范功能。职工文化能够引导职工群体形成统一的价值目标体系，并通过树立规范行为让各企业的职工群体都朝着这个目标进行自我行为约束。职工文化对职工日常行为进行了规范和约束，这种规范和约束是职工群众自我教育和自我管理的产物，是"我要做"的内在行为规范。约束和规范功能凸显了职工群众的主人翁地位，重视"外在管理"向"内在管理"转变，"他人管理"向"自我管理"转变，最终实现职工群众整体素质的提升。约束和规范的内容主要包括职工岗位准则、职工行为准则和职工道德准则。职工岗位准则是指职工群众应该自觉遵守的岗位规范和要求，明确所在岗位的中心任务、工作规范及与其他岗位的协作关系，鼓励他们把岗位看作实现人生价值的舞台，活出生命的意义；人生价值的舞台，活出生命的意义。职工行为准则是指职工群众体现的共同行为特点和自觉遵守的日常行为守则，培养职工群众的行为自觉意识，规范行为举止和行为习惯，具有明确的导向性和约束性；职工道德准则是指职工群众应该遵守和履行的道德原则和道德的基本要求，是职工群众所秉持的善恶标准。凡是符合职工道德准则的行为，就属于善的行为，否则就属于恶的行为。

（5）社会辐射功能。职工文化关系到企业的公众形象、公众态度、公众舆论和品牌美誉度。职工文化不仅在企业内部发挥作用，对企业员工产生影响，也能通过传播媒体，公共关系活动等各种渠道对社会产生影响，向社会辐射。职工文化的传播对树立企业在公众中的形象有很大帮助，优秀的职工文化对社会文化的发展有很大的影响。职工文化能通过各种渠道在企业内部与外部产生影响，即职工文化一旦形成，不但职工对企业的认同感产生巨大的向心力、凝聚力，而且能够调动全体职工的生产、经营的积极性和创造力，与企业的思想和价值实现共振，使企业得以长足发展。职工群体的价值观念、理想追求与精神风貌不仅能影响整个企业，还能通过各种媒介传播到社会上，如职工的劳动精神、工匠精神，从而发挥社会影响力。作为社会主义文化的重要组成部分，新时代职工文化对于推进社会主义文化强国建设的重要意义，在于传播先进职工文化、弘扬劳模精神、劳动精神、工匠精神以及打造劳模品牌、工匠品牌等，这也是职工文化体系的主要内容。

三、新时代国有企业先进职工文化的内容

（一）引航文化

新时代国有企业先进职工文化应该充分发挥"引航"作用，做到政治方向引领、公司战略引领、"三种精神"引领（劳模精神、劳动精神、工匠精神）、职工文化引领，切实担当引领职工听党话、跟党走的政治责任，引导职工进一步增强政治认同、思想认同、情感认同，在政治立场、政治方向、政治原则、政治道路上与以习近平同志为核心的党中央保持高度一致，不断巩固党执政的阶级基础和

群众基础。

（1）政治方向引领，站稳政治立场。国有企业掌握着国家的经济命脉，同时也是贯彻党的路线方针政策的重要基地，因此国有企业职工文化的建设就是要帮助职工树立牢固的政治意识，通过对国有企业职工开展思想政治教育工作，能够不断提升职工的思想觉悟，增强主人翁意识，提升他们的工作能力，从而有效地推动职工队伍建设的发展，让国有企业职工的综合素质得到提升，产生对国有企业的归属感和责任感。新时代职工文化对于职工思想政治工作的首要战略价值在于，提高职工文明程度，形成职工文化体系，推动形成适应新时代要求的职工思想观念、职工精神面貌、职工文明风尚、职工行为规范。

新时代职工文化要以习近平新时代中国特色社会主义思想为指导，推动职工理想信念教育常态化制度化，推进以职业道德建设为重点的公民道德建设；实施职工文明创建工程，拓展新时代职工文明实践中心建设。新时代职工文化以全面提升广大职工的综合素质特别是思想政治素质为根本目的，从这个意义上讲，职工文化与企业文化有着同等的战略地位。其中，职工文化管理是党的群众路线在管理实践中的具体应用，充分体现了全心全意依靠工人阶级的根本方针。如果国有企业职工的思想政治教育工作没有做到位，就很难提升职工的工作积极性，同时也无法让国企职工为了企业的发展而努力，从而影响国有企业的整体发展，因此，在职工文化建设过程中强调思想政治教育的重要性，发挥其引航作用，就能够帮助国企职工树立正确的世界观，人生观和价值观，自觉抵制社会上一些不良思想比如拜金主义和享乐主义的侵袭，让职工能够安心本职工作，形成对自我的正确认知，从而不断提升整体整个职工队伍的素质，让企业职工队伍建设能够得到快速的发展。企业可以搭建职工思想政治教育平台，推动工会宣教与党的宣传工作同频共振、同向发力把学习贯彻习近平新时代中国特色社会主义思想作为一项战略工程，切实增强"四个意识"、坚定"四个自信"、坚决做到"两个维护"。大力弘扬社会主义核心价值观，培养家国情怀，增强应对挑战的信心和斗志。把疫情防控中彰显的中国精神、中国力量、中国效率作为最生动教材，大力宣传中国共产党集中统一领导、中国特色社会主义制度的根本优势和强大力量。组建培养一支高素质的网络评论队伍，及时传递党的声音，坚决贯彻党的意志，让党的主张成为职工自觉自愿行动。

(2)公司战略引领，推动改革发展。不谋全局者，不足谋一域；不谋大势者，不足谋一时。当前，国内外市场形势发生了较大变化，国企改革步伐不断深入，公司的客户、合作伙伴以及公司自身都在发生变化，技术变革、政策法规的调整更是时时形成新的挑战。职工文化建设过程中，要坚持战略引领，深刻阐释公司面对的外部机遇与挑战、自身所拥有的优势和劣势，为企业应对转型新挑战、抢抓新机遇、挖掘新动力指出方向和路径。

现如今，随着国内经济体制改革的深化，经济增长模式已经开始由不可持续性向可持续性、粗放型向集约型、高碳经济型向环保节约经济型转变，由主要依靠生产资源投入增效向更多依靠管理和技术增效转变。这就要求企业要主动适应和把握国家经济发展的新常态，将转方式调结构、提质增效放到更加重要位置，深入谋划和布局适合自身的转型升级道路，逐步形成核心竞争力，着力做强做优，才能够全面实现战略目标。职工文化的建设按照深刻领会学进去、联系实际讲出来的要求，面向职工广泛宣传公司战略体系内容，采用"坚持战略引领，再动员、再激励、再出发"的方式，发挥职工文化浸润作用把战略制胜的理念体现在思想上、落实到行动中。围绕企业发展战略来思考和谋划工会工作，聚焦企业发展与职工成长成才交汇点，定牢圆心，拉长半径，引导职工在推动公司战略落地实施中发扬主人翁精神、发挥主力军作用，构建职工与企业命运共同体。

(3)"三种精神"引领，动员岗位建功。劳模精神劳动精神工匠精神是新时代高技能人才和大国工匠须具备的重要职业特征，是培养劳动者适应中国经济产业高质量发展形势的重要精神基石，是高技能人才和大国工匠融科产业基础高级化、产业链现代化的发展轨道的重要意志支撑。要打破西方少数国家对我国尖端制造业进行卡脖子图谋，光有高水平的设计显然是不够的，还需要大批具有劳模精神劳动精神工匠精神的高素质劳动者。提升中国制造的精密度、强硬度、灵敏度、智慧度、尖端性、前瞻性，不断增强中国民族工业的自信心，离不开企业一代又一代高技能人才和大国工匠的潜心钻研、精雕细刻、反复打磨。国有企业应当高度重视技术工人和大国工匠的重要作用，技术工人是中国创新创造的重要参与力量、是建设创新中国的最活跃最积极的因素，是支撑中国制造、中国产品的重要基石。产业技术工人是构建现代产业体系、调整经济产业结构、推进新型基础设施建设、建设强大国防力量、提升产品竞争力、优化经济制度体系、夯实实体经济发展基石的重要依靠力量，是实现制造强国、质量强国、网络强国、数字中国的坚实推动力量。

职工文化建设过程中要充分激发技术人才和大国工匠的动力热情，为他们参与产品升级、工艺优化、设备改进创造条件，为他们参与企业管理、进行充电深造、精湛技能展示、相互比赛切磋提供平台，不断提升人才的生活待遇、工作条件、学习环境，关心他们的身心健康、家庭幸福、荣誉尊严，让他们感受到从事技术工作的光荣感、自豪感、幸福感，不断增强技术工人投身产业基础高级化、产业链现代化的现代产业体系建设的积极性、主动性、创造性。同时，注重人才成长轨迹跟踪引导，确保劳模典型树得起、立得住。深化"中国梦·劳动美"主题教育，利用内外部媒体平台，开展劳模工匠的典型事迹宣传，以劳模工匠的先进思想、行为习惯、过硬作风影响周边、带动一片，让广大职工学有目标、比有标杆。大力宣传广大职工在疫情防控期间顾全大局、逆行抗疫、高效复产的可贵精神和英雄气概，发挥榜样、示范和引领作用，充分激发全员劳动热情和创新潜能。

(4)职工文化引领，凝聚奋进动能。职工文化活动是企业文化建设的重要载体，通过丰富多彩的职工文化活动能够有效地发挥教育、引导、激励、促进的作用，使企业精神、价值理念、发展目标、规章制度内化为职工的自觉行为，从而不断推动企业文化建设。丰富多彩的文化活动是企业文化的一种展示，是展现企业风貌、增强员工体质、活跃业余生活、激发员工挑战性、提升企业凝聚力，增进企业文化建设工作的有效载体。通过文化活动，员工之间可以减少摩擦、缓解矛盾，进而产生信赖，密切合作，潜移默化地增强广大员工的向心力。而且，职工文化活动可以满足不同年龄、不同层次、不同爱好者的需求，广大职工的专长、个性可以在群众性文化活动中得以充分的体现。通过这些生气勃勃、丰富多彩的文化活动，可以极大地激发职工工作热情，增强主人翁意识，提高职工的企业归属感，真正为企业的发展增添内在活力。团队精神是企业文化的核心，也是企业最为看重的价值理念。

在日常工作中，每个人都是独立的个体，都在自觉不自觉地通过自己的价值观念、思维方式来评价事物、处理问题，而组织强调更多的是集体主义观念和行为。职工文化活动具有目的的统一性、动作的协调性、整体的合作性、信息的沟通性，文化活动的集体性质要求每个员工在参与活动的过程中必须放弃狭隘的个人偏见，树立集体主义思想；用集体规则规范个人行为，服从集体目标，实现统一和谐。职工文化活动的这种性质有利于培养职工团队精神，增强职工集体荣誉感，进而形成团结协作、拼搏进取的集体主义精神和企业凝聚力。因此，企业可以加强职工文化机制、载体和队伍建设，开展职工文化建设理论探索与实践，创新思路举措提升职工文化引领质效，围绕精准扶贫、疫情防控、服务经济社会发展等中心工作，组织文艺骨干开展形式多样的文艺创作，努力推出一批有筋骨、有道德、有温度的文艺作品为公司发展提供价值引导力、文化凝聚力和精神推动力。

（二）赋能文化

职工文化建设过程中，职工是主体，是职工文化的创造者，企业与工会是组织者、引导者，三者共同开创职工文化建设的良好局面。赋能是价值共享的关键环节。赋能文化强调的是以职工为本，关注职工成长，通过技能培训、劳动竞赛促进职工技能水平和综合素质的提升，为职工赋能。企业赋能文化聚焦的是职工的全面发展，通过加强班组，开展劳动竞赛、技术比武、合理化建设等各种形式的活动，造就一支有理想、守信念、懂技术、会创新、敢担当、讲奉献的先进职工队伍。尊重员工的首创精神，组织开展职工技术创新工作，激发职工创新意识和创造潜能，促进职工岗位成长成才。

（1）赋能阵地建设，提升职工素质。职工文化阵地是丰富职工群众精神文化生活、弘扬社会主义先进文化的重要载体和不断提高职工队伍素质、促进职工队伍团结稳定的重要平台。赋能阵地建设，就是拓宽职工学文化、学业务、讲安全、长知识的平台以及开展各种主题活动的场所，使职工足不出户便可接受现代知识信息，感知享受精神文化生活，增进交流沟通。文化阵地建设和群众性文化活动是"文化强企"的重要基础。企业通过大力发展群众性文化，丰富群众的精神生活，激发职工参与职工文化建设的积极性和主动性，形成和谐积极向上的氛围，以活跃企业职工文化增强凝聚力，进而带动企业的繁荣和发展。

文化阵地建设和群众性文化活动为企业战略的实施注入新的动力。"提高群众的文化质量，提升企业的文化内涵和文化品位，塑造企业的形象"是企业追求的目标，可以让更多的职工群众在此过程中体会到更多的获得感、幸福感、满足感。如国网湖北省电力有限公司拥有职工书屋、职工文化工作室、职工文体活动中心这三种阵地，为职工开展多元化活动提供了平台。职工书屋拥有政治类、技能类、生活类等多种类型的书籍供职工借阅。职工文化工作室按摄影类、音乐创作类和书画类分类，能为职工践行兴趣爱好、创作文艺作品提供场所。国网印吧依托于书画工作室开展活动，教授职工群众篆刻技艺。职工文体活动中心一般含有乒乓球场地、羽毛球场地和健身房，有的公司更包含篮球场地。赋能阵地建设，充分发挥平台作用有助于促进多种类型职工文化活动的顺利开展，在丰富职工精神文化生活的同时能够有效提升职工综合素质。

（2）赋能激励机制，激发创造热情。所谓职工激励就是指为了满足职工生理的、心理的愿望、兴趣、情感的需要，通过有效地启迪和引导职工的心灵，激发职工的动机，挖掘职工的潜力，使之充满内在的活力，朝着所期望的目标前进。要依靠职工办好企业，就应该树立"企业为人"的观念，尽力为职工谋福利、为职工办实事、为职工想问题，激励职工发奋工作。我们只有把"企业为人"的观念始终贯穿在职工激励当中，才能制定高层次的激励措施，全面调动广大职工的自觉性、主动性、创造性和工作热情。赋能激励机制是促进国有企业职工工作能力、工作技能和相关知识素养稳定提升的重要途径，作为一个企业，无论客观因素多么有利，但员工的精神、员工的智慧、员工的觉悟、员工的力量才是企业之魂，才是企业发展的决定性因素。

职工在文化激励下，会更加自觉地积极工作，充分展示才华，发挥主观能动作用，为企业创造更加丰富的物质财富和精神财富。赋能激励机制，同样是国有企业实现现代化人力资源管理的表现，现代化人力资源管理，要求企业人力资源管理部门能够充分利用激励机制对企业职工进行培训与管理，实现职工素质和能力的提升。赋能激励机制可以提升团队（班组）创建面，打破部门团队沟通壁垒，鼓励跨部门团队协作和工作创新。企业可以建立个人创新活动账户，记录职工创新的具体情况，形成培养账本并以此为激励依据。鼓励职工、团队从身边事做起，从本岗位做起，从我做起，将知识技能应用于工作中，勇于开拓创新。创新内容以技术创新、业务和服务创新、管理和机制创新等为重点，以创新成果应用、给企业创造价值为目的，建立创新管理机制，营造鼓励创新、激励创新、包容创新失败的企业氛围，提高职工持续创新能力。

（3）赋能培养体系，培育骨干人才。企业的成功离不开骨干人才的支撑，要使企业得到持续、健康、快速的发展，归根结底要落实到人才培养上来。骨干人才是人才队伍中的精华，在完成重大任务和应急性工作中发挥着关键性的作用，是一个企业不断开创工作新局面的主力军。国企想要稳步发展，就需要建立一支骨干人才队伍，确保在企业内有一批训练有素、经验丰富、善于自我激励的优秀人才接任未来的重要岗位。职工文化赋能培养体系，就是充分发挥骨干人才的工作激情和创造热情，形成一支高素质的职工文化骨干队伍。

通过优化培育方法，国有企业可以形成"师带徒"的教学模式，保证内部知识文化技艺的传承。此外，建立"骨干人才星选"体系，形成分层次分级别的骨干人才库。针对不同层次不同类别的人才，采用"菜单式"培训，把骨干人才的培训工作细分类别，例如文体活动类、创作类活动以及新媒体活动，实行面向对象的重点培养、各个击破。为扩充职工人才队伍，提升职工技艺水平，企业培养对象可以从公司内部在职职工扩大到离退休职工以及公司外部人员，通过建立职工家属活动站、离退人员活动站以及知名文艺专家活动站等人才活动站的方式，实行"内部培养+外部合作"的双向培养制度，形成企业人才的内外联动机制。

（三）融入文化

新时代国有企业先进职工文化，应充分体现其"融入"性，发挥文化的浸润作用，推动职工文化建设全面融入企业发展战略、融入企业日常管理，融入企业生产过程，融入班组建设和职工工作与生活。充分发挥职工文化的功能，充分调动广大干部职工干事创业的积极性、主动性和创造性，构建职工与企业命运共同体。

（1）融入企业发展战略，统筹建设布局。企业发展战略是企业实现目标愿景的阶梯，职工文化融入企业发展战略有助于企业更好地发展。企业战略是职工文化的重要组成单元，是职工文化的反映，有什么样的职工文化便会产生什么样的发展战略，职工文化反映着企业员工的核心价值观、行为准则，是调动全体职工实施企业战略的保证，是"软"管理的核心，也是实现企业发展战略的驱动力和重要支撑。用文化树立企业信誉，用文化传播企业形象，用文化打造企业品牌，用文化提升企业竞争力。

因此有效的发展战略和优秀的文化是企业成功的模式和基础。对于国家电网而言，目前正在努力建设具有卓越竞争力的世界一流能源互联网企业，一方面随着电力改革和国企改革正在纵深推进，能源革命和数字革命不断融合发展，电网企业面临前所未有的机遇和挑战；另一方面随着国网公司"一体四翼"发展布局的实施，要求公司上下需从组织机构、管控模式、思想观念、工作作风、队伍素质等方面全面适应和支撑公司"一体四翼"的发展布局。职工文化的浸润作用能让国网公司在改革潮流中拥有人心稳定、凝聚力强的职工队伍，更能通过正确的价值引导让职工融入公司的发展轨道，促进职工综合素质提升，找到企业和职工共同成长的交汇点。文化融入不仅是公司适应内外部环境变化的必经之路，也是公司实现战略目标，增强内驱动力的现实需要，更是将企业发展和职工成才有效结合的必由之路。

(2)融入企业日常管理，实现民主管理。企业民主管理与职工素质具有紧密的联系，职工素质提升对加强企业管理，推进企业民主管理进程具有重要的促进作用。对此要不断提升职工文化、技能素质，培养职工自觉参与企业民主管理的意识，增强职工参与企业民主管理的水平和成效。职工文化素质建设必须着眼于全面提升职工队伍的精神文化素质。职工文化作为一种文化群体环境，具有潜移默化地影响人、教育人、塑造人和改造人的作用，丰富多彩的文化活动能够有效陶冶职工情操、营造先进文化氛围、激发职工的劳动热情和创造活力。实践证明，提升职工队伍的精神文化素质是新时期、新形势对企业的必然要求。企业要发展，人才是关键，高素质的职工是企业和社会的宝贵财富，也是先进生产力代表的基本内核。因此，提高职工文化素质是人才建设的重要一环，只有职工文化素质得到了进一步提升，才能增强职工参与企业民主管理的自觉意识，更大限度调动广大职工的积极性和创造性，提高职工参与企业民主管理的质量和效果。

将职工文化融入企业日常管理，通过职工代表制度和职工参与制度加强企业民主管理，充分运用工会宣传、教育职工的主阵地，以"合理化建议""技术创新"等群众性活动为载体，积极开展内容丰富的劳动竞赛，不断增强职工民主参与意识，进一步激发职工工作的积极性和创造性。坚持服务职工、活跃文化，不断引导职工开展积极向上的文体活动，愉悦身心、促进工作；继续推广、促进工会职工书屋建设，完善职工文化基础设施建设；将元旦、春节、五一等节假日文艺汇演活动常规化，不断创造各种各样的职工文化项目，活跃职工文化形式；要不断把"创建学习型组织、争做知识型职工"读书活动引向深入。通过多样化的职工文化活动开展，培养职工的团队精神，增强企业凝聚力，提升职工文化素质，营造良好的企业民主管理环境，进而推进企业民主管理进程。还可以发挥网络服务工作全天候、职工全覆盖的优势，拓展厂务公开渠道，切实保障职工知情权、参与权、监督权；借助合理化建议网络平台，总经理联络员、工会主席信箱等渠道，广泛收集职工意见建议，切实落实职工参与企业管理的权利，把广大职工的积极性和创造性充分调动了起来，保持了企业的生机和活力。

(3)融入企业生产过程，依靠职工办企业。职工是推动企业发展的中坚力量，是企业利益相关者中最重要的组成部分，依靠职工办企业，树立并贯彻"以职工为中心"的管理理念，关心职工的思想动态，加强沟通交流，提升企业的凝聚力，增强职工归属，有助于稳定公司正常有序生产、促进公司向前发展。职工文化融入企业生产过程，是坚持全心全意依靠职工办企业的重要体现。尊重职工的主人翁地位，保障职工参与企业生产的各个环节，让每一位职工时时处处亲身感受到自己是企业的主人，把关心企业、为企业出力看成义不容辞的责任。利用微信互联、建群的方式，保证职工可以在任何时间向领导和部门提出意见和建议。在制定企业重大决策、处理涉及职工切身利益的重大问题时，切实发挥职工和职代会的作用，广泛征求职工意见，保证了广大职工的全面参与，兼顾了企业和职工的共同利益。

随着国有企业的发展，广大职工对美好生活的需求逐渐由"硬物质需求"向参与感、公平感、获得感、幸福感、安全感等更具主观色彩的"软需求"转变，由注重"生存"向更加注重"发展"转变。面对职工需求的转变，满足职工对美好生活的需求特别是美好精神文化生活需求，是践行国有企业使命和履行社会责任的具体表现，也是全心全意依靠职工办企业的具体体现。

(4)融入班组建设和职工工作与生活之中，助力职工成长。职工的文化活动架起了企业与职工之间的桥梁，通过文化活动可以把企业文化理念、企业的管理需求和员工的价值展现连接到一起，以轻松愉快的活动的形式表现出来。企业职工在工作与生活中的创造性不是与生俱来的，而是通过不断感悟、不断练习逐渐培养出来的。企业职工参与自己感兴趣的文化活动，在轻松的活动形式中发挥自己某一方面的优势和爱好，充分展示自我。取得良好成绩后不由自主地增强自信心，提升自身的创造力。在自我优势充分发挥的同时，为企业的发挥作出贡献。因此，企业定期开展文化活动是企业职工树立自信、焕发工作激情的有效途径。新时期下，国有企业改革速度加快，"90后""00后"青年职工力量不断地注入企业。面对企业深化改革带来的新情况、新形势，正确引导广大青年职工，是当前的现实要求。职工文化融入职工生活，就是帮助职工从入职初期就树立起职业生涯规划的意识，主动对个人的职业生涯发展进行思考。通过与培训咨询、心理辅导等多种方式，更好帮助职工了解自身性格和职业倾向，在职业发展、实现个人事业上成长和进步。开展符合时代特点、内容新颖、主旨健康的活动吸引职工参与，以企业文化理念转化为职工的指导思想、行为规范，培养职工严慎细实的工作作风，提高职工面对挫折的抗压能力，促进与其组织的共同成长。

企业可以着重结合重大节点，讲好青年故事，广泛开展"奋斗青春最美丽"等故事分享会，激发青年干事创业、推动企业改革发展的积极性和责任感。通过主题宣讲、交流分享和学习实践等多种载体选树典型，带动青年奋发向上、建功立业。企业要以人为本关怀青年，从解决青年最关心、最紧迫的问题着手，组织企业青年联谊活动，在青年婚恋、人际关系等方面，做好关怀引导工作。关注青年心理健康和心理情绪，有针对性地进行心理辅导，同时针对家庭出现变故的青年，及时落实组织关怀，给予帮扶救助。还可以积极搭建职工展示平台，从技能、文体等多方面为职工展示个人才能提供机会。通过"职工大讲堂"和"班组微讲堂"打造职工主动学习、知识分享、经验交流、提升境界的素质提升综合平台。建设"温馨小家"，使广大职工深切感受到企业的关怀和温暖，激励他们以更加饱满的精力，快乐健康的心态投入工作，助力职工成长。

(四)暖心文化

关心关爱职工，了解职工需求，听取职工呼声，抓住职工关注的热点问题，解决职工的燃眉之急，实实在在为职工解忧。对困难职工建立长效帮扶机制，努力营造和谐稳定的生产工作环境。

(1)关心关爱职工，了解职工需求。做好关心关爱职工的工作，关键和难点在于抓住职工的切实需求，解决实际问题。因此，开展需求调研工作需要做到有针对性、及时性和有效性，为后续工作打下坚实基础。通过公司政策宣贯、职代会提案工作(实事工程)、合理化建议等方式，摸清职工的切实需求，只有真正了解职工心声，才能有针对性地开展后续工作。

国有企业可以通过定期或不定期职工座谈会(正式和非正式活动)的形式，加强职工与公司管理层的有效沟通。针对干部和普通员工分别组织召开座谈会，由相关领导介绍公司的发展规划和战略方向等，干部、员工根据自身工作的实际感受各抒己见，表达自己的想法和思考，了解职工需求，并提出相应行之有效、可操作的合理化建议。会后形成相关会议纪要和行动项，交由相关部门进行回复和反馈解决方案，在一定的时限内公示反馈结果，切实帮助员工解决工作和生活中的实际问题。与此同时，通过问卷调查的形式收集员工对公司管理各个方面满意程度的信息，通过调查活动向员工传达了企业的职工文化理念，同时起到上下沟通的作用。然后通过后续专业、科学的数据统计和分析，真实的反映员工对公司发展的一些建议和意见，同时帮助公司了解现状，及时发现问题，为公司管理层提供客观的参考依据。通过调研所发现的问题公司相关部门要提出具体改进措施，并予以实施，同时公司工会也要在实施过程中发挥监督和效果评估工作，将满意度调查工作落到实处，避免形式主义。

(2)关注困难职工，解决燃眉之急。导致职工生活困难的因素较多，对职工本人家庭出现生活难以为继的情况，国有企业从关注困难职工、解决燃眉之急的角度尽全力帮扶救助职工。企业要建立科学合理的精准帮扶救助机制，重点突出，措施得力，避免扩大化、"普惠制"和"撒胡椒面"，工会组织应通过走访调研等方式，充分掌握公司困难职工实际情况，有针对性开展工作。同时要严格困难职工审批流程，建立健全相关档案，并在初步调研基础上，对帮扶对象情况进行数据化分析，及时对困难职工及其家庭致困原因、困难持续时长等情况进行分析研判。

此外，公司应切实做好职工帮扶监督公示工作，及时对帮扶对象的困难状况、个体情况、帮扶数额进行一定范围的公示，使帮扶工作更加规范化。还应保障广大职工行使监督权力，督促工会提升工作效能。同时要借助移动互联网、互联网等现代信息管理手段，构建职工帮扶工作信息平台，将帮扶工作的信息交流、业务管理、综合服务等事项进行数字化整合，利用技术手段随时掌握、上传困难职工的情况，确保国企困难职工帮扶工作真正做到公平、公正、公开。

（3）关心职工成果，给予认可激励。职工认可是指对职工日常工作中的行动、努力、行为和绩效予以承认或者特别的关注，是一种基于心理需求的满足。多途径的微认可，指全面承认职工对组织的价值贡献及工作努力，及时对员工的努力与贡献给予特别关注、认可或奖赏，从而激励员工开发潜能、创造高绩效。如员工有意愿承担并完成了某项工作，即可获得相应的工作认可积分，鼓励员工主动承担任务；员工为客户提供了满意的服务，客户可以通过即时服务认可体系给予员工正向评价，员工可以获得服务认可积分；员工在组织中为他人或同事提供了支持、帮助和协作，即可获得同事鼓励及合作认可积分；员工为企业作出了突出贡献，即可获得突出贡献认可积分；员工为企业管理改进提供合理化建议，即可获得管理改进认可积分；员工为企业推荐了人才，即可获得人才举荐认可积分；员工持续为企业提供服务，可获得周年认可积分；员工参加培训，技能与绩效得到提升时，可得到相应的员工成长认可积分。

国有企业可以通过单项积分排名与总积分排名形成标杆，并给予员工相应的精神鼓励和物质鼓励，从而引导和激励员工努力工作，持续为企业做出贡献。职工文化赋予认可方式更加的多样化，奖励没有固定形式或内容，一句赞美、一片掌声或者是几个积分都可以用来表示，这使得认可更加灵活，因而更符合激励的即时性。相较于传统的管理方式以目标导向为主，存在目标大小、难易程度不容易把握，目标本身可能就会成为员工发挥潜能的限制，以及说好的事情不一定能兑现影响员工积极性的缺点。而职工及时认可使企业管理变为新型的潜能管理。通过激发员工的内在动力，提升员工工作热情，促使其取得更加优秀的绩效表现。

第七章 新时代国有企业先进职工
文化的突破与创新

一、新时代国有企业职工文化生态圈建设

(一)职工生态文化圈建设框架

以习近平总书记关于"打造健康文明、昂扬向上、全员参与的职工文化"的最新指示为遵循,贯彻落实《新时代产业工人队伍建设改革方案》《国家电网公司关于深入推进职工文化建设的指导意见》和《职工文化建设"十四五"指导手册》,基于职工文化建设新形势和职工文化建设的实际情况,顶层设计职工文化生态圈的建设。以劳模精神、劳动精神和工匠精神为内涵,立足公司新时代发展战略和职工精神文化生活需求,画好广大职工目标一致、思想一致,行动一致的同心圆,爱党爱国爱岗爱家,为生活添彩,为工作赋能,为梦想助力,为思想引航,全面融入企业新时代发展战略。建设思路如图7-1所示。

新时代职工文化生态圈建设框架是以习近平新时代中国特色社会主义思想为指导,以社会主义核心价值观为引领,以劳动精神和工匠精神为核心内涵,以企业经营战略和职工多元需求为基础,坚持人本化理念、坚持需求导向、坚持精益化管理和坚持信息化驱动,以思想价值引领工程、职工素质赋能工程、互联网+载体工程、职工心理关爱工程、品牌精品提升工程和文化价值转化工程为支撑,以领导体制、文化观念、基础建设和激励机制为四大保障措施,为全面建成"具有中国特色国际领先的能源互联网企业"提供坚强文化支撑和强大文化软实力。

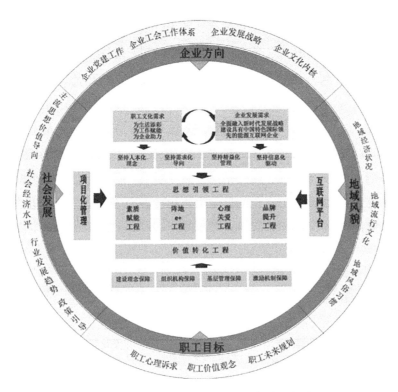

图 7-1　新时代职工文化生态圈建设思路图

①思想引领工程。坚持社会主义先进文化前进方面，弘扬主旋律、传播正能量聚焦时代主题，为职工抒写，发出国企声音、传播国企价值。

②素质赋能工程。创建一批职工文化阵地，为职工提供展示平台；培育一批职工文化骨干人才队伍，打造国企特色的文化精品；形成一系列文化创作激励机制，激发职工素质提升内在动力。

③阵地 e+工程。充分利用互联网技术，"职工互助平台"，让职工文化建设插上科技的翅膀，实现文化资源共享与职工需求的精准对接。

④心理关爱工程。加强心理能力建设，关注职工心理健康问题，建立"微认可"体系，满足职工成就需要。

⑤品牌提升工程。打造建设国家电网美、国家电网美创、国家电网美乐、国家电网美爱四大职工文化品牌，形成系列劳模工匠、技能竞赛、职工文体、职工关怀等精品文化成果。

⑥价值转化工程。深入挖掘职工文化成果，构建职工文化价值链，激发职工文化创新创造活力，推动职工文化创造性转化、创新性发展。

新时代的职工文化在文化传播上，要充分利用新媒体、全媒体和融媒体传播平台，全方位立体化传达国企文化形象，发出企业声音；在文化品牌上，紧密结合国家、社会、公司和职工四方需求，打造系列精品文化成果；在文化经济上，依托"互联网+"，让文化插上科技翅膀，实现文化价值提升；在人才培养上，要培养一支高素质的职工文化骨干人才队伍，发掘文化领军人才，重视兼职人才；在文化融合上，要服务大局、服务基层、服务职工，服务社会。推动职工文化良性动态发展，不断提高职工文化的软实力，构建融合发展、智慧创新"的职工文化生态圈(见图 7-2)。

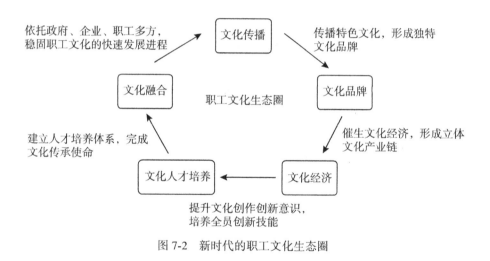

图 7-2　新时代的职工文化生态圈

(二)职工文化生态圈目标体系内容

1. 总体目标

新时代国有企业职工文化建设应以聚焦时代主题，树立精品意识，繁荣职工文艺创作和职工文化生活为总体目标，打造具有各企业职工文化特色的优质品牌。在此基础上，全面实施思想价值引领工程、职工素质赋能工程、互联网+载体工程、职工心理关爱工程、品牌精品提升工程、文化价值转化工程，促进职工文化建设实现三大转变,即:文化参与主体由职工被动接受向主动参与、主动创造转变,文化建设方式由工会主导自上而下建设向基层班组主导由下而上建设转变,文化活动内容由聚焦文体活动类向综合素质提升类转变,为实现新时代国有企业转型与发展提升坚强文化支撑和强大文化软实力。

2. 阶段目标

目标必须是具体的、可以衡量的、可以达到的、和其他目标具有相关性、具有明确的截止期限的。以国网湖北省电力有限公司为例,从宏观的时间段来看,国家电网职工文化建设时间期限可以为五年,一共有三个时间点即 2020 年年底、2023 年年底、2025 年国家电网基本建成具有卓越竞争力的世界一流能源互联网企业。按工作阶段来划分为三个阶段,即巩固基础阶段、全面深化阶段和完善提高阶段,相对应地,六大工程在每个阶段都有各自要完成的阶段目标。

表 7-1   **职工文化建设目标体系内容**

建设时间	工作阶段	六个方面	工 作 重 点
2020 年年底	巩固基础阶段	思想价值引领	准确提出职工文化定义; 制定《国网湖北省电力有限公司职工文化建设实施方案》
		职工素质赋能	切实结合职工多元需求制定职工素质培养方案
		互联网+载体	建设"网上职工之家"和 SSC(共享服务中心); 服务职工多元需求并有效搜集职工数据
		职工心理关爱	面向所有职工普及心理学相关知识; 开始构建微认可体系
		品牌精品提升	初步建立品牌研究中心; 重点发挥应用平台功能
		文化价值转化	制定《职工文化成果价值转换推进方案》

续表

建设时间	工作阶段	六个方面	工 作 重 点
2021年至2023年年底	全面深化阶段	思想价值引领	推进职工文化与党建、企业文化的深度融合；建立并完善公司劳模管理制度
		职工素质赋能	基本实现职工书屋基层班组全覆盖；提升创新工作室成果投入产出效率；分级分类培养职工专业能力和文艺特长，形成骨干团队
		互联网+载体	"网上职工之家"和SSC（共享服务中心）功能先进
		职工心理关爱	初步形成公司内部心理咨询专家队伍；开通多媒体网络平台的评价点赞功能并投入使用；微认可体系试点投入使用
		品牌精品提升	打造一批有亮点、能复制、可推广的社会责任根植项目；制作一批有影响、叫得响、水平高的影视作品
		文化价值转化	在职工文化对国家政策、社会热点事件、公司业务、工会工作和职工需求五个方面的融合取得相应成果并进行评比和奖励
2024年至2025年年初	总结提高阶段	思想价值引领	形成以劳模精神为代表的职工文化精神内涵；选出一批优秀劳模并进行继续培养和宣传，充分发挥先进典型的价值引领作用
		职工素质赋能	阵地管理体系最终形成；在业务能力和文艺特长两方面均形成专业人才梯队，公司拥有一批跨专业复合型技术人才和文艺骨干
		互联网+载体	借助人工智能全面推动互联网式的职工文化供需响应平台功能的实现；构建职工文化数据库，形成线上线下有机的整体
		职工心理关爱	公司内部形成一支心理咨询专家队伍；微认可体系正式投入使用并发挥良好效果
		品牌精品提升	健全完善品牌建设研究中心的三大功能区；实现规范化制定标准、智慧化系统整合、网络化驱动实施、成果化衍生价值，树立创新驱动、智慧转型、绿色增长的品牌建设研究思维
		文化价值转化	职工文化成果有效推动职工素质提升、公司业务发展、社会影响力扩大、国家政策落实，并将在继续指导职工文化建设下一轮工作

第一阶段为巩固基础阶段，时间段为现今至 2020 年年底。在这一阶段加大职工文化建设力度，巩固现有成果。思想引领方面，深化职工对职工文化的认识，上下协作，以企业战略需求与职工需求为基础制定《国网湖北省电力有限公司职工文化建设实施方案》；职工素质赋能方面，了解职工发展需求，明确培育对象，确立内部培育方法；互联网+载体方面，加快适应新时代职工文化传播趋势，整合现有的职工文化线上平台，深挖职工需求数据，基本满足职工的多元化需求；职工心理关爱工程建设方面，整合内外资源，建立一支专业的心理咨询团队，以支撑职工队伍心理能力建设；品牌精品提升方面，树立品牌意识，计划建立品牌研究中心；文化价值转化方面，树立价值回报意识，制定职工文化价值转化方案。

第二阶段为全面深化阶段，时间段为 2021 年至 2023 年年底。继续加大职工文化建设力度，力求迈入职工文化建设新阶段。思想引领方面，深度融合企业文化，进一步加强思想理论宣传，加强劳模工匠精神宣传，完善劳模管理制度；职工素质赋能方面，优化升级职工文化阵地，以职工创新工作室为平台提高职工创新能力，发挥各类协会、兴趣小组的组织功能，提高职工的文化建设能力；互联网+载体方面，SSC（共享服务中心）建设达到成熟水平，职工文化需求获取-响应机制基本建立；职工心理关爱工程建设方面，初步形成专业咨询团队；充分了解职工心理状况，完善团队人员专业知识，为咨询活动做准备；"微认可"网上互动平台投入使用；品牌精品提升方面，结合国网战略目标与社会责任，整合国网湖北省电力有限公司文艺创作品牌，以国网湖北省电力有限公司优秀典型人物为原型制作影视作品，丰富品牌内容；文化价值转化方面，整合公司职工文化成果，完善职工文化建设评价与激励体系，形成职工文化成果共创，共享，责任共担的意识。

第三阶段为完善提高阶段，时间段为 2024 年至 2025 年年底，国家电网基本建成中国特色世界领先的能源互联网企业。这一阶段建设阶段时间最长是职工文化建设的深水区，攻坚期，要实现国网湖北省电力有限公司职工文化建设的最终目标。思想引领方面，构建多元化的劳模激励机制，完善劳模的信息化管理，以劳模精神引领鼓舞职工发展；职工素质赋能方面，全面实现培养与激励双轨并行；职工心理关爱工程建设方面，专业心理咨询团队在基层组织中开展职工心理关爱巡回咨询活动，发现"微认可"网上互动平台存在的问题并逐步完善；品牌精品提升方面，在丰富内容的基础上加强品牌建设研究与品牌宣传；文化价值转化方面，在职工文化建设与激励体系全面落实的基础上，进一步扩大职工文化成果的社会影响力。

(三)职工文化生态圈建设措施

1. 科学布局，建设上下衔接、执行有力的组织体系

优化组织架构，建立上下衔接、扁平统一、执行有力的三层组织体系。在国网湖北省电力有限公司内部，在公司层面，成立国网职工文化家园理事会，设立秘书处，理事会主任由公司工会主要领导担任，秘书长由公司工会分管职工文化建设的副主席担任，理事会副主任由各单位工会主席和部分职工文化领军人才担任，负责统筹推进各类文化家园工作，协调解决问题困难，合理分配系统资源，确保职工文化建设各项工作运转高效。在文化形式层面，分为文学、艺术、体育三大类，成立文学专委会、艺术专委会、体育专委会和棋牌专委会，专委会为跨单位、跨地区的协调工作机构，专委会主任由有活动能力和影响力的专业领军人才担任，职工文化家园在理事会秘书处和专委会的协调下有序开展文化活动。在阵地平台层面，设置书法、篆刻、美术、摄影、音乐、舞蹈、文学、阅读、微影视、足球、篮球、乒乓球、羽毛球、网球、健步走、棋类、牌类等各类职工文化之家(院、吧、家、驿站、书屋、工作室，等等)，分别设立轮值单位，充分发挥各自场地设施、专业人才、协调组织等优势，实现职工文化之家专业化管理、发展提升。

2. 聚集合力，建设齐抓共管、共建共享的参与体系

统筹调度公司现有各类文体资源，发挥各单位资源优势，使职工文化家园成为增强工会组织吸引力、凝聚力的重要载体。职责分工方面，各类职工文化之家实行承办单位负责制，由理事会根据各成员单位职工文化建设情况确定具体负责单位。每类职工文化之家设轮值主任1人，副主任3~6人，人员由理事会和负责单位协商确定。原则上轮值主任由负责单位的工会主席担任，副主任由公司系统

组织协调能力、专业能力较好的职工文化骨干和负责单位工会副主席、宣教文体负责人担任，副主任不是工会专职干部的纳入兼职工会干部管理。阵地作用发挥方面，充分利用工会线上平台和线下职工文化阵地，广泛开展职工乐于参与、便于参与的职工文化体育活动，为广大职工提供普惠性、便捷性、精准性、常态化的服务。在"爱如电""S365"App 设立各类职工文化之家活动专区，宣传展示活动信息、活动视频、职工作品等，组织开展学习阅读、线上培训、文艺创作、运动健身、交流互动等各类活动。充分利用职工文体活动场所、职工文化工作室、国网印吧、职工书屋等职工文化阵地，发挥职工文化骨干人才的引领辐射作用，积极开展创作展示、讲座培训、比赛交流等形式多样的线下活动。

3. 拓展功能，建设内外兼修、全员覆盖的运作体系

理事会负责顶层设计、整体策划，各类职工文化之家在理事会秘书处和专委会的具体指导下，由轮值单位具体组织协调开展活动，加强职工宣传教育，促进职工素质提升。对内方面，每年 2 月前，各类职工文化之家根据国网工会重点工作和全总、国资委、中电联等上级单位关于职工文化建设的工作要求，结合职工需求调研制定全年活动计划向理事会秘书处申报，包括公司系统整体开展的活动计划和各单位自主开展活动的原则及要求。理事会审核全年活动计划和考核标准，报国网工会批准，统筹确定本年度各类职工文化之家活动安排，通过各种宣传渠道向职工公开，引导职工自主选择参与。对外方面，各职工文化之家主动与社会各类职工文体协会对接，在共享阵地资源、共商策划推广、共创文化品牌等方面加强沟通交流，承办好经国网工会和理事会审定的级别高、影响大的各类赛事活动，持续提升职工文化家园的知名度和影响力。不定期邀请相关文化领域专家授课，为职工文化骨干和广大文化爱好者营造良好的成长环境，在交流学习、创作实践、成果评选、晋级高级别会员等方面创造有利条件，着力培养具有一定影响力的标志性文化人才。

4. 创新机制，建设工会主导、多方协作的保障体系

按照"服务职工、专款专用、公开透明"的原则，拓宽工会经费、社会赞助、轮值单位支持等资金渠道来源，打造筹措有章、管理有序、支出有法、运行有效

的资金管理流程，为职工文化活动开展提供有力保障。工会经费使用方面，各类职工文化之家活动费用支出严格执行全国总工会《基层工会经费收支管理办法》《国家电网有限公司工会经费管理办法》和公司有关财务制度，严格执行财务报销程序，费用预算、支出证明等支撑材料齐全规范。公司统一组织开展的活动，原则上从国网工会经费和承办单位工会经费支出活动费用；各单位自主开展的活动，费用由本单位负责。引入外部支持方面，发挥职工文化建设品牌价值作用，通过广告宣传等方式，积极吸纳外部赞助，赞助方与活动承办单位明确双方责任义务，规范赞助活动管理，实现互惠互利。工会作为第三方，对赞助活动过程监督，防止活动赞助费用截留、挪用和滞留。同时，加大优秀职工文化成果的推广，争取广泛的市场认同，提升文体活动市场化运作水平，为职工谋取福利。

5. 优化服务，建设量化分档、全面客观的评价体系

年底前，各类职工文化之家对全年工作进行总结报送理事会秘书处，理事会从组织管理、品牌活动、职工参与、成果荣誉、宣传推广等维度对各类职工文化之家进行评价，评价结果报国网工会审批，评价结果应用于各类的先进评选和负责单位工会综合评价(组织管理侧重于会员管理、活动组织、经费审批使用的规范性；品牌活动侧重于活动品牌策划；职工参与侧重于职工文化之家发展；信息宣传侧重于活动信息内外宣传；成果荣誉以职工文化成果获得上级荣誉为主要评价依据)。国网工会每年根据各职工文化之家的工作和活动情况，评选优秀职工文化之家，并给予一定精神和物质奖励。按照申报和指定相结合的原则，每2年重新确定各职工文化之家负责单位，并相应调整主任、副主任人选。每年度召开公司职工文化建设工作专题会议，听取职工文化之家工作汇报和建议，总结经验，表彰先进，向各类职工文化之家负责人颁发聘书，对具备承办公司系统大型活动比赛的职工文体活动场所授牌，研究部署下年度重点工作。

二、新时代国有企业职工文化创新实践

(一) 思想引领

从管理学角度来看，中国的职工文化可以被视为一种价值管理或文化管理，

国家、企业、职工为实现共同愿景而实施价值驱动，职工文化的符号价值——劳模代表，成为国家使命和价值观的形象表达，并在中国社会的发展中起到了积极的典型引领"导航"作用。

价值引领体系应该分为两个过程，一是对社会主义核心价值体系、国家电网企业文化、劳模精神和工匠精神以及公司内部优秀价值观等进行提炼，以形成具有国家电网特色的职工文化价值观，二是将具有国家电网特色的职工文化价值观通过合适的渠道，使用恰当的方式去对职工进行价值引导。

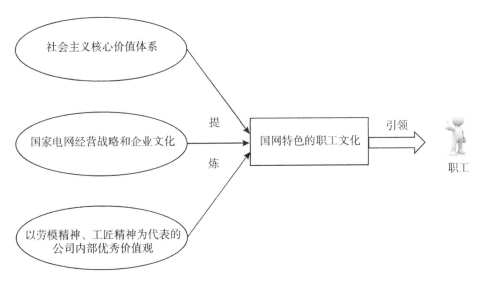

图 7-3　职工文化思想价值引领路径

1. 职工文化思想价值体系构建

提炼出具有国家电网特色的职工文化，明确其精神内涵和价值观念。提炼的来源主要是社会主义核心价值体系，国有企业自身经营战略和企业文化，以劳模精神、工匠精神为代表的公司内部优秀价值观。坚持以社会主义核心价值体系为引领，围绕国家电网公司"诚信、责任、创新、奉献"核心价值观，构建出国家电网特色的职工文化体系，深入开展职工文化建设，通过不懈的努力，使之成为企业干部职工的普遍共识、自觉行动和精神力量。

一是打造"党建+职工文化"建设模式，发挥党建思想引领作用。国网湖北省电力有限公司工会需把"中国梦　劳动美"作为职工文化活动的突出主题，把"引领职工听党话跟党走"作为职工文化工作的明确目标，要求所有工会文化活动要围绕这个主题和目标来谋划、部署和开展。实施新思想理论武装职工工程，在公司内部广泛开展"不忘初心使命，建功伟大时代，争当新时代'五有'职工"主题教育活动。组织职工深入学习贯彻习近平新时代中国特色社会主义思想和党的十九大精神，切实增强广大职工的政治意识、大局意识、核心意识和看齐意识，争当"有梦想、有担当、有技能、有爱心、有作为"的新时代"五有"职工。

二是推进"业务+职工文化"建设模式，有效融合公司战略和企业文化。在公司发展层面，职工文化需要与公司战略和企业文化保持一致，推进职工文化建设和企业使命、愿景、价值观相协调。职工文化需要推动职工进行自我教育、自我提升，打造"我学习、我创造"的文化，形成鲜明的主动学习精神、勇于创新精神，激励广大职工不断投入工作。

三是构建"先进典型+职工文化"建设模式，发挥劳模精神、工匠精神的全面引领作用。劳模精神、工匠精神是以劳动精神为基础，汇集了先进文化理念和价值追求，集中展现了我国工人阶级和广大劳动群众的伟大品格，是职工文化产生的基础。优秀职工文化必定是以时代所推崇的劳动精神、工匠精神为代表的，更会培育出更多的劳动模范和大国工匠，最终促进国家拥有一支思想道德高、技能素质好的先进职工队伍，成为国家富强、民族振兴的坚实动力。

2. 思想价值引领建设的制度与措施

一是强化培育和践行社会主义核心价值体系过程中的制度保障。首先将社会主义核心价值观等先进思想体系融入企业生产经营活动的规章制度。其次将社会主义核心价值观融入国有企业民主监督机制的判定准则。一方面，应当以社会主义核心价值观引导企业职工实行自身的参与管理和监督权。另一方面，融入和社会主义核心价值观的监督机制也能够使企业职工在行使自身"民主义务"和维护自身"民主权利"时有更权威的评判准则，也更有代入感与使命感。

二是着力培育和践行社会主义核心价值体系的方法创新。首先建设培育和践行的学习型组织。建议性方法如下，其一是抓全员培训，其二是抓方法创新，其三是抓实践成果。其次打造培育和践行的网络型宣传。要充分发挥新兴媒体的互动交流功能，实现宣传渠道的进一步拓展。其一要立足局域网建设需求，重视社会主义核心价值观的学习，将社会主义核心价值观所涉及的相关内容及观点摘编、职工热评等及时上传到网页醒目位置，组织职工共同学习探讨，通过这种方式有助于实现浓厚的学习氛围营造。其二利用现有新兴媒体平台搭建学习宣传社会主义核心价值观，充分利用微博、微信等新媒体 App，引导广大职工认真学习宣传社会主义核心价值观。其三依托通信网络，开设"手机报""手机课堂"，进一步拓宽党员群众学习社会主义核心价值观的途径，实现企业职工教育的全覆盖。

3. 建立完善公司劳模管理制度

一是重塑劳模管理的流程，提高科学化管理程度。首先实行劳模多种推荐方式以提高透明度和公信度，具体推荐方式有自下而上推荐、群众举荐、个人自荐。同时公司内部可以建立网上劳模管理平台，将劳模推荐信息化和更透明化，将传统由下而上推荐与公开举荐方式相结合，在管理平台上形成双轨并行。在此过程中应注意优化劳模整体结构，做到向生产一线职工倾斜，向知识型职工倾斜，向创新型职工倾斜，向女性职工倾斜。

二是构建多元化的劳模激励机制。首先是构建完善的服务体系。对在职劳模，要构建完善的劳模成长平台，积极培养劳模并保障其合法利益。其次是实行多层次激励劳模。在劳模激励方面除了常规的经济激励之外，更重要的是应针对劳模的具体需求，对劳模培训和深造，促进和帮助劳模的成长。做好劳模的成长规划，并且针对劳模的个人素质、工作能力，做好劳模职业生涯的设计，为其提供晋升的空间和条件，使其不断进步和发展。还有注重劳模的精神激励，在企业内部要营造出一个"尊重劳模、爱护劳模、学习劳模、争当劳模"的良好风尚。

三是完善劳模的信息化管理。首先是开通劳模信息公开功能。公司应该推动新兴电子媒体与传统媒体相结合，线上线下同时公开发布劳模评选、劳模事迹、劳模的现状等相关的信息。其次是建立动态的劳模电子档案。运用信息管理手段完善劳模各个方面的信息，对于劳模的工作变动、录用晋升、辞职、下岗、离退休、死亡，或者严重违法违纪等情况，应该及时更新、保存，最终构建完整的劳模信息数据库。同时对于部分劳模的生活困境，应建立健全相应劳模档案，并依托于网上劳模管理平台进行帮扶。

四是多渠道扩大劳模的影响力。首先是加大劳模宣传力度。要转变劳模宣传理念，从以政治宣传为主向贴近职工生活为主转变。此外可以开展多种宣传活动和运用新兴电子载体来扩大劳模的影响力。宣传的方法多样化，主要是传统宣传方式和网络媒体相结合。其次是扩大劳模的"品牌"效应。在实践过程中，国网湖北省电力有限公司将劳模精神与企业的产品服务相结合，可以对公司产品和服务进行宣传，以此来提升公司知名度和社会认可；相对于劳模来讲，这也是宣传的一种形式，更能让广大群众所接受认可，从而提升劳模的影响力。

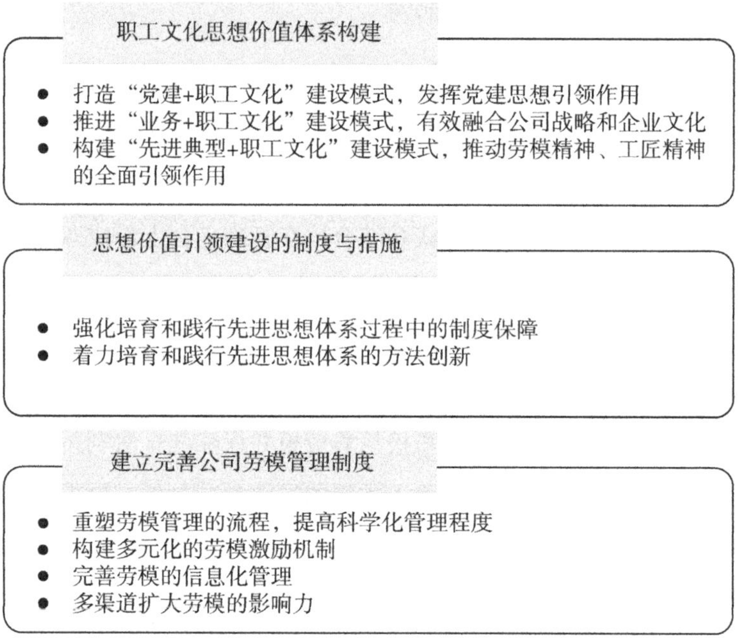

职工文化思想价值体系构建

- 打造"党建+职工文化"建设模式，发挥党建思想引领作用
- 推进"业务+职工文化"建设模式，有效融合公司战略和企业文化
- 构建"先进典型+职工文化"建设模式，推动劳模精神、工匠精神的全面引领作用

思想价值引领建设的制度与措施

- 强化培育和践行先进思想体系过程中的制度保障
- 着力培育和践行先进思想体系的方法创新

建立完善公司劳模管理制度

- 重塑劳模管理的流程，提高科学化管理程度
- 构建多元化的劳模激励机制
- 完善劳模的信息化管理
- 多渠道扩大劳模的影响力

图 7-4　职工文化思想价值引领建设内容

（二）素质赋能

新时代国家经济建设需要一批素质优良的产业队伍、工人队伍发挥带头支撑作用。国有企业需要打造精英人才和骨干团队，在业务拓宽和文化建设方面发挥关键作用。职工文化素质赋能工程是提升文艺人才多方面能力的核心工程，通过有效结合现有阵地和文化活动满足职工多元文化需求，通过创新工作室提升职工

学习能力和创新能力，通过文艺队伍建设和人才培育增强文艺人才创作演绎能力，从而推动职工综合素质的全面发展。

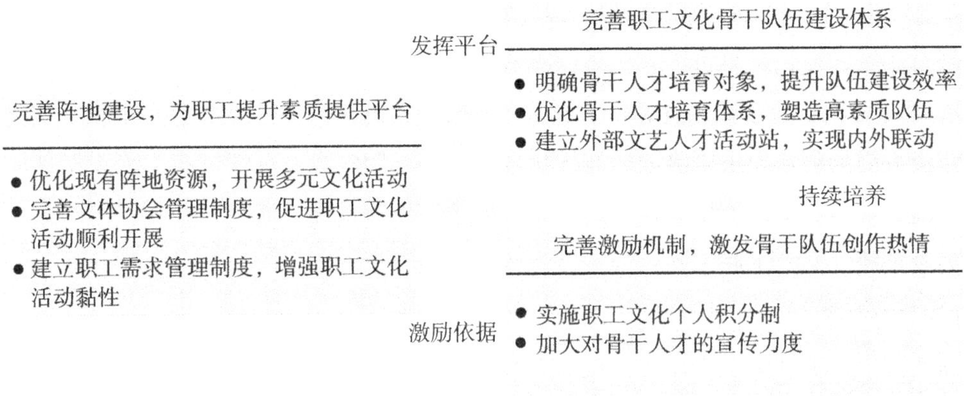

发挥平台 —————— 完善职工文化骨干队伍建设体系
—————————————————————————————

完善阵地建设，为职工提升素质提供平台

- 明确骨干人才培育对象，提升队伍建设效率
- 优化骨干人才培育体系，塑造高素质队伍
- 建立外部文艺人才活动站，实现内外联动

- 优化现有阵地资源，开展多元文化活动
- 完善文体协会管理制度，促进职工文化活动顺利开展
- 建立职工需求管理制度，增强职工文化活动黏性

持续培养
完善激励机制，激发骨干队伍创作热情
————————————————————

激励依据
- 实施职工文化个人积分制
- 加大对骨干人才的宣传力度

图 7-5 职工素质赋能动态过程

1. 完善阵地建设，为职工提升素质提供平台

（1）优化现有阵地资源，开展多元文化活动。

一是打造多功能职工服务中心。国有企业下属的各省级公司和各地市级公司应建设职工服务中心，纳入职工书屋、心理咨询室和各类活动场馆，放大职工服务中心服务辐射范围，形成多功能的省级职工文化活动阵地，做到既节约用地资源又方便职工进行文化学习和身心放松。

二是建设省—市—班组三级劳模创新工作室。建设省级劳模创新工作室，有效整合省级技术人才和专家形成团队进行重要课题攻关和技术创新。建设市级劳模创新工作室，给予市级劳模和技术能手平台空间进行突出工作难题解决和技能培训，挖掘基层班组创新人才，并以其为基点促成班组创新氛围的形成。建设班组创新工作室，针对性、集中式解决日常工作问题，推动"微创新"向重大创新转变。最终以三级创新平台实现职工的学习需求，为其自我价值实现助力。

三是建立阵地使用信息管理制度。阵地使用信息包括使用时间、使用主体以及用途，用于后期分析。通过数据分析，了解职工活动集中时间段、活动类型，作为合理规划、配置职工文化建设资源的依据，辅助文化活动与职工需求精准对接工作。

（2）完善文体协会管理制度，促进职工文化活动顺利开展。

各文体协会应该实施文体协会责任人负责制。每个协会应设置会长、副会长和秘书各一名，形成协会管理层，统筹安排协会的各项活动以及制定协会的管理规章制度，会长是总负责人。为保障协会活动内容符合公司战略需要，协会管理层要定期学习习近平总书记关于职工文化的最新讲话，并了解本企业在职工文化建设方面的最新要求来决定如何优化现有活动。同时为充分满足职工需求调动职工活动参与积极性，协会管理层需要定期就协会会员满意度进行调查，摸清职工需求现状，并基于此不断丰富活动载体和内容。协会会长应该与副会长和秘书商讨制定《协会活动开展办法》《活动大赛评比标准》《协会设施安全和维护条例》等规章制度以促进协会更加正规化、专业化。作为协会的总负责人，协会会长还需要重视协会会员发展状况。不仅要发展协会会员数量确保协会规模达标，还需要关注会员能力提升以增强协会整体实力。其中会长可以亲身传授或与其他公司的协会进行交流学习，培养协会内部的核心人才能力。

（3）建立职工需求管理制度，增强职工文化活动黏性。

为满足职工群体的差异化需求，考虑到各级工会力量有限，企业可以搭建"职工需求平台"，利用目前建设已相对完善的内网，实现 PC 端和手机端同步。"职工需求平台"面向全体职工开放，通过设置岗位专栏和地域专栏，职工可在平台发表自己在岗位上的需求，以及对公司阵地、文化活动和职工文化相关的建议，以此实现公司内职工需求的即时追踪，并有助于公司工会开展更贴近职工需求的文化活动。为尽可能地满足职工需求，国有企业应在该平台开设"自助服务"栏目，下放权限至每个省级公司，让基层单位提供职工的需求信息。

职工文化阵地建设方面。以国网湖北省电力有限公司为例，为深入贯彻《国家电网公司关于深入推进职工文化建设的指导意见》《职工文化建设"十四五"指导手册》和相关文件精神，扎实推进职工文化阵地建设，国网湖北省电力公司相继下发《国网湖北省电力公司关于推进职工服务中心建设的指导意见》《国网湖北省电力公司关于职工（劳模）创新工作室建设的指导意见》《国网湖北省电力公司工会关于进一步加强职工书屋建设的通知》《国网湖北省电力公司关于进一步规范职工文化工作室建设的指导意见》和《国网湖北省电力有限公司职工文体俱乐部管理办法》，并对相应阵地建设提出具体要求。要求湖北省公司、其所属支撑机构和各级供电所整合现有各类职工文化阵地全面升级为职工服务中心；要求各单位要切实加强对职工(劳模)创新工作室建设的组织领导，统一规划、统一标准、统一部署，推动职工(劳模)创新工作室建设不断取得新的成效；要求各单位将职工书屋建设与班组建设、建功建家活动相结合，与职工业务培训和考试、技术创新工作相结合，要充分利用"书香国网——国家电网公司职工数字阅读平台"，实现职工书屋内容、功能和服务的延伸；要求职工文化工作室按艺术水平划分为省公司、地市公司(直属单位)和县公司三个层级，同时各层级工作室应满足"两库两区两制一群"的软件标准；要求俱乐部管理遵循价值引领、服务职工、安全第一和依法依规四个原则，在职责分工、组建与命名、运营与管理、经费管理和考核评价这五个内容模块上严格按照上级要求开展工作。

2. 完善职工文化骨干队伍建设体系

职工文化骨干队伍建设需要从明确培养对象、优化培养方式、完善激励机制三个方面着手。公司在明晰现有骨干人才现状的基础上，通过大力培育内部骨干引领其朝专业化方向发展成才，同时建立以有兴趣有潜力的职工为基础的骨干后备队伍，确保公司内部骨干队伍的人员储备充足，另外以有效激励方式最大程度地激发骨干人才的创作热情，体现公司对骨干人才的重视，并最终提升骨干人才的文艺素质。

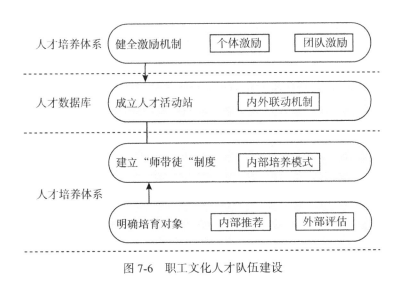

图 7-6 职工文化人才队伍建设

（1）明确骨干人才培育对象，提升队伍建设效率。

一是明确核心骨干人才培育对象。基于"内部培育"理念，对专业水平有着高要求的骨干人才应该从现有的文体协会和俱乐部中进行挑选，可以采用"内部推荐、外部评估"的方式选出要重点培育的骨干人才。重点考评对象为各协会的会长以及有过获奖经历的人才。考虑到各地区公司核心骨干人才的发展情况有所差异，数量上确保各种类型的文化活动有一至两名核心骨干人才，这样才能保证各种类型的文化活动都有领军人才引领其更好发展。

二是建立骨干人才后备队伍。考虑到职工的兴趣爱好各异并且水平参差不齐的现状，后备队伍选择对象应以有兴趣爱好并且有意愿进行长期投资的职工为主。应考虑各协会和俱乐部中的会员，并以活动参与频率、活动贡献程度、个人表演质量为基准，在充分考虑职工意愿的前提下进行挑选。

（2）优化骨干人才培育体系，塑造高素质队伍。

在明确骨干队伍培育对象后，应遵循"核心骨干人才专业化、后备队伍能力不断强化"的原则进行有针对性的培养，并不断优化现有的骨干人才培育体系，以期建设成一支高素质的职工文化骨干队伍。

一是优化培育方法，形成"师带徒"的教学模式。公司应针对核心骨干人才的专长定期分别开展包括主持、摄影、书法、曲艺等领域的外部培训，通过外部专家的专业培训来提升核心骨干人才的能力。另外公司可以邀请国家电网总部的骨干人才以专题形式到地方公司进行某项特长课程传授，形成内部文化技艺的传承。同时为了有效提升后备人才队伍的整体能力并加强公司职工之间的交流和学习，可以以"师带徒"的形式建立公司内部后备人才队伍的培养模式。建立"师带徒"的教学模式，需要注意几个关键点。第一要选好师傅。第二要选好培养对象，即徒弟。第三要制定明确的教学制度。第四要形成激励制度。

二是建立"国网湖北星选"体系，提倡菜单式培养。首先要建立人才挖掘和识别的机制。除了通过搭建职工自身需求获取-响应平台，还可以通过培训师资队伍的反馈、各类职工文艺团体、协会、俱乐部、兴趣小组推荐制度和工会组织人员的定期调查发掘一批有意愿有潜力的基层储备军。其次，完善各层级文艺人才评选制度。根据文艺水平、表演质量等多维度标准，从基层到总部、地方到中央，层层筛选出有潜力有能力的文艺骨干，并且评级评等，构建出"国网湖北星选"体系，形成分层次分级别的文艺骨干人才库。针对不同层次不同类别的文艺人才，提倡菜单式培训，把文艺骨干的培训工作细分类别，例如文体活动类、文艺创作类以及新媒体下文艺活动，实行面向对象的重点培养、各个击破。

(3)建立外部文艺人才活动站，实现内外联动。

为扩充职工文艺人才队伍，提升职工文艺骨干才艺水平，建议国网公司职工文艺人才培养范围从公司内部在职职工扩大到离退休职工以及公司外部文艺人才，通过建立外部文艺人才活动站的方式，实行"内部培养+外部合作"的双向培养制度，形成职工文艺人才的内外联动机制。

一是建立职工家属活动站，鼓励以家庭为单位参与职工文化活动，开展"文艺之家"评选活动。以此方式扩充公司文艺人才队伍，另外也能够建立起职工家庭与公司之间的信任，提高职工对企业的认同感和归属感。

二是建立离退人员活动站，鼓励离退人员重返企业。通过定期回访和不定期活动组织，发展一批有情怀有文艺潜力的离退人员成为文艺骨干。鼓励离退人员以各种形式表达"我与企业"的故事，增强离退人员与企业之间的信任与心理契约，另外形成系列作品集在公司内部广泛宣传，以此激励广大在岗职工加入文艺活动中。

三是建立知名文艺专家活动站，聘请国内外知名专家入驻文化工作室，开展"文艺学习之旅"系列交流活动。通过推行"全职+兼职"专家制度，发展一批文艺学者作为职工文艺工作室的常驻指导专家，利用师带徒的培养的方式，培养一批优秀的内部文艺骨干；另外发展一批文艺工作者作为兼职的专家，通过开展讲座、参与活动评委评级、参观企业职工文化建设的方式书写企业印象，传播职工文化建设。

3. 完善激励机制，激发骨干队伍创作热情

职工文化骨干人才进行能力提升和文艺创作是基于自身兴趣驱动的，但是这些人才作为企业职工要完成大量的日常工作任务，加之自己进行能力训练提升效果终究有限，公司若是缺乏对这些人才的重视以及能力提升的引导和帮助，久而久之骨干人才对职工文化建设的投入热情就会减退，付出就会随之减少。为避免这种现象，公司需要高度重视对骨干人才创作热情的持续激励以及对其作品产权

的维护和奖励。鉴于目前公司在骨干人才激励机制这方面还处于探索阶段，为进一步完善激励机制，课题组想就物质激励和精神激励两个角度提出一些建议，以期最大程度地激发骨干人才对职工文化建设的持续投入。为充分发挥内外职工文艺人才的优势，建立个人文化活动账户，记录文艺人才的活动情况，形成培养账本并以此为激励依据。

一是实施职工文化个人积分制，将个人投入与奖励挂钩。公司可开设骨干人才个人文化账户以记录其在公司各种文化活动中的表现，比如主持、策划、创作、表演等行为和获奖经历。年末公司依据职工文化个人账户的具体记录内容，对照参考《职工文化个人账户积分—奖励标准》来进行量化积分并给予物质奖励。

二是加大对骨干人才的宣传力度，扩大其示范效应。骨干人才对于职工文化建设至关重要，他们创作的文学作品能够充分彰显出国有企业职工的精神面貌，让职工受到一次精神洗礼。因此，公司可建立骨干人才典型选树体系，每年评选一次"文艺之星"，并以报刊和网站专栏形式进行宣传报道，这样可以扩大国家电网公司职工文化骨干人才的社会知名度。同时，为了让职工更加了解公司的"文艺之星"，可在一楼大厅内以展板的方式对本期"文艺之星"进行更为详细的介绍，这样可以增加国家电网内部职工对其的了解，当选本人的自我效能感也能获得极大提升，进而更加有动力去创作或投入到职工文化建设中去。

(三) 阵地 E+

随着互联网技术的快速发展，互联网已经融入社会的方方面面，并对职工文化建设也发挥着举足轻重的作用，因此在职工文化建设过程中，需要充分利用互联网的优势，多层次、宽领域、全方位扎实推进各项主题宣传活动，基层单元对内激活各团队和职工工作热情和合作精神，对外塑造良好形象，开创新闻宣传工作的新局面，为职工文化建设提供便利条件。

长期以来，湖北省国家电网省级工会及各地区工会高度重视职工文化建设，创新工作方式方法，努力打造健康文明、昂扬向上的职工文化，丰富职工精神文化生活，满足职工精神文化需求。湖北各地区工会积极开展职工文化阵地建设，新建、改扩建了一批职工文化活动阵地，成立了职工文体活动中心和职工文体协会，组织国家电网职工开展形式多样的各类文体活动，开展"职工书屋""职工讲堂"等建设活动，为广大职工群众打造了更加美好的精神家园。在调研中黄石供电公司在职工文化线上阵地建设方面颇有建树。

1. 构建网上职工之家

构建网上职工之家，为网上服务平台提供强有力的后台业务支撑，是工会工作和事务网上运行、便捷办理的主要途径。平台要构建上下联通的工会信息网络，有效推动工会组织网上联通、工会事务网上办理、工会信息网上推送、职工群众网上互动，联通基层工会，实现协同办公、数据共享。网上职工之家可设有新闻中心、工会业务、服务大厅、工会学堂、职工园地五大板块，内置了入会转会、单位建会、维权热线、互动交流、法人登记等服务应用，职工可享受多类服务项目(具体见)。重点打造的"网聚e家人、服务一家亲"栏目包含职工疗养、e家书屋、心灵e站、职业介绍、医疗互助等功能，让职工足不出户、免于奔波、随时随地就可以享受各类相关服务。

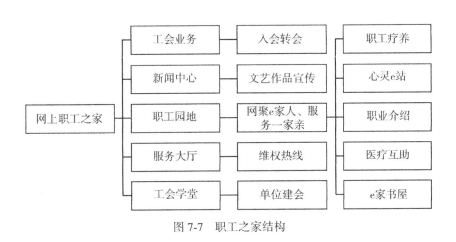

图 7-7 职工之家结构

公司可以借助网上职工之家推进各项主题宣传活动，建立和完善协调机制，重视抓好宣传报道工作，宣传报道中心层面的精神文明、团体专业融合、职工工作情况，动态反映内部正能量，为职工提供工作交流的平台，活跃精神文明建设阵地。在此基础上，组建报送新闻线索联络报道员队伍，加强日常新闻线索的搜集报送工作。深度挖掘劳模、工匠在生产劳动中的突出贡献、卓越技能和创新业绩，编辑出版劳模、工匠先进事迹书籍，创造反映劳模、工匠精神的文艺作品，坚持集中宣传、常规宣传、重点宣传相结合，运用"互联网+"载体，在网页、微信公众号等平台进行事迹展播。

2. 建立共享服务中心

可以类比 HR 三支柱，建立一个 SSC（共享服务中心），中心设有一个文化交流平台——电子期刊"共享 e 家"。期刊每季发布一期，覆盖财务、审计、报账人员及其他公司职工，成为 SSC 内外部交流业务知识、宣传企业文化、推进管理创新、构建和谐团队的窗口，成为广大职工共有的心灵家园。积极宣传职工文化，SSC 与时俱进，努力研发推出 SSC 微标和 SSC 易网公众号。在 SSC 微标设计上，可采用富有朝气活力的绿色为主色，"双手捧心"+微笑的"C"体现 SSC 信息共享、服务企业的运营宗旨。建立和完善协调机制，围绕着以客户为中心、服务支撑市场的主题，坚持正确的舆论引导，着力营造积极奋进健康向上的舆论氛围，积极主动宣传报道中心倒三角支撑、专业团队融合、职工积极向上等方面，为实现公司的目标任务以及战略发展规划提供有力的舆论支持、思想保证和精神动力。围绕专业融合工作，努力延伸宣传触角，拓宽对内对外渠道，充分利用公司内网、新闻报道工作群等平台，进行工作沟通信息共享。借助共享服务中心，公司可围绕个人价值与企业价值、一般价值和优秀价值等命题，在职工中倡导工作与生活、个人与企业、精神与物质和谐发展的全面价值理念。通过各种思想宣传工作和团队活动，引导职工在企业发展目标的总体框架内建立清晰的个人工作、生活、家庭等方面的价值目标。

强化"互联网+"，借助网站、微信公众号等载体，以及微电影、公益广告的传播，形成多维、集群式的宣传教育格局，让社会主义核心价值观像空气一样无所不在、无时不有。即使是在互联网时代，每个企业的职工都会有自己独特的职工文化，也必须有一定的文化约束力，通过其文化的不同强度会对职工的态度和行为产生不同方向和程度的影响。强劲的企业文化，通过决策层的策划和网络的信息传递，能够使职工清楚地知道"此时事情应该怎么办"；企业各项工作的明确的标识、口号，通过频繁的网络沟通和协调，使得职工之间分享价值观，共创职工文化；通过网络宣传，使职工具有共同的价值观体系，使组织更具特色，在职工心中形成强烈的归属感。

3. 基于互联网的职工文化供需响应机制

建立职工文化需求获取-响应机制如下图，其中职工文化需求交互平台包括通过定期调研和职工文化建设联络员收集职工需求，线上线下职工需求主动反馈通道以及职工互助平台，实现职工群体需求收集和职工个体需求互助满足的功能，公司通过需求交互平台获取职工群体需求，整合内部和外部力量对职工群体需求进行响应；通过人员保障、技术支持、制度保障、资金支持保证整体机制的高效运转。

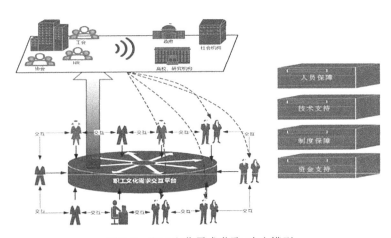

图 7-8 职工文化需求获取-响应模型

（1）实现职工文化建设与不同群体的差异化需求精准对接。

国家电网作为职工数量庞大、职工结构复杂的大型国企，在企业层面难以实现职工个体需求的一一满足，但可以通过职工需求收集，总结提炼出不同职工群体的共性需求，从而针对不同的需求开展相应的职工文化活动和其他形式的职工文化建设，最大程度上精准满足不同职工群体的差异化需求。

定期调研和职工文化建设联络员收集职工需求。工会组织定期职工文化需求调研，了解职工当前需求以及职工需求的变化情况；设立"职工文化建设联络员"一职，不定期听取职工对于当前职工文化建设的反馈、收集职工未得到满足的需求，与各类协会、兴趣小组、工作室、俱乐部等组织形成良好的沟通联系，收集小群体需求信息。

鼓励和引导职工主动反映自身需求。职工需求一方面可以从职工提出的诉求中直接获取，另一方面也可以从职工对于当前职工文化建设的反馈和评价中间接获取。可以利用互联网建立线上需求收集平台，在线下设立职工需求和意见反馈收集信箱，开通职工需求和意见反馈通道，并对提出有建设性意见和反馈的职工进行适当激励，使职工可以无顾虑、无障碍、积极主动地向工会反映自身的精神文化需求。

设立职工文化建设小组分析不同群体需求并设计针对性方案。各公司工会成立职工文化建设小组，定期对获取的职工需求进行分析、归纳、总结、提炼出不同职工群体的差异化需求，从而有针对性地进行职工文化建设规划和方案设计，最大程度上实现职工群体需求的精准满足。

(2)利用职工互助平台满足职工个体的独特需求。

除了有与其所在群体相同的共性需求以外，作为个体存在的职工，必然有个体的独特需求，这种需求往往不具有普遍性，而由于国家电网职工数量众多，职工结构复杂，公司不可能周全考虑并一一满足每位职工的所有需求。而国家电网职工层次多样化、各有所长的特点，则为建立满足职工个体独特需求的职工互助平台提供了可能。

职工互助平台以线上平台形式为主，是一个面向全体职工，职工之间可以进行交流、互助的社区。职工可以将自己的独特需求发布在平台内，寻求其他有资源、有能力的职工的帮助；通过职工间的互助，一方面职工可以通过帮助其他职工而产生一种自我实现与自我满足感；另一方面无法被公司满足的职工个体需求可以最大程度上被满足，从而提高职工的满意度和满足感。

职工线上互助平台利用互联网优势，打破部门、地域的限制，将虚拟世界和实体世界连接在一起，形成上下贯通、左右无界的现实世界，使得国家电网的所有职工可以进行无障碍地互助交流，同时发挥平台快速配置资源的优势，充分发挥职工个体的能力和作用，实现资源的优化配置，弥补公司无法满足职工个体独特需求的不足，最大程度地满足职工的精神文化需求。

(四)心理关爱

随着"十四五"规划对国有资产发展提出的更高要求，现今多数国有企业，尤其在能源、建设领域，因行业和职业特点，公司职工工作任务繁忙，一线职工更是工作任务繁重。高负荷的工作量加之缺少有效的组织支持，一线职工可能会出现心理压力或是疏离情绪，公司需要重视对职工可能产生的负面心理的疏导工作。另外随着"90后""00后"走入职场，职工出现了新的价值诉求和工作追求，他们追求自我实现，渴望受到公司认可，因而公司也需思考如何满足职工新的心理需求。为了缓解职工的心理压力，引导职工培养积极心理应对工作和生活，同时展现公司对职工心理和精神健康的重视和关爱，国有企业有必要采取各项措施进行职工心理关爱工程的建设，在保证职工拥有积极阳光心态的同时进一步巩固职工和公司的感情。具体做法可表现为：

1. 关注职工心理健康，普及心理学知识

多数国企的一线职工扎根基层，工作任务繁重，许多职工需在基层或工地长驻，与同事和家人相处时间较少，长此下去可能会出现人际关系需求、归属需求不能被及时满足的现象，进而导致一线职工产生安全感缺乏、焦虑和离职倾向等负面心理。公司需要高度重视一线职工的心理健康，应该在关爱职工心理方面进行投入。

一是加强职工心理辅导。公司应鼓励班组长和工会人员学习相关心理学知识，这样可以从内部培养心理专家去帮助职工缓解心理压力和心理疏导。因为有着相同或相似的工作经历，公司内部职工去进行心理疏导时能够更有针对性，所提出的解决方法也更容易引起职工的共鸣和接受，在相互沟通交流的过程中也能够增强同事之间、上下级之间的关系，营造互帮互助的融洽氛围。

二是完善职工书屋心理学书籍。公司的职工书屋也应配备相应的心理学书籍，让职工能够有系统的理解心理学理论，相应的电子书籍应该及时录入到公司已有的网络平台，以方便经常出差的一线职工阅读。在实体阵地方面，各地市公司应该建设心理咨询室或减压室，可采取公司内部的"心理咨询专家"坐诊的方式，实行网上预约制度，通过专家和职工一对一时间协商，让专家为职工解惑，进行心理疏导。

三是向职工普及心理学知识。在新进职工培训过程中，通过组建班级并实行"辅导员制"，让有一定资历的职工负责管理班级成员，及早让新进职工熟悉公

司前辈和同事，加快融入公司。同时公司可在微信公众号或相关平台上开设"心理专栏"，附上工作心理学、家庭心理学、色彩心理学等相关心理知识，以网上宣传和科普的形式让职工了解心理学知识，从而更好地理解自己的心理状态并以积极态度处理工作、家庭等领域的事务。

2. 公司开展多途径的微认可，增强职工的认可感

职工在工作中重视工作反馈，在参与文化活动和相关比赛时也越来越看重公司反馈。公司和工会对职工参与文化活动和比赛的表现予以点评，表达出对职工的关注，职工能够从相关反馈中感受到公司对自己的关注，进而产生获得感。因而公司可以通过开展多种形式的反馈表达出对职工积极参与文化活动的支持，以及对优异表现者的肯定和表扬，以此激发职工的积极性。

一是开通文体活动的实时转播平台。让活动策划者、观看者和比赛者等相关人员进行活动感受分享，转播可面向活动参与公司所有职工，通过增加活动观看者，扩大活动影响力，并让更多的职工参与评论可以提升他们的参与感。活动表现优异者能够在平台中收获大家的认可和欣赏，打开了自己的知名度，这对于他也是一种精神奖励和认可，展现自我的需求能够得到满足。

二是营造文化活动微信群的良好互动氛围。鼓励群内成员积极分享自己作品并鼓励点赞和点评行为。公司开展诵读、篆刻、书法、摄影、剪纸等兴趣活动时可建立相应微信活动群，群主负责活动策划和通知等工作，活动结束后参与人员可将自己的作品上传至微信群供大家欣赏并分享自己的心得体会。群内其他成员可以对上传作品进行点评、点赞，基于这个平台有着相同兴趣爱好的职工可以相互交流和沟通，并组建团体小组参加以后的文化活动。

三是建设"微认可"激励体系，最大激发职工参与积极性。为此公司需要明确能够获得奖励的行为，并制定相应的奖励规则。公司建设职工文化的初衷是为了丰富职工文化生活，培育职工积极心态，激发职工工作激情和创造热情，那么就要以鼓励职工为主，制定具体化的获奖行为以及弹性福利性奖励。获奖行为应围绕职工文化的目的和核心内涵进行细化，可分为常规行为和优秀行为，常规行为主要是指职工参与文化活动的各种行为，优秀行为主要是指职工在活动或比赛中获得名次，取得优异表现的各种行为结果。奖励应具有弹性和福利性质，能够

让职工在参与职工文化活动的同时获得精神或物质方面的福利奖励，这样能够激发职工的参与热情。

3. 职工工作和家庭支持

一是加强基层"五小"建设。可在乡镇供电所和班组开展各有侧重的"五小"建设。乡镇供电所是基层职工生产生活的地方，可以建设舒心"小公寓"、健康"小食堂"、整洁"小浴室"、温馨"小书屋"、绿色"小菜园"。通过这些硬件设施建设改善基层职工工作和生活环境，让职工感受到公司对其的人文关怀。班组"五小"建设应根据工作的需要，有针对性地进行建设。以国网湖北省电力有限公司为例，省公司班组"五小"建设包括小食堂、小浴室、小活动室、小卫生间和小书屋；生产班组"五小"建设除了上述"五小"之外，还有值班室、休息室、洗衣房、室外活动场所等；而城区营销班组、多经班组包括客户服务中心营销班组，内容则是小活动室、小卫生间、小书屋、文化园地以及净水工程。这样做到因地制宜，精准满足不同工作环境下的职工生活需求，可以进一步增强职工的归属感，有利于提升其幸福感。

另外有条件的地区甚至可以在"五小"的基础上延伸出"十小"乃至"十五小"，建设健身活动室、心理座谈室、党团文化园地等，而条件相对较差的，可以由微及广、由小及大，慢慢完善、拓展"五小"的硬件设施。通过"五小"建设打造基层工作之家、生活之家，打造温馨的基层家园文化。

二是开展职工家庭帮扶活动。为维护职工家庭和谐，工会可以针对双职工家庭开展婚姻家庭心理学讲座，针对如何建立、经营幸福和谐的婚姻家庭，如何进行工作和生活上的心理减压等话题开展专家和职工分享交流活动。为解决困难职工家庭子女就业难问题，省级工会要推动将困难职工家庭高校毕业生纳入当地政府就业援助体系，落实各级政府制定的各项就业优惠政策。可以为困难职工家庭高校毕业生提供有针对性的就业服务和技能培训，力争"零就业"困难职工家庭高校毕业生全部实现就业。为给予女性职工家庭关照，省级和各地市级工会可以开展暑期夏令营活动，利用职工书屋等阵地让女职工将孩子托管在职工书屋，既满足其就近照顾子女需求又可以丰富孩子知识。

（五）品牌提升

大型国有企业通常在职工文化品牌建设上已投入了颇多精力，取得了很大的成就。以国家电网为例，"国家电网好声音"之金话筒主持人大赛是最具有国家电网特色的职工文化品牌，获得社会各界的一致好评。

随着内外部发展环境的深刻变革、网络技术的迅猛发展、舆论格局的多样变化，品牌建设工作创新动力不足、传播广度受限、规模效应的构建制约等瓶颈矛盾问题日益突出，品牌建设前瞻性品牌课题研究、外联队伍专业素养、主题新闻高端传播、重大舆情高效管控、社会责任深入根植等内部专业管理均有待提升。下文通过构建职工文化品牌体系与体系建立后品牌推广来推进职工文化品牌建设工程。

1. 建设体系化的品牌系统

着力打造一批深受职工欢迎的职工文化品牌，建成以思想塑造为主，丰富职工活动为辅的"国家电网力"职工文化品牌体系。充分发挥文化品牌的交流展示效应，增强国家电网职工文化的对外辐射力。

一是打造以"国家电网美"为名的先进典型职工模范工程品牌。通过该品牌，拓展职工文化价值引导功能。大力实施以"国家电网美"为名职工模范工程品牌，实现先进模范选树科学化、制度化、规范化、常态化。以社会公德、职业道德、家庭美德为着力点，注重培育选树具有时代特征、代表国家电网人风貌的先进模范群体，以身边的榜样激发广大职工学先进、赶先进、当先进、超先进的热情，引导广大职工树立爱国爱企爱岗的人生导向、优质服务优良品德的道德导向和个人发展与企业发展相融合的价值导向，不断提高职工的思想境界。

二是打造以"国家电网创"为名的竞赛品牌。通过该品牌，拓展职工文化素质提升功能。"国家电网创"竞赛品牌子系统主要集结国家电网内所有竞赛项品牌，主要包括技能竞赛、发明创造竞赛、文体竞赛等。立足产业多元化发展的新要求，根据不同企业特点，因地制宜地开展以"国家电网创"技能比武大赛为龙头，以职工发明创造和才艺展示等为补充的系列竞赛活动，不断丰富竞赛内容，拓展竞赛领域，创新竞赛形式，完善考核评价体系，扩大劳动竞赛的影响力。坚持"全员参与、竞赛促学、共同提高"的方针，按照不同阶段生产、经营、管理、建设的重点，搭建"班组、车间、公司、集团"四级竞技平台，使职工在"人人练、岗岗比、层层赛"的浓厚氛围中提升素质。

三是打造以"国家电网乐"为名的职工文体品牌。通过该品牌，拓展职工文化精神愉悦功能。"国家电网乐"职工文体品牌子系统囊括一批以职工日常文体活动为主的职工文化品牌。按照注重群众性、多样性和广泛性的要求，积极组织主题鲜明、形式多样、雅俗共赏、深受职工欢迎的文艺、健身活动。充分发挥国家电网集团职工业余艺术团、乐团和各类兴趣协会的作用，组织创作真实反映职工现实生活，"有看头、受启发、可借鉴"的作品，演出紧扣时代主题，"贴近实际、贴近生活、贴近职工"的文艺节目，举办"人性化、趣味化、个性化"的运动赛事，让职工在工作中领悟快乐，在创作中凝练生活，在运动中享受健康，在趣味中促进工作。

四是打造以"国家电网爱"为名的爱心传递工程品牌。通过该品牌，拓展职工文化维权关怀功能。"国家电网爱"爱心传递工程品牌子系统主要集聚国家电网内部有关职工关怀的职工文化品牌。大力实施职工爱心、健康、法律和婚姻援助四大关爱行动，广泛开展夏季送凉爽、冬季送温暖、金秋助学和文化下基层等活动，完善帮扶工作机制，加大帮扶力度，努力为职工办实事、办好事、解难事，切实维护职工权益。加强人文关怀和心理疏导，特别是针对青年职工、新生代劳务工和困难企业职工中出现的问题，进一步强化心理援助、心理咨询和心理疏导，杜绝歧视和不平等现象，及时将企业的关怀由工会组织传递给每位职工，努力在职工中形成文化暖人、文化帮人、文化乐人和文化安人的良好局面。

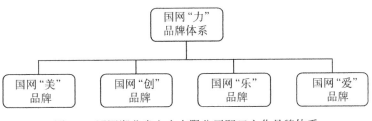

图 7-9　国网湖北省电力有限公司职工文化品牌体系

2. 品牌系统建设及管理

整合并补充国网湖北省电力有限公司现有品牌，围绕以品牌建设研究中心为重心的品牌系统。在品牌体系的建设和后期运营过程中，需要从管理人才和管理制度等多方面进行支持，以促进品牌系统的完善和优化。

一是管理人才支持。在品牌系统建设过程中需要借助相应管理人才建立品牌建设与运营部门进行建设推进，在品牌系统建设完成后也需要相应管理人才进行运营，以实现品牌系统的持续优化。在"国家电网力"品牌系统的建设和运营中，成立国网湖北省电力有限公司工会下的品牌建设与运营部，通过部门建设招揽企业内外精通品牌建设运营的管理人才实施品牌管理。

二是管理制度支持。健全国网湖北省电力有限公司品牌管理机构和制度，尽量为企业品牌系统管理和战略运作提供基础保障。在公司内部，有关品牌建设管理的支持性制度还有所缺失，通过完善制度建立，保障国网湖北省电力有限公司品牌系统的顺利实施。

3. 品牌系统形成后的推广

一是借助政府力量实现职工文化品牌推广。利用政界媒体推广职工文化，例如参与民众关注度较高的政府栏目如"电话问政"，利用报纸期刊等政府媒介不仅覆盖面更广，媒介的可信度更高，例如报刊电视，拥有专业人员进行采编，设计和审核，这就为媒体宣传注入了强大的公信力，易获得社会的认可。

二是通过市场化机制推广职工文化品牌。依托各地区的特色宣传资源，鼓励和扶持兄弟企业或合作单位开展共同宣传，强化职工文化品牌宣传的行业性、特殊性。如联合工厂、学校、发电站等拍摄纪录片，参考农夫山泉一系列的公益宣传片，在宣传片中描述国家电网与职工的工作特征与工作作风，表彰本职工作表现优秀的职工而不限于特定的几个劳模，用几个生动鲜活的事例使大众对国家电网职工文化有深刻明确的认识。同时在网络流量较多的门户网站投放广告，如微博、优酷、爱奇艺，在受众不反感的前提下进行宣传。

三是利用服务进行品牌传播。文化品牌的推广不仅包括品牌营销和品牌传播行为，还包括品牌个人行为。品牌是多重身份角色的市场代言人。品牌行为包括企业家、职工、股东等。国家电网是一个关系国计民生的企业，而服务部门是公司与大众接触的窗口，利用服务将职工的服务状态、服务宗旨、职工样貌表现出来，受众通过切身接触能够深刻感受到公司倡导的职工文化，在民众心中留下品牌的认同感和美誉度。同时，公司领导要以身正行，在电视采访、发表声明、新闻报道中宏扬职工文化，通过领导人的言行举止影响广大职工，进而在社会上树立文化标杆。公司劳模也应该保持初心，用朴实的态度和标准的服务影响和带领后一辈投身到职工文化建设中。唯有如此，言行一致，职工文化品牌才能有力地传播出去。

（六）价值转化

经济文化化、文化经济化——经济与文化的互促互换、共融共存、相携发展、同位提升，是现代文化的主要特征和基本走向。职工文化中不乏精品文化作品并具有很高的艺术价值，充分挖掘、创造性转化和整合丰富的职工文化资源，使之成为文化产业发展的活水源头和不竭动力，对增强整个社会的创新能力和文化软实力，提高区域经济核心竞争力，实现经济社会全面协调可持续发展具有重要的积极促进作用。因而职工文化建设的最后一项工程是要通过制度支持、作品支撑、多元服务三种方式全面推动职工文化价值转化，促进职工文化建设形成良性循环。

1. 制定推广职工文化的规章制度

企业职工文化价值理念要起作用，既要靠宣教，更要靠制度。固化于制，就是要把价值理念用规章制度固定下来，成为指导职工行为的制度要求。公司要把职工文化所包含的劳模精神、工匠精神等精神风貌和价值观念融入企业的规章制度、工作机制和工作体系中，以科学的制度体系规范职工行为，以有效的制度创新推动管理创新，推进职工文化"落地生根"。

一是对现有制度根据职工文化价值理念导向进行调整和优化。首先，公司内部形成体现职工文化价值理念的制度体系，使价值理念的要求转化为可遵循的制度约束。建立健全庆典、联谊、劳动竞赛、定期评选先进模范等制度，不断激励职工自觉地实践职工文化倡导的价值理念；健全培训制度，特别是新职工的培训和教育制度，使他们从进入职工队伍的第一天起，就受到企业职工文化价值理念的熏陶；建立企业领导深入基层、充当表率作用的制度，努力使各级领导干部身体力行，用模范行动影响和感染职工。

二是进一步改革和完善企业职工文化建设保障机制。建立公平科学的文化成果评价机制；在职工职业发展上，帮助其制定相应的发展规划；在职工的职位升迁上，纳入其文化参与或建设方面的综合表现来衡定；在激励上，以职工文化绩效、能力来核定。另外，对制度的执行进行严格的监督和控制。具体来说，要注意两点。一是领导必须加以重视。二是要加强长期教育和引导，使职工逐渐领悟制度的内涵，保证它们的正确执行。

2. 形成职工文化成果创作体系

一是明确职工文化作品定位。职工文化最直接的成果就是文学作品和一系列精品文艺作品。新时代下国有企业职工文化作品需要紧密结合习近平新时代中国特色社会主义思想和党的十九大精神，确立正确政治方向；需要宣扬社会倡导的文明风尚礼仪，树立文明风向标；需要反映自身企业的经营战略和企业文化所彰显的思想，明确作品精神内涵；需要有效结合职工工作和生活，切实表现出国企职工的工作风貌。只有充分融合了国家、社会、企业和职工四个层面的内容，才能创作出经得起时代洗礼和人民检验的精品成果，也将为职工文化建设带来珍贵的财富。

二是运用新媒体平台，实现全员文化生产和消费。企业的全体职工可通过网上职工之家等平台可以浏览以往文化作品，知晓即将推出的文化成果展演信息。有必要开通"零距离沟通"等功能，让有参与和创作热情的职工与发表作品的直接创作者进行交流，互相分享创作设想和观点，有利于壮大职工文化作品创作团队。另外将所有文化作品和展演成果上传至网上职工之家，让所有体系内职工都能观看和欣赏，实现全员消费。在此基础上形成的作品浏览和点赞数据能够成为作品考核评优的重要指标。

三是形成职工文化衍生品，增强职工文化渗透力。各企业下属省级公司可根据现有文体协会数量和文化活动品牌数量，对人数较多实力较强的协会和精品活动品牌量身设计文化 LOGO，作为协会会标和品牌标志，能够提高职工文化对社会大众的冲击力，增强形象感。另外可以结合地域文化和公司职工文化亮点设计卡通形象，向社会展现出本公司独有的职工特色和精神风貌，增添亲近感。

3. 构建职工文化成果推广服务体系

一是开展阵地服务。要建立并完善职工文化信息资源共享的网络平台，公司宣传部门、党建部门和工会应结合国家重大事件、重要节日、假日和纪念日，策划开展持续时间长、参与人数多、举办规模大、对外影响广的职工文化服务活动，改进、丰富和加强数字职工文化惠工服务。基层职工文化信息资源共享服务点在活动内容与形式上要与基层职工实际情况相结合，想方设法发动职工积极参与，共享职工文化建设成果。

二是开展媒体服务。要做到职工文化信息资源共享，尤其是职工文化成果，需要利用报纸刊物、电视、卫星、互联网、移动通信等媒体设备进行职工文化服务推广。各基层职工文化共享工程服务点应根据本地实际情况，以某一媒体形式为重点，辅以其他媒体开展职工文化宣传推广服务。

三是开展特色服务。不同地域的职工群体对职工文化的信息需求也各有差异，地方职工文化信息资源共享工程的服务内容与方式也必须要与之相适应，开展个性化、特色化、品牌化的地方文化服务，才能更好地满足基层职工的各种职工文化信息需求。

四是开展对外服务。职工文化共享工程建成的中国传统优秀文化信息资源，重点是面向国内产业工人队伍整个群体，在丰富他们文化生活的同时，还应多渠道、多方式地走出地方、走出国门，向外界展示地方特色职工文化魅力，促进职工文化交流，带动地方文化产业经济发展。

第八章　新时代国有企业职工文化
建设的保障体系

国有企业职工文化建设是满足职工精神文化需求的重要途径，也是促进企业蓬勃发展、社会和谐稳定的重要手段。完善的保障体系是国企职工文化得以实施、发展与创新的基础，是将抽象的文化理念转化为职工具体行为的重要保证。本章将以新时代职工文化建设的工作理念为导向，通过有效的实施组织，科学的管理办法和考评机制，构建新时代国有企业职工文化建设的保障体系，为职工文化建设的"落地"保驾护航。

一、确立新时代职工文化建设工作理念

党的十九大报告提出了新时代文化建设的基本方略。[①] 新时代中国特色社会主义文化建设需秉承中国的文化价值理念，坚持中国的文化立场，立足于当代中国的文化发展现状，思考和解决当代中国人关心的文化问题，提出中国的文化方案。职工文化是新时代中国特色社会主义文化的重要组成部分，新时代国家发展需要和社会历史环境赋予了职工文化新的内涵，要求职工文化建设具有新思路和新内容，职工文化建设工作需要在新时代职工文化建设工作理念的指导下，准确把握建设要领，以期满足广大职工的多元文化需求，提升其幸福感和获得感。

（一）以人为本，服务群众的理念

职工文化实质是"人的文化"，人是生产力中最活跃的因素，是企业的立足

---

① 党的十九大关于文化建设的四个突出特点，http：//theory. people. com. cn/n1/2017/1201/c40531-29680137. html.

之本，企业职工是企业的主体，建设职工文化就必须以提高人的素质为根本，把着眼点放在人上。职工是企业发展的动力源泉，企业要以职工为本，了解职工的文化需求，帮助职工排忧解难，坚持发展依靠职工，发展职工受益，发展成果惠及职工，不断加强职工的文化建设，从而增强职工的归属感和幸福感。职工既需要满足日益增长的物质生活需求，也要满足层次越来越高的精神生活和文化生活的需求，追求思想和情感的支撑点。企业要解决营造尊重知识、尊重劳动、尊重创造的文化气氛，积极构建职工文化建设的舞台，帮助职工职业生涯目标的实现。要注重以人为本，关爱职工需求，加强职工心理健康的疏解和引导。企业要与时俱进加强文化阵地建设、开展有针对性的文化活动，满足职工新时期文化生活的需求，不断增强职工对企业的归属感和认同感。

(二) 完善制度，机制健全的理念

制度是职工文化建设有序推进的重要支撑，坚持和完善职工文化建设的相关制度，切实维护好广大职工的合法权益，满足职工对组织的热切期待，是企业服务职工，以人为本的重要体现。职工文化建设是一个长期持续的过程，因此在进行职工文化建设时，首先企业内部要形成清晰而又明确的规章制度。在企业内部要建立完善的文化制度规范，成立专门的职工文化建设小组，并为职工文化建设募集专业的人才，从战略高度来进行职工文化的研究设计，同时由公司的高层领导者担任领头人的角色，突出职工文化建设的重要性。制定职工文化建设制度之后，公司职工文化建设部门应当在每个部门安排职工文化建设工作人员，协助部门的负责人做好职工文化的建设工作，并且根据各个部门的实际情况，设立职工文化评价考核体系，从而带动全员参与。各部门的职工文化建设工作人员，要把文化建设过程中出现的问题以及职工的合理需求给职工文化建设小组积极反馈，并着力寻找解决方案，从而引导员工更广泛地参与到职工文化建设中来，让他们亲身参与、亲身体验，进而提高参与、学习、执行的主动性及积极性。

(三) 促进学习，鼓励创新的理念

职工文化建设要激发职工的创新意识，鼓励举办创新工作室、创新创意大赛等一系列创新活动，如使用"新技术、新工艺、新方法"创造的"小发明、小革新、小创造、小设计、小窍门、小绝活、小技术、小点子、小节约、小建议"活动,激发职工工作热情与创造力。在平台提供方面,要充分发挥互联网的优势,让其为职工文化建设提供全面的服务。公司一方面应打造专属于职工文化建设和宣传的互联网平台,如微信公众号,"抖音""火山"等小视频平台等,定期推送相关的职工文化建设过程中与创新相关内容以及进度,同时开放留言平台,让广大职工根据自己的实际工作情况对职工文化建设献言献策;而且为了鼓励职工能够积极地献言献策,职工文化建设部门应当对良好的建议和想法进行在公司内部新媒体进行宣传和展示,并给予一定的的物质和精神激励。通过加强互联网新媒体对职工文化活动的宣传作用,职工也会更加主动地参与进来,并且也可能会给企业职工文化建设活动提出更加高效的途径和方法,最终形成互联网平台—职工文化活动—职工的相互循环促进。

(四)活动多样,内容丰富的理念

新时代职工文化的建设也体现在提升职工文化服务水平、丰富职工文化活动。需要说明的是,职工文化活动不等于职工文体活动。展示先进职工文化的形式除了职工文体活动,还有职工技能竞赛、职工创新工作室、职工书屋、职工主题宣传教育活动、职工先进典型评选等。职工文体活动要全面繁荣反映职工主题的新闻出版、广播影视、文学艺术等职工文化事业,不断推出反映时代新气象、讴歌职工新创造的职工文艺精品,建强用好企业融媒体中心,宣传职工正能量,广泛开展职工群众性文化活动,加强职工文化设施和职工文化项目建设以及职工优秀传统手工艺保护和传承,广泛开展职工健身运动,定期不定期举办职工运动会、职工艺术节,增强职工体质,丰富职工业余文化生活。企业要与党建、企业文化建设、班组建设、QC 小组建设等形成内容融合。通过解决职工在思想、态度、岗位、行动、职业发展等方面存在的种种问题,调动职工的主动性、积极性和创造性,不仅要提升和展示广大职工的文体爱好和特长,还要为他们的绝技绝活展示提供平台和机会,更要为他们的学习和进步创造条件和空间,等等。在这些职工文化活动中,"中国梦·劳动美""当好主人翁,建功新时代"等是新时代职工文化活动的主旋律。新时代职工文化要做到娱乐性、思想性、教育性、政治性等相结合,才符合党和国家特别是习近平总书记关于新时代职工文化的新要求。

（五）尊重人才，科学培养的理念

人才资源对国家和企业的发展是至关重要的。在人才资源竞相迸发的环境下，职工文化建设也离不开人才资源的支撑。职工文化的建设是一个庞大的系统工程，不仅关乎职工文化建设的本身，而且也涉及相关人员和技术等方面的需求，因此需要有足够的人才资源。在新时代背景下，随着新媒体的日益崛起，无论是在公司办公还是在公司宣传等方面都发挥了举足轻重的作用，所以职工文化的建设更需要新媒体宣传人才。因此在职工文化建设的过程中，一定要重视新媒体宣传人才的价值，发挥他们的专业优势，为职工文化建设提供人才保障。同时，在策划职工文化活动时，既要广泛动员职工提供想法，也要有专门的活动策划人才，从不同的视角来思考，鼓励职工积极参与职工文化建设活动，而且专业的活动策划人才必然能够想人所不能想，往往能够给职工带来意想不到的惊喜，激发员工的积极性。

（六）精益求精，塑造品牌的理念

职工文化品牌的打造，是提高职工文化影响力的基础。职工文化品牌的价值很大程度上影响着企业品牌的发展高度，品牌的文化价值决定着企业品牌的持续竞争力及发展深度。因而必须高度重视职工文化的品牌建设，进而推动企业品牌的影响力。追求卓越的品牌建设是一项系统工程，是一项长期战略，对外企业必须在品牌设计、品牌推广和品牌评估等各个方面全方位规划和实施。品牌建设对内必须要在管理机构建设和人员配备上投入相当的精力。在品牌建设过程中，要重视媒介资源的整合与管理。当下各种传播媒介层出不穷，愈来愈网络化、科技化、全民化和融合化，对企业而言，媒介经营管理的好坏直接影响着企业职工文化品牌建设的成功与否。随着互联网技术的日益普及，企业需要有效利用新兴媒体、线上平台为自身职工文化品牌造势宣传。市场其他企业和顾客通过媒体、媒介可以了解到企业职工文化的独特之处，感受到企业职工的价值理念，增强职工文化品牌效应，从而让企业具备了明显区别于其他竞争对手的文化能量。职工文化品牌将成为职工文化塑造的精华，也是企业整体品牌的重要组成部分。渗透在职工文化活动中的思想性、科学性、文化性、娱乐性都是对职工文化的丰富和促进，只有形成特色鲜明的职工文化品牌，才会赋予职工文化更加旺盛的生命力。这就要求工会要不断宣讲职工文化理念，创新职工文化落地途径，探寻职工文化深植方式，挖掘和推广职工文化品牌项目，宣扬职工文化成果，把更多更好的职工精神文化产品送到基层职工身边。

二、打造职工文化建设的有效实施组织

有效的职工文化建设实施组织，有助于提升文化建设的工作效率，充分了解职工需求，及时反馈，在面对职工文化建设中存在的问题可以及时加以研究解决，推动职工文化工作不断发展进步。

(一) 建立合理的实施结构

合理的实施结构可以快速将输入转化为输出活动，职工文化建设实施组织作为一个载体，在职工文化建设过程中，应当及时的职工文化建设理念转化为职工可以具体实施的文化活动。

1. 任务分析

任务分析是确定一项与具体工作的本质相关联的有关信息的过程，它确定任务承担者成功地完成任务所需的技能、知识、能力和责任。职工文化建设任务分析的主要目的是对实施组织的任务进行定义，包括目标和达到目标的期限完成任务所需要经过哪些工作环节，每个环节需要什么样的技术、技能等完成任务过程中所需要遵守的规范、原则，比如明确该做什么或不该做什么等。任务分析是实施组织有效运作的前提，没有清楚的任务根本不可能形成有效的组织运作流程。

2. 合理的角色分配

组织的任务需要经过多环节、多人的共同努力才能完成。而组织中不同的角色具备不同的能力，职工文化建设中的每环节也需要不同的技术技能。因此，组织要形成有效的合作，就必须根据组织的各个环节要求的技术、技能特点进行配置。角色分配的目的就是根据组织任务的需求特点安排具有相应能力的成员，以满足完成组织文化建设的需要。

3. 招募和培训

招募和培训的目的是使组织获得完成职工文化建设工作所必需的各种资源。招募是解决组织需要人力资源的有效途径。通过招募的方式来解决组织的人力资源问题，不仅需要组织成员具备能为的能力，更需要具备愿为的意愿。通过招募的方式，组织成员自愿加入职工文化建设的工作中，这说明他们对文化建设的接受和认同，他们会对组织的工作表现得更为积极和主动。培训是解决组织需要人力资源的另一有效措施。通过职工文化建设知识的培训，使成员增加了职工文化建设的知识，了解组织需要怎样的沟通和怎样进行协作，同时也认识到职工文化建设的重要性，这使他们能够更为主动、有效地为组织服务。

(二) 建立良好的沟通机会

沟通是组织实施功能的内在部分，它贯穿于整个职工文化建设的工作中，可以说无时无处不在，组织中的每一位成员都不断地参与职工文化的沟通过程，并且受到沟通过程的影响。

1. 提供上下互动的机会

沟通其实是一个互动的过程，需要管理者发出文化建设的信息，通过媒介传递给职工，职工接收到信息并通过媒介反馈给管理者，这是一个闭路的循环过程，缺少其中的任意一个环节都不可能形成有效的沟通。沟通的形成关键在于互动，因此，在职工文化建设过程中提供上下级积极互动的机会，营造一个良好的沟通环境和气氛，有助于职工文化建设的顺利开展。

2. 建立正式的沟通渠道

沟通不应是一时的权宜之计，而应建立一条领导与员工之间的沟通渠道。比如建立每月一次的"职工文化交流"大会，可以由负责人亲自主持；建立两周一次的"职工文化头脑风暴"，职工和管理者充分交谈关于职工文化建设的看法，有问题可以直接反映。

3. 积极有效的倾听

积极有效的倾听并不是简单的听，它不仅要用耳，而且要用心。负责人不仅听到职工说的内容，而且了解对方的感受和情绪。给予职工积极的反馈，可以让职工认为自己得到对方的重视，更加乐于主动同管理进行沟通，从而有利于形成有效沟通。

(三) 创建互信的环境

信任是组织成功的重要因素。信任是合作的开始，也是职工文化建设管理的基础。一个不能相互信任的组织，是没有凝聚力的，也是没有战斗力的，高效的职工文化建设组织必须以信任为前提。

1. 公开、公平与公正

公平感是成员活动中的一种很自然、很重要的心理现象，它对组织成员的工作积极性影响十分明显。公平能起到激励的作用，不公平会起消极的作用。组织成员能否得到激励，不仅是他得到了什么样的报酬，更重要的是与别人相比，这样的报酬是否公平。公平的实质是平等，它体现在对人格及其权利的尊重上。如何把握公平原则、充分调动每个成员的积极性，是组织管理者要面对的首要问题。要保证公平，前提条件就是要保证制度的公开和公正。坚持这一制度就可以保证决策公平，防止暗箱操作、个别人说了算。公开程度提高了，职工监督加强了，公平就有了可靠的保证。一个高效的职工文化建设团队应在人员管理和奖惩措施等方面都制定比较完备的制度，这些制度充分体现着公平原则，只要严格落实这些制度，就能满足团队成员渴望公平的心理需求，起到公平的激励作用。

2. 充分授权

所谓授权就是将权力分派给其他人以完成特定任务。它允许组织成员在职工文化建设过程中作出决策，也就是说，将决策权力从组织中的一个层级移交至另一个层级，即一个更低的层级。授权一方面不仅减少管理者日常工作的压力和时间，同时也提供了成员发挥自身作用的舞台，使成员能够发挥自身的潜能，提高职工文化建设的工作效率。另一方面授权可以使组织成员意识到领导对他们信任，起到激励作用。

三、实施推动全员参与的基层文化管理办法

基层员工是活跃在企业中最大的群体，他们承担了企业最多的生产工作量，如果对他们失去关注，将会直接影响到企业的发展。全员参与式的基层管理强调从职工的实际出发，尊重职工差异，引导职工学会自主管理，使每个职工做到既是管理的对象，又是管理的主体，个个都成为基层管理工作的积极参与者，有利于职工的成长与企业的发展。通过构建"终端（基层）管理、前端领导、内部互动的科学管理体系与保障机制"（见图8-1），保证职工文化向着积极健康、昂扬向上、全员参与的方向发展，在企业内形成"人人创造职工文化、人人管理职工文化"的良好氛围。

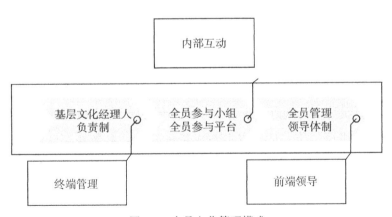

图 8-1　全员文化管理模式

（一）基层文化经理人负责制度

"经理人"是指具备一定职业素质和职业能力，并掌握企业经营权的能够运用所掌握的企业经营管理知识以及所具备的经营管理企业的综合领导能力和丰富

的实践经验，为企业提供经营管理服务并承担企业资产保值增值责任的人员。"基层文化经理人"是相对于高层经理人员与中层经理人员而言的，是组织在基层的文化管理者，他们所管辖的主要是作业人员的文化建设情况。以此为延伸，以国网为例，"基层文化经理人负责制度"指的是企业通过赋予基层供电所和班组相应的职工文化建设职责，以基层文化经理人的形式促进公司基层职工全员参与职工文化建设的管理制度。由于国企基层职工较多，国网湖北省电力有限公司就拥有14家供电公司，20所综合与直属单位，全省直供直管县级供电企业84个，如果由总部直接管辖，难免出现沟通不畅，工作效率低的问题。依托基层文化经理人制度，作为基层负责人，供电所所长和班组长分别管理供电所和班组大小事务，与基层职工联系密切，通过发动供电所所长和各级班组组长在基层职工文化建设中的引领作用，能够有效推动公司关于职工文化建设的各项方案得到落实。

1. 制度内容

基层文化经理人负责制的内容以基层人员活性化思维为引导，活性化是组织人员参与管理的一种高级形式，人员活性化是指人员具有自由做出决定和采取行动的知识、技能、职权和意愿并且人员对其行动的后果和组织的成败负有责任。其特征在于自主性，赋予人员更多的文化建设裁量的自由，提高其独立自主决策的能力；自律性，人员从权力的分享中，提升其道德与自尊层次，使人员更具有自我约束的能力；开放性，从过去的权力独享中解放出来，释放一些权力给组织成员，使人员享有参与决策的权力；参考性，发展人员参与能力，扮演组织中有价值的成员，成为组织中重要的一员，可以收到集思广益的附加价值；责任性，人员对其文化建设行为后果及企业的成功负有责任，即所谓"有权亦有责"。

基层人员活性化与组织目标、职权、能力、职工责任相关，所以基层人员活性化的概念可以用公式表示，基层人员活性化＝协调一致×职权×能力×投入。这个方程中，协调一致是指基层人员能够与组织更高层次的目标步调一致，他们必须了解职工文化建设以及其他利益相关者的需要，了解、认同职工文化建设的战略、目标和计划并准备为之而努力；职权与机会是指基层人员要能够拥有必要的职权和机会以使自身在参与职工文化建设过程中贡献最大化，组织必须以适当的方式安排其事务以实现基层人员的职权、责任和能力相一致；基层人员必须要有实现相应目标的能力，被激活的基层人员懂得如何去建设职工文化，并且拥有完成这些事情的信息和技能；投入是基层人员主动承担起实现成功的责任时的一种精神状态。组织通过持续地强调该人员是其最宝贵的成员，并借助适当的表彰和奖励，从而获得基层人员的全身心投入。基层人员活性化对于职工文化建设的意义在于让基层人员能够享受到文化建设成果，与企业共同成长，扎实推进基层职工文化管理工作。

以国家电网为例，基层文化经理人制度的设立如图 8-2 所示，参照基层人员活性化思维。其中协调一致，是指由职工到班组长，由班组长到所长，层层递进，上下协调，基本形成以基层职工为主体，班组长带领、所长监督的基层职工文化建设体系。在实现上下协调一致的基础上，再赋予班组长职权。职权，是指班组长负责加强基层职工思想建设，积极利用基层职工文化阵地——"五小"，关心基层文艺人才的发展，鼓励基层文艺创作，强化基层文化氛围。能力，是指班组长作为负责人，要加强自身技能素质与文化素质，提高负责人的文化建设能力。投入，是指心理、身体与知识资源投入。班组长在心理上认同职工文化建设事业，鼓励职工参与文化建设，并身体力行，与基层职工一起参与文化建设，活跃基层文化氛围。

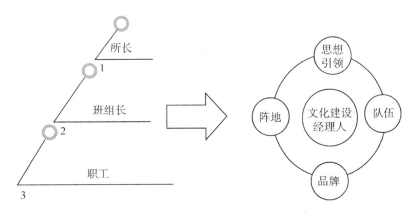

图 8-2　基层文化经理人负责制

2. 制度实施

建立基层文化经理人负责制是为了更好地推进"工作+职工文化"的有效融合，一方面落实公司职工文化建设方案和措施，切实增强职工文化对基层职工工作和生活的支持作用，另一方面则是充分动员广大基层职工参与到职工文化建设中来，真正实现全员参与。为有效建立基层文化经理人负责制度，可以从以下三个方面展开工作。

（1）明确培养对象。

基层文化经理人应当是敢于管理、能力较强、对自己要求严格的管理人员。具体实施中，可以将县级乡镇供电所所长和各级班组组长作为基层文化经理人，赋予其基层职工文化建设职责。作为基层负责人，供电所所长和班组长分别管理供电所和班组大小事务，与基层职工联系密切。企业应当要求基层文化经理人做到，严格要求，以身作则；委以特权，树立威信；加强培训，提高能力。通过发动供电所所长和各级班组组长在基层职工文化建设中的引领作用，做出表率，事为人先，起到领头羊的作用。在无形中引导职工前进，在无形中形成基层的凝聚力。工作中既要注重文化建设制度的实施，又要注重用自己的言行举止对职工们进行领导，做到以德服人。如果言行举止得到了职工们的认可，那么基层文化建设的实施就会变得顺利，文化活动就会变得丰富多彩，基层职工就会有一个施展才华的平台，有效地推动公司关于职工文化建设的各项方案得到落实。

（2）规定工作内容。

根据基层发展的情况，文化经理人应该根据相应的基层状况完善适合职工文化建设的规定，引导职工根据基层文化的管理制度，自身平时的生活、工作等方面制定一些切实可行的规定，以对职工起到更好的监督和约束作用。遵守纪律、工作积极、关心集体、帮助他人的职工应得到怎样的奖励，违反纪律，有违反文化建设行为的职工应受到怎样的惩罚，可以进行类似于头脑风暴法的方式进行，让每个人都提出自己的建议，提出自己的看法，最后经过大家讨论制定出符合集体的管理制度。之后综合全体基层职工的意见，拟出一份合理的规定，在由全员通过，并结合规定，每周公布职工的文化分，让大家体验到成功的乐趣，做到"你追我赶"，明确自己的努力方向。如国网供电所所长可以根据工作环境，因地制宜制定《"五小"建设管理方案》，不仅向基层职工提供良好的工作生活环境，同时制定这些硬件设施的管理办法，维护文化财产。建立职工反馈机制，搜集职工对于参与基层文化活动和阵地使用体验的数据和信息，不断优化基层文化活动，提升活动黏性和阵地使用效率。班组组长需要做好"五小"阵地等文化财产的管理工作，根据工作情况不定期开展班组创新研讨会，发动班组成员智慧，以问题为导向进行多种形式、多种类别的微创新，营造创新氛围浓厚的工作氛围。

(3) 制定奖励办法。

文化经理人在工作过程中不仅要激发职工文化工作的积极性和自觉性，还要激发基层职工对文化建设的兴趣。因此需要投入大量的精力去了解职工，制订方案，发现文化建设过程中出现的问题并及时改正。在国网公司中，供电所所长和班组长本身就有公司管理制度下的本职工作，此时作为基层职工文化经理人贯彻落实公司制定的职工文化建设方案虽然也是职责所在，但当他们发挥带头作用并在职工文化建设方面取得成果时，应当给予相应的激励手段予以奖励，以持续推动他们积极认真带头参与职工文化建设。考虑基层工作环境、工作任务等因素，考核评价指标可以阵地建设质量、安全生产质量、微创新数量作为参照，切实反映基层工作与职工文化的融合程度。同时加大对职工文化成果优异的供电所和班组进行公司内部宣传，有重大成果的还可以专题形式进行社会报道，给予他们精神奖励。

(二) 全员参与式管理

全员参与式的基层管理强调职工参与基层的管理是全方位的，不仅指文化建设的全方位，还指参与主体的全方位，即每一位职工都有参与管理的机会。全员参与管理要求企业鼓励基层的每一位职工主动参与到文化管理与建设中，为他们提供发现自己、表现自己、欣赏自己和发展自己的机会，使基层的所有职工都能真切地感受到自己是企业中不可缺少的一员，进而让他们发自内心地感受到"这是我们的企业"。当然职工间的差异是客观存在的，不同职工在兴趣、爱好、思维方式、做事风格、个性特长等方面存在诸多差异，基层管理需要从职工的实际出发，尊重和利用职工差异，针对不同的职工进行差异化管理，引导职工学会自主管理，使每个职工做到既是管理的对象，又是管理的主体，个个都成为基层文化管理工作的积极参与者，在提高自主管理能力的同时，形成健康完整的工作氛围。在具体实施过程中可以以全员参与小组和全员参与平台的形式进行（见图8-3）。

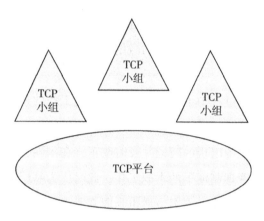

图 8-3　全员参与小组与全员参与平台

"全员文化参与小组"可以由工会、文体协会和基层三方负责人组成。工会确立总体思路，明确文体协会在职工文化建设中的职能定位并由工会公布举办文体活动通知；文体协会负责策划、开展活动；基层文化经理人负责动员职工参与文化活动。同时基层文化经理人可根据基层职工需求邀请文体协会到基层去开展文化活动，以增强职工文化参与感。

"全员文化参与平台"可以以工会相关部门为依托建立"全员文化参与平台"。平台要发挥信息化建设和基础数据的优势，为文体协会赋能，为其提供宣传资源、人手资源、物资资源等发扬职工文化必要的资源，让其可以充分发挥资源和人才优势进行职工文件建设。基层文化经理人拥有使用平台权限，能够直接向工会反映基层职工文化建设状况以及基层职工切实需求，为工会规划更加贴近职工工作和生活的文化建设方案提供数据和信息支撑。在全员参与平台支持各小组发挥作用的过程中，各项措施必须具备可操作性、可持续性，集中信息和资源优势有侧重点地发展和培养，否则不仅不能发挥出平台管控的优势，反而引起效率低下甚至造成管理混乱。同时各个参与小组要加强协同，配合平台建设。

(三) 领导体制

推进职工文化建设,是一项长期性、综合性的系统工程。这就需要我们尽快完善健全运转高效的领导体制,制定一系列行之有效的建设措施,确保职工文化建设的各项工作落到实处。

1. 建立职工文化领导小组和专门组织机构

设立专门的职工文化领导小组和专门组织机构,是关注文化建设的责任感和使命感的重要体现。一是成立职工文化建设工作领导小组。领导小组由公司总经理担任组长,其他管理团队副总担任副组长。领导小组的主要任务是职工文化管理制度的整体方案,审定职工文化建设的目标体系。二是成立职工文化工作推进项目组。由职工文化分管副组长、党建部负责人、人力资源部负责人、其他工作职能部门负责人以及相关人员组成,职工文化工作推进项目组的主要任务是确保在国家政策导向、公司经营战略和企业文化以及职工需求的大前提下,科学有效地推动各部门的分工和协同。三是成立职工文化建设团队,由职工文化经理和专职岗位若干(将现有分散职能人员进行整合)组成,负责职工文化体系建设工作。

2. 明确各组织机构职责

加强职工文化建设,各组织机构要明确自身职责。

一是明确职工文化建设工作领导小组工作职责。具体包括决策公司职工文化建设总体规划、目标和任务;决策职工文化建设各项工作年度计划,保证职工文化建设工作机构、制度、人员和经费的落实。

二是明确职工文化工作推进项目组工作职责。具体包括负责研究决定职工文化建设在各部门执行的年度工作计划,计划要求目标明确、措施具体;对公司职工文化建设工作重大问题进行指导、协调,特别是对工作推进过程中遇到的重点、难点问题进行协商、决策和检查、监督;至少每半年召开一次职工文化建设领导小组会议,分析研究职工文化建设工作,及时发现问题,解决问题,协调工作,布置任务。

三是明确职工文化建设团队工作职责。具体包括职工文化战略规划、职工文化体系的建立和完善、职工文化运作管理和职工文化创新这四项职责。职工文化战略规划是指根据公司整个内外部环境和公司实际需要来制定职工文化战略以及计划。职工文化体系的建立和完善是指对职工文化进行全面统筹和精益化管理。职工文化运作管理是指将职工文化落实到公司每一项经营管理活动中，对整个公司的职工文化工作进行有效的管理与控制，并根据运作的实际情况对职工文化战略作出修正和调整。职工文化创新是指根据公司内、外部环境的变化不断对职工文化进行创新和变革，以文化创新促进公司战略和管理变革，使公司长期处于主动和有利的位置。

3. 提高服务职工文化建设的能力

职工文化建设的主要目标是以满足职工精神需求为出发点和落脚点，提高职工职业素质、专业技能素质和发展性职业素质，促进职工全面发展。职工文化建设的一项长期任务是持续深入地举办"创建学习型组织，争做知识型职工"活动。要建立长效机制，全面实施职工素质工程，广泛、深入、持久地开展职工教育培训，正确引导广大职工树立"终身学习"的全新理念，充分利用好互联网手段搭建职工便利的学习平台，坚持多渠道筹集资金，创新职工教育载体，不断向基层倾斜人力物力财力，拓展职工文化建设途径，全面提升广大职工的素质。同时要充分发挥工会"大学校"作用，提高各级工会工作人员认识，要有针对性地开发职工文化建设的相关课程，从理论到实际操作要进行全面讲解，不断提升领导干部特别是基层干部服务职工文化建设的能力和水平。

四、构建科学有效的职工文化建设评价与激励体系

为鼓励全体职工广泛参与职工文化活动，打造健康文明、昂扬向上、全员参与的职工文化，实现职工文化引领性、全员性、普惠性，各级工会组织要充分发挥引领、宣教、鼓励作用，通过规范职工文化活动管理制度，健全职工文化评价体系，优化职工文化建设评价程序，创新职工文化激励措施，以此增强职工参与管理、参与实践的主动性。如何有效激励体量庞大的职工群体参与文化建设，需

从多层次多角度采取激励措施,职工文化建设管理以正向激励为主,在职工自愿的基础上鼓励广泛参与,因而采用"正面激励"与"全员参与"的总体思路。开辟"单位参评+负责人评价+个人激励"的三条激励路径,共同推进职工文化建设工作。首先在单位层面,对单位激励从而调动整体积极性,进而影响职工参与情况;其次在领导人层面,将职工文化建设纳入领导人考核体系,从顶层设计开始重视职工文化;最后在职工个人层面,采用"多项选择"+"个人定制"激励模式相结合,针对不同的职工兴趣群体予以差异化的奖励方式,以此激发优秀文艺骨干的创造活力与广大文体活动的兴趣爱好者参与热情。

(一)单位层面

1. 指标体系构建路径

就目前而言,职工文化相关研究刚刚起步,对于职工文化的评价研究滞后,评价方面的研究几乎空白,职工文化评价体系的构建缺乏直接的理论指导。但与职工文化密切相关的企业文化研究却已在国内外都发展非常成熟,相关的理论架构和研究模式基本成型。职工文化与企业文化虽在内涵和表现形式上有所区别,但两者的文化属性趋于一致,尤其是在关于文化建设的管理方法上更为相似,此外,职工文化与企业文化并不完全独立,两者有相当部分交叉相融,内容决定结果的成果从而决定评价的内容,因此职工文化的评价内容与企业文化部分相重合,而且评价的模式与方式也具有相似性。因此要构建职工文化建设评价体系,必须借鉴企业文化评价相关研究,以梳理和总结现有的国内外企业文化评价相关内容为首要前提,以期为接下来构建职工文化建设评价的内容体系和程序体系奠定坚实的基础。

职工文化建设评价的内容体系重点在于评价指标的构成,指标体系决定了评价的方向和要点,是评价的核心组成部分。基于此,指标体系构建的路径应延续职工文化建设发展的脉络,寻找建设过程中的关键和重点从而提炼成为具体可评价的指标。结合企业文化建设评价指标的构建路径,本课题组设计职工文化评价指标体系的构建路径如图8-4所示。

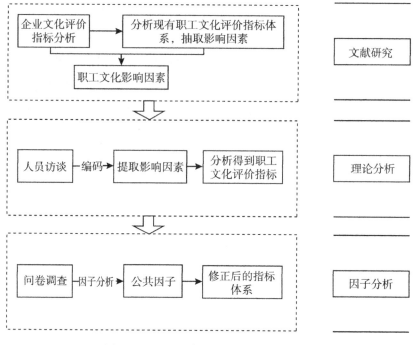

图 8-4　职工文化评价指标体系构建路径

2. 基于过程-主体的职工文化建设指标体系构建

职工文化建设是由企业引导、职工参与的一项非生产性活动，整个过程涉及范围广泛，中间关联复杂，最终效益不清。从输入-输出的整个过程来看，职工文化建设涉及众多环节，牵扯多家单位，耗时较长，见效慢且不直接，缺乏直接明晰的绩效依据，存在较大的模糊性和主观性。职工文化建设作为一个系统工程，现有职工文化建设评价往往忽略这种系统性，基本上是简单地以实体设施的建设作为唯一衡量指标，直接融合业务层面的绩效增减作为考量标准。好高骛远、求大求全的"激进"式建设有之，瞻前顾后、缩手缩脚的"保守"式建设有之，手忙脚乱、疲于应付的"被动"式建设有之，盲目跟风、无所适从的"迷茫"式建设有之，这些结果倾向指标不能完全代表职工文化建设的成果，一些在建的平台或者已经着手筹备的活动也都是职工文化建设成果，只不过是潜在的隐性的，需要经过一段时间的积累和沉淀才能显现出来。总之，当前而言，文化建设缺乏渐进性和系统性成为了制约其文化建设水平，重视职工文化建设过程与结果的结合则是其文化建设评价的关键突破。

　　基于此，根据国家电网职工文化建设的一般过程和主要参与主体，最终实现基于过程-主体分析框架，对职工文化建设进行研究分析，深度挖掘各个环节的关键要素和可评价指标，将从价值引领、组织保障与阵地建设等六个方面进行评估设计。

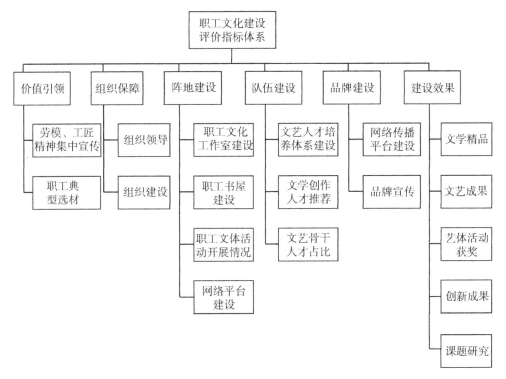

图 8-5　职工文化建设评价内容

3. 评价内容与激励标准

　　确定价值引领、组织保障、阵地建设、队伍建设、品牌建设以及建设效果六大部分为主要评价维度，所占比率分别为 10%、10%、30%、15%、10%、25%。其中价值引领包括劳模、工匠精神宣贯以及职工典型选树两项指标，组织保障包括组织领导、制度建设两项指标；阵地建设包括职工文化工作室建设、职工书屋建设、职工文体活动开展情况、网络平台建设四项指标；队伍建设包括人才培训体系建设、文学创作人才推荐、文艺骨干人才占比三项指标；品牌建设包括网络传播平台建设以及品牌宣传两项；建设效果体系包括文学作品、文艺成果、艺体活动获奖、创新成果、课题研究五项指标。具体评价指标和评价标准如表 8-1所示。

表 8-1　　　　　　　　　　职工文化建设评价指标与评价标准

评价维度	评价指标	评价标准		评价分值	备注
价值引领 10%	劳模、工匠精神集中宣传（40）	设有专门负责职工文化宣传人员；利用公司报刊、网站、"国网家园""国网故事汇"等载体，大力弘扬劳模精神和劳动精神；形成劳模、工匠、先进模范事迹汇编；开展本单位劳模、工匠选树育活动		40	累积加分项。每一项加 10 分，最高分为 40 分，最低分为 0 分
	职工典型选树（60）	单位职工获得劳动奖章或被评选为各级劳模、工匠、先进模范	国家级	25	累积加分项。职工被评选为先进代表或者获得劳动荣誉，同一职工所获奖项以最高等级计分，不累加。所有得分最高不得超过 60 分
			省部级	20	
			国网公司级	15	
			省公司级	10	
			地市政府/公司级	5	
组织保障 10%	组织领导（50）	有健全完善的职工文化建设组织体系、运行机制、评价标准，将职工文化建设纳入企业文化"十四五"规划，与企业中心任务同部署、同推进、同评价	优秀	50	评价项。对照该参评单位组织领导情况给予相应的评价分数
			良好	40	
			一般	30	
			合格	20	
			不合格	0	
	制度建设（50）	有完善的三年规划，年度计划，月度计划；有职工文化建设评价办法并按规定执行；有对文化工作室的管理办法；有对创新工作室的管理办法；有对文体活动中心的管理办法；有对文体协会的管理办法；有对职工文化建设的经费管理办法；有优秀案例、工作经验总结		50	累积加分项。以上内容有一项加 10 分，50 分封顶

评价维度	评价指标	评价标准		评价分值	备 注
阵地建设30%	职工文化工作室建设(25)	文学、音乐、书法、美术、摄影、微影视等职工文化工作室阵地省、市、县公司覆盖率(10)	95%~100%	10	评价项。对照该参评单位职工文化工作室建设情况给予相应的评价分数
			75%~95%	6	
			50%~75%	3	
			50%及以下	0	
		文学、音乐、书法、美术、摄影、微影视等职工文化工作室荣获各级示范点认证(15)	国家级	10	累积加分项。职工文化阵地评先评优以最高等级计分,不累加。所有得分最高不得超过15分
			省部级	7	
			国网公司级	5	
			省公司级	3	
			地市政府/公司级	2	
	职工书屋建设(25)	职工书屋(包含图书馆、阅览室、职工书吧、读书角、流动书箱等)班组覆盖率(10)	95%~100%	10	评价项。对照该参评单位职工书屋建设情况给予相应的评价分数
			75%~95%	6	
			50%~75%	3	
			50%及以下	0	
		职工书屋荣获各级示范点认证(15)	国家级	10	累积加分项。职工文化阵地评先评优以最高等级计分,不累加。所有得分最高不得超过15分
			省部级	7	
			国网公司级	5	
			省公司级	3	
			地市政府/公司级	2	
	职工文体活动开展情况(25)	体育活动场所、体育设施覆盖率(10)	95%~100%	10	评价项。对照该参评单位职工文体活动场所建设情况给予相应的评价分数
			75%~95%	6	
			50%~75%	3	
			50%及以下	0	
		"送文化到基层活动"开展情况、体育交流比赛参与情况(15)	优秀	10	评价项。对照该参评单位职工文体活动开展情况给予相应的评价分数
			良好	8	
			一般	6	
			合格	4	
			不合格	0	

续表

评价维度	评价指标	评价标准		评价分值	备注
阵地建设30%	网络平台建设(25)	职工利用"书香国网"平台进行数字化阅读的参与率(10)	95%~100%	20	评价项。对照该参评单位情况给予相应的评价分数
			75%~95%	10	
			50%~75%	5	
			50%及以下	0	
		在"国网家园"微信公众号、"先进职工文化建设专栏"网站专栏的上稿情况(15)	16篇及以上	15	评价项。对照该参评单位情况给予相应的评价分数
			11~15篇	12	
			6~10篇	8	
			3~5篇	5	
			1~2篇	2	
队伍建设15%	文艺人才培养体系建设(35)	有人才培养计划与人才梯队建设，通过师带徒、集中培训、创作实践等形式，强化职工文艺人才培养	优秀	35	评价项。对照该参评单位情况给予相应的评价分数
			良好	30	
			一般	20	
			合格	10	
			不合格	0	
	文学创作人才推荐(35)	推荐一批优秀人才参加全国性培训交流活动，积极向各类省部级、国家级文艺协会推荐优秀人才的数量	国家级	7	累积加分项。35分登顶
			省部级	4	
	文艺骨干人才占比(30)	文艺骨干人才占总职工人数的比率	15%以上	15	评价项。对照文艺骨干人才所占比率获得相应的评价分数
			10%~15%	12	
			5%~10%	10	
			1%~5%	5	
品牌建设10%	网络传播平台建设(40)	结合本单位情况开发运营职工文化建设微信公众号、微信群、微博等线上传播平台，利用新媒体技术开展内外部宣传(10)	优秀	10	评价项。对照该参评单位情况给予相应的评价分数
			良好	8	
			一般	6	
			合格	4	
			不合格	0	
	品牌宣传(60)	获得内外部媒体权威报道，产生较大社会影响力	国家级	10	累积加分项。同一篇报道以最高级别加分，累积加分60分封顶
			省部级或国网公司	7	
			地市级/行业协会	3	

评价维度	评价指标	评价标准		评价分值	备　注
建设效果 25%	文学精品（20）	出版电网题材的文学创作作品、发表论文、专著		20	累积计分项。一项成果计 3 分，20 分封顶
	文艺成果（20）	大型文艺汇演、文艺成果展演、成果汇编		20	累积计分项。一项成果计 3 分，20 分封顶
	艺体活动获奖(25)	单位、团体参加大型文体比赛获奖	国家级	15	累积计分项。25 分封顶。
			省部级	12	
			国网公司级	8	
			省公司级	4	
			市公司级	2	
		个人参加大型文体比赛、技能竞赛、优秀作品获奖，如世界技能大赛	世界级	20	
			国家级	12	
			省部级	8	
			国网公司级	6	
			省公司级	4	
			市公司级	2	
	创新成果（25）	创新工作室、团队取得重大发明创造或重大技术革新，在本单位、本行业、本系统、本领域取得重要成果，做出突出贡献，或产生显著效益		25	累积计分项。一项成果计 3 分，25 分封顶
	课题研究（10）	以职工文化相关内容为主题进行课题申报或者管理创新成果申报获奖	国家级	10	累积计分项。10 分封顶
			省部级	8	
			国网公司级	6	
			省公司级	4	
			市公司级	2	

评价维度	评价指标	评价标准	评价分值	备注
扣分项	职工或者单位产生重大失误，造成单位名誉、财产重大损失			扣分项。出现一项扣 10 分，扣 20 分封顶，未出现重大失误不加分不扣分
加分项	评价年度内，该单位在职工文化理论研究、实践活动、渠道创新等方面有突出贡献，获得领导批示、指示的予以加分奖励。省公司级批示加 5 分，国网公司级批示加 10 分			加分项。20 分封顶

综合得分=10%价值引领+10%组织保障+30%阵地建设+15%队伍建设+10%品牌建设+25%建设效果+加分项－扣分项

对价值引领、组织保障、阵地建设、队伍建设、品牌建设、建设效果六个方面评价企业职工文化建设的过程管理和建设产出，其中加重对阵地建设、建设效果的评价力度。具体评价指标与标准见表8-1。

职工文化建设评价总分为 100 分，由各级职工文化委员会领导小组对各单位情况进行打分，最终综合得分计算公式为：

综合得分=10%价值引领+10%组织保障+30%阵地建设+15%队伍建设+10%品牌建设+25%建设效果+加分项－扣分项

评价结果共分为 4 个等级。得分 90 分以上为"优秀"、80～89 分为"良好"、60～79 为"合格"、59 及以下为"不合格"。其中，"优秀"比例不得超过参评单位总数的 20%，"良好"比例不得超过参评单位总数的 60%。

4. 评价管理

按照国网公司关于职工文化建设的相关规定，紧紧围绕培育和践行社会主义核心价值观，学习和弘扬工匠精神、劳模精神，积极开展职工文化建设工作，明确职工文化建设评价内容与标准，加强对企业建设自查、自评、评价与过程控制，实现职工文化建设的规范化管理，结合公司工作实际，制定本评价管理办法。

(1)评价基本原则。

过程管理与结果导向相结合的原则。同时将经营管理成果与职工文化建设过程控制作为科学评价和衡量职工文化建设成效的重要标准。

系统全面与突出重点相结合的原则。评价既要目标明确、流程规范、内容全面，也要突出重点、抓住关键环节，进一步促进职工文化建设发展工作。

以职工为本和科学规范相结合的原则。坚持价值引领，以职工满意、职工素质提升为重要评价标准，把握职工文化建设的根本价值。

(2)组织领导。

职工文化建设评价工作在公司职工文化委员会领导下进行。国网公司成立职工文化委员会领导小组，小组成员由公司党委、团委、工会、人事处、组织部、企划部、公司办组成。职工文化委员会领导小组负责公司系统各级公司和直属单位的职工文化建设评价，审定各级公司和直属单位的职工文化建设评价等次。

(3)评价方式。

自评。各级单位根据职工文化建设评价指标与标准体系，进行年中和年末两阶段自我检查和自我评价，总结经验并形成书面总结报告。

上级单位不定时抽查。各级单位对下属单位进行不定时抽查，保证一年一次及以上抽查，抽查结果将作为年终考评的重要依据。

上级单位年终评价。各级单位职工文化委员会小组对下属单位进行年终评价，明确各单位评价等次。

(4)结果的反馈与应用。

根据评价成绩(满分100分)排名对所有参评单位进行等级评定，考评结果通过各级公司网站公示的方式予以公开。根据评价结果进行相应的奖惩，对优秀的单位给予精神奖励和物质奖励，并将其经验汇总成典型案例存档，供其他单位学习借鉴；对不合格的单位负责人进行约谈教育，视情况处以一定惩罚。

(二)个人层面

对广大职工个人的激励以正向为主，分层次分阶段采取激励措施。分层次是指针对不同需求层次的职工采用不同的激励方式：对文艺骨干而言，相对于物质层面上的奖励的吸引，在职工文化参与过程中精神层次的获得感和满足感更为重要，因而更多从参与管理、荣誉奖励、展现自我等方面进行激励；对一般的兴趣爱好者而言，在职工文化参与过程中精神层面和物质层面的获得感都具有一定程度的影响力，因而在进行激励时精神和物质层面的激励双管齐下，共同作用，鼓励更多的职工参与到职工文化建设中。分阶段是指在职工文化不同的发展阶段采取不同的激励策略，如在建设初期重点针对大型文体活动、文艺创作活动、技能竞赛活动、工作创新等设置奖励办法，建设中期聚焦于大众性、普适性的职工文体活动进行重点激励。

要同时满足层次性和阶段性的奖励办法，需要具备累积性、区分性、广泛适用性的特点，积分制管理可以同时实现以上激励要求。积分制具有易于管理、可操作性强、成本低、透明公开以及能够更好地对职工进行个性化奖励等优点，建议在进行职工文化建设个人评价与评价时，采用积分制管理的方法，鼓励职工个人自主地进行评价，从而使公司无需设置过多的专职岗位，减轻公司在职工文化建设评价方面的人力物力负担，实现资源的优化配置，并调动全体职工参与职工文化建设的积极性，实现全员参与的职工文化建设。

1. 建立国家电网职工个人电子文化账户

职工个人电子文化账户是利用公司内网的线上平台，累计量化记录公司内每位职工在岗和离退休期间个人文化行为的虚拟载体，好的行为进行正向加分，坏的行为进行负向减分。实质是对职工个人参与职工文化建设情况进行积分制管理，并作为评价和激励的依据。旨在提高职工参与职工文化建设的积极性，实现全员主动参与职工文化建设。通过个人电子文化账户，职工能够清楚了解自身的行为是否符合公司职工文化的理念以及自己参与职工文化建设的情况，而经过一定时间的积累，职工可以凭借个人电子文化账户的积分换取相应的福利和奖励，这也能够对职工参与职工文化建设起到一定的激励作用。

职工个人电子文化账户建立和操作过程如下：

(1)成立职工个人电子文化账户管理小组。

管理模式的高效运行有赖于人员的保障。职工个人电子文化账户作为职工参与职工文化建设的评价方式，需要设立专门的团队进行管理。但由于职工个人电子文化账户在运行时主要依靠线上操作平台，通过职工个人的自主操作实现职工文化积分累计和奖励兑换，职工个人电子文化账户管理小组则主要负责《国网职工个人电子文化账户积分标准》的制定和优化、职工积分审核及监督工作，因此并不需要增加专门人员，可让国网各公司工会相关工作人员兼任职工个人电子文化账户管理员，从而成立职工个人电子文化账户管理小组。

（2）明确职工个人电子文化账户积分标准。

通过制定《国网职工个人电子文化账户积分标准》，实现职工参与职工文化建设行为和成果的量化。对于普通职工而言，与其日常工作职责不同，职工文化建设并不包含在其岗位职责之内，公司不能通过强制手段迫使职工参与到职工文化建设之中，因此，要想通过建立职工个人电子文化账户激励职工主动参与到职工文化建设之中并提高职工积极性，在制定《国网职工个人电子文化账户积分标准》时就必须充分考虑职工的意见，进行充分的意见征询。

为保证标准的科学性和有效性，在具体制定《国网职工个人电子文化账户积分标准》时，可由职工个人电子文化账户管理小组在外部专家的帮助下，根据公司职工文化理念、职工文化建设内容，拟定初步积分标准，并将标准公布至全体职工并征集具体意见，让每个激励主体都能够以最方便的方式表达自己的意见，所有意见都要以合适的方式公示。然后由外部专家进行整理。最好所有意见都有回馈，未被采纳的条款要给出合理解释并公示。有不同意见的员工可以充分表达，与专家组讨论后能够达成共识的按共识决定是否保留。达不成共识的可作为保留意见供员工大会投票决定。意见征询充分后形成试行稿。经申请或指定，在试点公司进行一定期限的试行。试行中出现需要修订的问题时，仍要经过充分的讨论、公示和投票程序。最后形成正式文稿，向全体员工公示后，正式实施。

根据国网公司职工文化理念与职工文化建设内容，初步设计的《国网职工个人电子文化账户积分标准》如表8-2所示，可供参考。标准内所有项目均以组织认定为主，职工个人可随时查看个人电子文化账户，对于在标准内但未进行积分的项目，职工可进行个人申报，经审核同意后，计入职工个人电子文化账户。

表 8-2　　　　　　　　　　职工个人电子文化账户积分标准

类别	具 体 标 准
1. 学习与培训	公司组织全员必须参加的技能培训、文化培训、学习项目等，参加的加 1 分，不参加不加分不扣分【小范围参加的不计入】

加分项

2. 业务/技能竞赛

档次	级别	参与分	优秀奖	三等奖	二等奖	一等奖
一档	本公司组织项目	1	2	3	4	5
二档	市级项目；省公司项目	3	4	5	6	7
三档	省级项目；公司总部项目	5	6	7	8	9
四档	国家级项目	7	8	9	10	11

注：1. 参与分为参与即加分；
2. 参与协调、组织、策划活动的职工视同参与，得参与分；直接参加人员按照获奖等级计分；
3. 团队奖成员分数与个人获奖分数级别等同

3. 文体活动

文体竞赛	各级别文体竞赛加分同上
其他文体活动	参加各协会、俱乐部、兴趣小组、工作室组织的活动，一次加 2 分；参与组织、协调、策划除文体竞赛以外的文体活动，或作为演出人员、主持人等文体活动工作者的，加 3 分；为公司文体活动贡献好的创意、意见和建议并被采纳的，一次加 2 分；创作的文艺作品被公司展出或被公司微信公众号、官网、微博等推送的，一次加 2 分

4. 文化组织建设	参与公司协会、俱乐部、兴趣小组、工作室建设与管理的，加 2 分；为公司协会、俱乐部、兴趣小组、工作室建设献言献策并被采纳的，加 3 分/次

5. 社会公益

捐款捐物、结对帮困、义务劳动（本公司组织或社会发起的）	一般性捐款捐物加 2 分；义务劳动加 1 分；献血加 4 分
拾金不昧、助人为乐、救死扶伤、见义勇为	公司能够认定的，如目击者证明、或收到感谢信等，每人加 5 分；如果被媒体报道宣传的，可加 10 分

6. 文章书籍

发表文章		本公司	地方刊物、媒体	市级刊物、媒体	省级刊物、媒体	国家级刊物、媒体
	信息报道（包括工作探讨、图片、视频等）	1	2	4	8	16
	论文	—	4	8	16	30
	文艺作品	—	3	6	10	20
正式出版的著作	主编 50 分，副主编 40 分；编委 30 分					

7. 荣誉

团队荣誉	开展的职工文化建设活动被评为优秀职工文化建设活动的，团队成员每人加 5 分
公司荣誉	公司被评为职工文化建设先进公司的，该公司所有职工每人加 3 分，其中，该公司的职工文化建设核心团队成员每人另加 3 分

8. 职工互助	在职工互助平台上为其他职工提供帮助的，根据提供帮助的难易程度进行 1~5 分的加分

类别	具 体 标 准
减分项	1. 违反公司劳动纪律的，一次扣 5 分
	2. 被本公司通报的，一次扣 10 分
	3. 被行业外或上级部门通报批评的，一次扣 20 分
	4. 不良行径被媒体曝光的，一次扣 30 分
	5. 言行不团结，影响工作的，一次扣 10 分
	6. 打架斗殴的，一次扣 20 分
	7. 酒后驾车，受到处分的扣 15 分，其他违法受到法律制裁的扣 30 分
	8. 受投诉到单位的(如邻里关系不和谐或家庭不和谐等)，扣 5 分

(3)建立职工个人电子文化账户操作平台。

职工个人电子文化账户作为记录职工文化行为的虚拟载体，需要一个固化的操作平台作为支撑；而一个易于操作、透明公开、管理规范的操作平台则是职工自主顺畅管理个人电子文化账户的保障。国网可以利用公司内网和公司现有线上平台，搭建起职工个人电子文化账户网络操作平台，用于职工积分数据的录入、保存和维护等。例如，在公司现有办公系统中新建一个通道，用于进入和管理职工个人的电子文化账户。平台应包含以下功能：

a. 开启职工积分组织认定和个人申报通道。与积分标准涉及项目相关的组织，可以通过平台管理员的权限，对职工个人积分进行加减操作；职工个人可对自己未被认定的积分进行申报，审核通过后计入个人文化账户。

b. 职工可以随时通过操作平台查看个人积分余额以及详细的积分增减记录。

c. 以《积分标准》为基础，识别职工进行加减分事项的类别，在进行积分数值变动记录的同时，记录下导致积分数值变动的事项缘由。

d. 职工可以通过平台查看当前积分可兑换的奖励，并通过平台兑换奖励。

e. 职工个人电子文化账户管理小组具有管理权限，通过平台对职工积分进行审核，监督职工积分的增减情况，以及获取职工积分兑换奖励的信息，并做出及时的反馈

(4)职工个人电子文化账户操作流程。

为保证职工个人电子文化账户能够切实发挥作用，除需要管理人员保障以外，还需要标准化、规范化的操作流程和运作机制(见图 8-6)。在实际操作过程

中，明晰各个环节管理人员的职责，按照操作流程进行操作，确保职工个人电子文化账户的公平、公正、透明、公开。

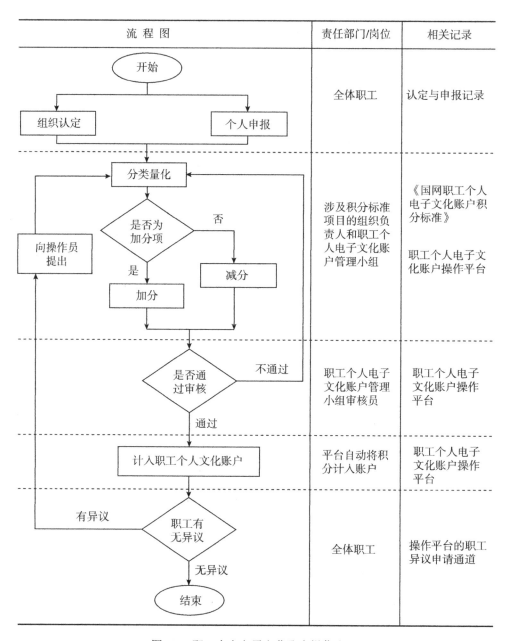

图 8-6　职工个人电子文化账户操作流程

2."自主菜单式"+"选树模范式"激励

职工文化建设个人激励是基于职工个人电子文化账户,采取"自主菜单式激励"与"选树模范式激励"相结合的方式。自主菜单式激励的设计是为了调动全体职工参与职工文化建设的积极性,职工个人可以凭借文化账户内积分,自主选择想要的奖励;而选树模范式激励则是对在职工文化建设某方面有突出成果或突出贡献的职工进行的额外奖励,同时也通过在公司内树典型,对其他职工的职工文化建设行为产生一定的积极影响。

职工个人电子文化账户的实质是对职工个人参与职工文化建设情况进行积分制的评价。程江(2012)认为积分每天落实的过程就是每天对员工心智模式进行塑造的过程。员工为了满足自己的需求,需要得到积分。就会去做积分项要求的事。积分项就成为可以引导员工行为的力量。由于积分项是全体员工集体提出并经过专家把关的可以造就优秀员工的条款。因此,因为积分制的采用,员工的心灵每天都会受到正面能量的滋养,心智模式就会逐渐优化和提升。这个过程如图8-7所示。为了保证积分制作用的实现,积分应该与针对员工需求的激励措施结合起来。因此,在积分制的具体激励措施制定中要充分考虑到员工的主导需求。

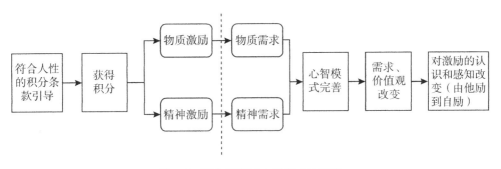

图8-7 积分制影响心智模式的机理

(1)自主菜单式激励。

自主菜单式激励是为每种奖励方式设计对应的积分值,职工可以利用个人电子文化账户内的积分兑换自己想得到的奖励,每次积分兑换之后,扣掉职工个人电子文化账户里相对应的积分值,职工可以在个人电子文化账户操作平台上随时兑换所拥有积分额度以内的奖励。职工所拥有的积分每年年末清零。奖励方式设置以福利为主。

自主菜单式激励使得职工能够在选择范围内获得自己最为满意的奖励，从而使激励的作用最大化，而只有当奖励内容对职工有着足够的吸引力，职工才可能为了获得奖励而积极地参与职工文化建设之中，从而在一定程度上调动职工的积极性，因此，奖励内容设计是自主菜单式激励作用最大化的关键。考虑到对于大部分职工而言，职工文化建设是本职工作以外的内容，因此职工文化个人激励内容应当尽量避免与职工工作绩效挂钩，而设计与职工个人生活相关性强的福利奖励，则是较好的选择。

在设计奖励内容时，应当关注职工的特点，充分了解职工的需求，保证奖励内容对职工有充分的吸引力。考虑到当下职工对工作-生活平衡的重视度越来越高以及追求自我价值实现等特点，设计了积分兑换奖励一览表(见表8-3)可作为参考。

表8-3　　　　　　　　　　　　积分兑换奖励一览表

类别	具体奖励	所需积分
物质激励	书籍×1	10
	实用礼品×1 (如空气净化器、扫地机器人等)	20~50 (按照礼品的不同具体设置兑换积分数值)
	定制培训机会×1	35
	购物卡×1	30
	……	
精神激励	健康体检×1	25
	旅游×1	35~60 (按照旅行地不同具体设置兑换积分数值)
	额外的休假×1	25~60 (根据休假天数不同具体设置兑换积分数值)
	……	

(2)选树模范式激励。

选树模范式激励在每年年末进行，由职工个人电子文化账户管理小组根据职工个人电子文化账户本年度内历史积分数值在全体职工范围内排名的多少，按照下表的参考标准评选出本年度"职工文化建设先进标兵""职工文化建设进步标兵""职工文化技术能手""职工文化公益模范""职工文化文体之星""职工文化互助达人"，通过年度职工文化表彰大会，对评选出来的模范授予荣誉称号并进行一定额度的奖金奖励。

此外，为了充分发挥模范的影响作用，公司可以在下一年度，在全公司范围内宣传模范的职工文化优秀成果或先进事迹，鼓励模范进行经验总结和分享，发挥模范的榜样作用，调动职工参与职工文化建设的积极性，激励职工创造出更多的优质成果。

表 8-4　　　　　　　　　　　模范评选标准一览表

类　型	标　准
"职工文化建设先进标兵"	职工个人电子文化账户本年度历史总积分在全体职工范围内排名前 10%
"职工文化建设进步标兵"	职工个人电子文化账户本年度历史总积分相比上年度历史总积分增加的比例在全体职工范围内排名前 15%
"职工文化技术能手"	职工个人电子文化账户本年度"业务/技能竞赛"类总积分在全体职工范围内排名前 10%
"职工文化公益模范"	职工个人电子文化账户本年度"社会公益"类总积分在全体职工范围内排名前 10%
"职工文化文体之星"	职工个人电子文化账户本年度"文体活动"类和"文章书籍"类总积分在全体职工范围内排名前 10%
"职工文化互助达人"	职工个人电子文化账户本年度"职工互助"类总积分在全体职工范围内排名前 10%

后　记

当前，世界百年未有之大变局加速演讲，世界之变、时代之变、历史之变正以前所未有的方式展开，企业组织形式、产业结构、就业形态等呈现新的特点，我国职工队伍状况亦发生深刻变化，社会上各种思潮和主张对职工的影响加深，国有企业需要应对的风险和挑战、需要解决的矛盾和问题比以往更加错综复杂。站在新时代新起点上，必须引导广大职工认清形势任务，增强中国特色社会主义道路自信、理论自信、制度自信、文化自信。

在文化建设方面，中国企业特别是中国国有企业展现出了与西方企业截然不同的文化特色。我们在重视企业文化的同时，尤为注重职工文化的培育与弘扬，这既是对中华民族悠久历史与深厚文化底蕴的传承，也是与"人民群众日用而不觉"的共同价值观念紧密相连的生动体现。从夏商到西周的礼乐文明，再到现代社会中职工文化的蓬勃发展，这一脉相承的文化传统为我们提供了不竭的精神动力与智慧源泉。

2018 年，习近平总书记同中华全国总工会新一届领导班子成员集体谈话时强调，要坚持以社会主义核心价值观引领职工，深化"中国梦·劳动美"主题教育，打造健康文明、昂扬向上、全员参与的职工文化。

职工文化建设是一项复杂而系统的工程，理论研究相对匮乏，实践经验有待总结。为此，国家电网有限公司工会因时而动，于 2018 年成立课题组对职工文化进行研究，并先后印发《国家电网公司职工文化建设指导意见》《职工文化建设"十四五"指导手册》等。国网湖北电力有幸承担部分课题任务，深入开展对职工文化的研究，并将研究成果用于指导职工文化建设实践，取得了显著成效。特别是在 2020 年，国网湖北电力工会按照公司党委统一部署，主动作为，联系国家一级演员周澎、歌手李思宇、乌兰托娅，与公司众多文艺骨干一道，组织开展"网上送文化到基层"，为长期坚守边远变电站、供电所的一线职工加油鼓劲，做好心理疏导；组织文学骨干采写抗疫一线干部职工守护光明的感人故事，创作并传唱抗疫歌曲等。期间，公司职工李萍创作的《为江城高擎明灯的人》受到时任国网公司董事长、党组书记的批示肯定，公司职工袁忠宜创作的歌曲《一路有你》荣获中宣部"优秀抗疫歌曲"表彰。复工复产期间，国网湖北电力工会组织的"国网好声音"原创歌曲大赛，一经报道，网络日点击量就超过 50 万。职工文化在助力国网湖北电力抗疫保供电工作中发挥了巨大作用。继之，国网湖北电力工会注重在日常工作中，注入文化元素，职工文化的价值引导力、文化凝聚力和精神推动力日益彰显。

　　笔者尽管长期在国有企业工作，在不同时期、不同工作岗位上对职工文化都有不同层面的深刻感悟，参与职工文化课题研究历时三年，后又有意识地将职工文化理论应用于指导实践，但深知职工文化研究的博大精深，既需要扎实深厚的理论功底，又需要严谨认真、一丝不苟的敬业态度，还需要创新探索、追求卓越的勇气和精神，加之关于职工文化建设的指导文件不多、实践案例虽多但普遍严谨性不足，尤其是理论专著匮乏，因此，始终对成书不敢奢望。直到 2022 年，党的二十大报告明确提出，坚持和发展马克思主义，必须同中华优秀传统文化相结合。笔者怦然心动，在朋友们的支持鼓励下，整理前期研究成果和后期实践经验，几经删减、几度修订，历时两年有余，方成此稿。在本书前期研究中，时任国网公司工会主席王海啸、副主席樊英，时任国网湖北电力工会主席周新风、党委副书记工会主席侯春给予了关怀和指导，国网公司工会的王宏斌部长、廖京阳副部长，笔者的同事宋卫东、余涛、常顺平、包振兴、雷钟洋、毛佳、周媛媛，以及中南财经政法大学的赵琛徽、刘欣、翟欣婷等贡献了有洞见的观点、深入的分析和大量的调研数据。在成书过程中，国网湖北公司工会许子武主席一直关心本书的进展，赵琛徽教授还为最后的定稿花费了大量的心血。本书在写作过程中，还参考引用了国内外许多专家学者的研究成果，没有这些专家学者的开拓性工作，本书就难以问世，在此一并表示诚挚的感谢！

　　尽管在编写过程中付出了诸多努力，但受学识所囿，书中难免存在疏漏和不足，真诚欢迎广大读者不吝指正，提出宝贵意见。笔者将不断改进，使其日臻完善。

秦明亮
2024 年 8 月